HATIER PÉDAGOGIE

Enseigner l'anglais de l'école au collège

Comment aborder les principaux obstacles à l'apprentissage

HATIER PÉDAGOGIE

Enseigner l'anglais de l'école au collège

Comment aborder les principaux obstacles à l'apprentissage

Institut national de recherche pédagogique

Ouvrage coordonné par :
Line Audin

Avec la collaboration de :
Christiane Luc
Marie-Hélène Archimbaud
et Colette Maurellet

HATIER

Remerciements

Cet ouvrage a été conçu à l'INRP, au sein du département « Didactiques des Disciplines » placé sous la direction de Jacques Colomb.

Cet ouvrage est né des travaux d'équipes de recherche de l'INRP. Que soient remerciés ceux et celles qui ont contribué à sa conception, en particulier :

– Marie-Aude Ligozat et Wendy Halff

– Albane Cain

Que soient aussi remerciés tous les enseignants qui, à un moment ou à un autre, ont été associés à cette recherche.

Conception maquette : Christiane Bourbon
Mise en pages : Christiane Bourbon
Illustrations pages 186 et 187 : Jean-Michel Maurellet
Le soleil des voyelles page 262 : © Marie-Hélène Archimbaud
Suivi éditorial : Sylvie Asimus

Préambule

L'équipe de didactique des langues vivantes de l'Institut national de recherche pédagogique (INRP) s'intéressait depuis de nombreuses années à l'avancement de l'âge de début d'apprentissage d'une langue étrangère.

Nous sommes placés aujourd'hui dans une perspective de généralisation qui, au-delà des cadrages successifs auxquels les différentes opérations ministérielles ont donné lieu, s'inscrit dans une continuité : la volonté affirmée d'accroître l'efficacité de l'apprentissage des langues étrangères en France.

Les données successives recueillies par les équipes de recherche, les analyses didactiques auxquelles ces données ont été soumises, ont donné lieu à des rapports réguliers[1]. Ces rapports avaient une triple visée :

1. Décrire de manière qualitative, aussi minutieusement que possible, différents paramètres essentiels à l'apprentissage d'une langue vivante (pratiques d'enseignement, contenus langagiers, acquis linguistiques des élèves, obstacles à l'apprentissage...) ;

2. Faire des suggestions directement utilisables par l'institution (propositions en vue de textes ministériels, d'instructions officielles...) en s'appuyant sur ces constats ;

3. Développer des démarches d'enseignement originales pouvant déboucher sur des pratiques innovantes, utiles sur le terrain et, par voie de conséquence, en formation.

Les dossiers pédagogiques qui suivent répondent à cette troisième visée. Fruits de résultats de recherches, ces dossiers sont avant tout une illustration de ce que la didactique peut concrètement apporter à la formation et au terrain. Aujourd'hui, ils nous semblent plus que jamais adéquats, utiles et même nécessaires. Adéquats parce qu'ils correspondent à ce que les textes officiels et les programmes demandent ; utiles pour l'enseignant qui y trouvera non seulement une aide pédagogique, mais aussi matière à réflexion linguistique et didactique ; nécessaires pour les élèves, compte tenu des obstacles mis en lumière par les évaluations que nous avons conduites dans le cadre des recherches de l'INRP.

---

1. C. Luc, *Première année d'initiation à une langue étrangère au cours élémentaire : constats, analyses, propositions*, INRP, 1996.

C. Luc, *Deux années d'initiation à une langue étrangère au cours élémentaire : réflexion, constats, analyses didactiques*, INRP, 1998.

L. Audin, M.-A. Ligozat, C. Luc, *Enseignement des langues vivantes au CM2*, INRP, 1999.

Sommaire

Introduction

Cadrage institutionnel

L'enseignement d'une langue vivante étrangère se met progressivement en place dans le système scolaire français à l'école élémentaire. Depuis 1998, les textes officiels préconisent non plus une simple initiation mais un véritable apprentissage d'une langue vivante. Ce choix institutionnel s'accompagne d'exigences nouvelles et devrait amorcer une transformation importante dans l'enseignement des langues.

C'est dans ce contexte qu'une équipe de l'INRP s'était chargée du suivi de l'introduction des langues vivantes au CM2 concernant quatre langues : allemand, anglais, espagnol et italien. Notre approche se voulait essentiellement qualitative et fortement ancrée dans les phénomènes d'ordre didactique comme les savoirs/savoir-faire en jeu et la construction des connaissances.

Les résultats, issus des observations de classe, du croisement et de l'analyse de données, avaient permis de dresser un premier bilan de l'introduction des langues vivantes en cycle 3[2]. Afin d'affiner les premiers résultats, la recherche s'est poursuivie en adoptant un double mouvement :

– resserrement sur une seule langue, seul moyen d'identifier les obstacles épistémologiques et didactiques d'une langue donnée ;

– élargissement à la classe de 6e afin de mettre en lumière les acquis de l'école primaire, leur nature, et de contribuer ainsi à améliorer la transition entre les deux cycles.

---

2. L. Audin, M.-A. Ligozat, C. Luc, *Enseignement des langues vivantes au CM2*, INRP, 1999.

Le cours de langue au CM2 (suivi INRP 1998-2000) : le choix du communicatif et ses effets sur l'apprentissage

La langue étrangère à l'école primaire est abordée non pas à partir d'un découpage linguistique de la langue mais à partir de compétences de communication à acquérir. Elle est donc appréhendée dans sa visée pragmatique, dans sa fonction de communication.

La méthodologie préconisée s'inspire pour l'essentiel des techniques dites « communicatives » qui se sont développées depuis une vingtaine d'années. Le cours de langue, tel que nous avons pu l'observer en cycle 3, est fondé sur la simulation d'un environnement de vie où se parle une autre langue. Il repose donc essentiellement sur une pratique de la langue. La classe de langue suggère les situations propices à susciter l'évocation d'un besoin langagier et fournit les moyens linguistiques d'y répondre. Les contenus qui font l'objet d'un enseignement (cf. référentiel[3]) sont choisis en fonction de leur utilité sociale et de leur adéquation à l'âge des élèves : apprendre à dire « ce qui se dit » en telle ou telle occasion de la vie en société (se saluer, se présenter, remercier, s'excuser, etc.), apprendre à exprimer (et comprendre) en langue étrangère besoins et émotions de base, tout cela en proposant des situations de classe susceptibles de motiver les élèves.

Quels effets, quels acquis ?

Quels effets ces pratiques scolaires ont-elles sur l'apprentissage de la langue étrangère ? Les observations que nous avons effectuées pour la recherche font apparaître deux résultats paradoxaux :

• D'un côté, une motivation certaine et un plaisir manifeste des différents acteurs (élèves et enseignants). Des constats très positifs donc sur la qualité des séances, l'implication des enseignants, le plaisir des élèves, la place accordée à la langue étrangère. Ces facteurs positifs résultent en grande partie des méthodes adoptées (jeux, simulation de situations de communication réelles). Les approches communicatives ont le grand mérite de favoriser l'activité de l'élève et de l'impliquer dans ce qu'il dit. C'est grâce à cette implication qu'il mémorise et s'approprie le modèle linguistique qui lui a été proposé. Lorsqu'une situation identique se présente, le savoir-faire qu'il a alors acquis lui

3. Cf. BO n°40, 11 novembre 1999, et BO hors série n° 4, 29 août 2002.

permet de puiser l'énoncé dont il a besoin dans le stock qu'il s'est constitué.

• Néanmoins, pour indispensables qu'elles soient, ces acquisitions successives de savoir-faire isolés les uns des autres ne suffisent pas à elles seules à assurer un apprentissage réussi et cohérent de la langue étrangère en milieu scolaire. Les observations de classe montrent que l'essentiel des prises de parole des élèves relève de la répétition immédiate ou différée. Les acquis, essentiellement des mots et des formules prêtes à l'emploi, restent atomisés, juxtaposés, sans liens entre eux, et d'une certaine façon caducs.

Recherche prospective : problématique

Ces constats, confirmés par une évaluation élaborée au sein de l'INRP, révèlent que dès les débuts de l'apprentissage, derrière l'apparente simplicité des contenus, se profilent des obstacles spécifiques, qui « résistent » aux seules approches de type communicatif et que la pratique seule ne permet pas de surmonter.

De ce fait, il est absolument nécessaire d'aider l'élève à se repérer dans le « maquis des formes de surface », de l'inciter à découvrir comment s'organise cette nouvelle langue qu'il aborde, de lui fournir les moyens de s'approprier peu à peu son fonctionnement et de se familiariser avec les opérations mentales nouvelles que cette appropriation implique. Adopter cette attitude méthodologique conduit à effectuer le constat fondamental suivant : **ce qui fait souvent défaut à l'élève débutant, c'est une représentation juste du fonctionnement de la langue étrangère dans sa spécificité par rapport à celui de la langue maternelle.** En effet, les travaux conduits dans ce domaine[4] montrent que la langue maternelle reste incontournable, même dans le cas d'une pratique régulière de la langue étrangère.

C'est pour approfondir et pour aider l'élève à construire cette image du fonctionnement spécifique d'une autre langue que l'équipe a développé une recherche plus prospective. Son objectif essentiel a été d'élaborer des contenus d'enseignement nécessitant pour les élèves une activité d'ordre conceptuel susceptible de favoriser et d'accélérer la mise en place de représentations aussi correctes que possible de ce qu'est une langue et de ce qu'est l'activité langagière.

4. B. Harley, P. Allen, J. Cummins, M. Swain (éd.), *The Development of Second Language Proficiency*, Cambridge, CUP, 1990.

Ce type de travail débouche sur des contenus scolaires. Loin d'être incompatible avec les approches communicatives mentionnées plus haut, un enseignement de ce type s'articule sur celles-ci aux moments où l'enseignant le juge utile et notamment lorsque les élèves sollicitent des informations sur tel ou tel aspect du fonctionnement de la langue. En effet, face à certains faits de langue, les enfants, surpris, posent des questions. Cette curiosité est précieuse ; elle témoigne de leur qualité de réflexion et de leur motivation pour l'apprentissage des langues étrangères. Elle ne doit pas être déçue. D'autre part, lorsqu'on place les enfants en position de fabriquer des énoncés nouveaux, bien souvent, ils sont désemparés et ne parviennent pas à effectuer les opérations cognitives et linguistiques indispensables à la construction de ces énoncés. Il est donc nécessaire, au-delà de la répétition de phrases apprises globalement, de les aider à « créer de l'unique », à comprendre de l'inattendu, voire de « l'inouï »[5]. Dans cette perspective, l'enseignant a pour tâche d'aider les élèves à comprendre des énoncés authentiques nouveaux, à formuler leurs propres énoncés, même très simples, mais qui correspondent à ce qu'ils ont envie de dire.

Il ne s'agit plus seulement d'identifier de façon globale – et parfois très approximative – ce qui est dit et, éventuellement, de le répéter, mais de développer chez les élèves la double capacité à produire des énoncés et à construire du sens à partir des énoncés perçus. C'est pourquoi notre attention s'est portée tout particulièrement sur les points qui constituent des obstacles avérés, sources d'échec, de retard ou de confusion dans l'apprentissage.

La mise en lumière et la découverte par les élèves du fonctionnement de la langue étrangère – découverte qui s'effectue très souvent par comparaison avec celui de la langue maternelle – sont par conséquent intimement liées à un travail dans la langue, qui, seul, valide ce type d'approche. C'est en effet en « s'essayant » dans la langue, muni des points de repère mis en place, que l'enfant peut « agir » avec la langue et, par là, se l'approprier peu à peu, en communication réelle ou simulée.

Ainsi l'approche développée plus loin a-t-elle pour fonction de :

• structurer les acquis constitués grâce aux approches communicatives et mémorisés de façon globale,

• développer la capacité à générer des énoncés et non à simplement les répéter,

---

5. Au sens premier du terme : qui n'a jamais été ouï (entendu).

• contribuer à lever les obstacles propres au fonctionnement spécifique d'une langue donnée.

Cependant cette action ne se limite pas au domaine d'une langue précise. Elle a également une visée plus large :

• mettre en place un corps de concepts généraux, susceptibles de faciliter l'apprentissage de toute langue quelle qu'elle soit,

• favoriser le développement de capacités transversales, de modes de pensée nouveaux et contribuer à une structuration mentale dont la portée va bien au-delà du seul domaine des langues.

Au-delà d'une phase de réflexion portant sur les processus à l'œuvre dans l'apprentissage d'une langue étrangère[6], la recherche a donné lieu à une expérimentation en grandeur nature deux années de suite, incluant à chaque fois environ 240 élèves de CM répartis dans neuf classes différentes. Cette expérimentation, qui a permis de mettre en lumière les possibilités réelles d'enfants de 9 ou 10 ans[7], a débouché sur un constat de faisabilité et d'efficacité de la démarche préconisée. En effet, en dépit de leur âge, ils adoptent volontiers - moyennant une méthodologie appropriée - une attitude réflexive et en acceptent les exigences de rigueur parce qu'elles les munissent de véritables clés pour une pratique réussie de la langue, si modeste soit-elle à ce stade.

Contenus

Les notions et concepts abordés sont en nombre limité. Ce sont ceux qui, à la lumière de l'expérience d'une part, de travaux et d'enquêtes d'autre part, se sont avérés encore mal maîtrisés à ce stade. Les plus importants sont les suivants :

• Une langue est un système dont on peut comprendre le fonctionnement. Le travail sur les séries finies telles que les jours de la semaine (ou même non finies comme les nombres) se prête bien à mettre en valeur l'existence de mini-systèmes.

• Apprendre une langue, ce n'est pas apprendre une collection de mots, même si la connaissance lexicale se trouve nécessairement à la base de toute entrée dans une langue inconnue. Une réflexion sur les différents paramètres de la situation de communication peut aider à leur

---

6. Cf. C. Luc, *Approche d'une langue étrangère à l'école*, volume 1, *Perspectives sur l'apprentissage*, INRP, 1992.

7. Cf. D. Bailly et C. Luc, *Approche d'une langue étrangère à l'école*, volume 2, *Étude psycholinguistique et aspects didactiques*, INRP, 1992.

identification et à leur appropriation en langue étrangère (ainsi, par exemple, la présence des deux énonciateurs qui se traduit dans la langue par l'alternance « je/tu » pose de sérieux problèmes en début d'apprentissage du fait de l'instabilité de la référence dans le dialogue).

• Langue et réalité ne se confondent pas : chaque langue « découpe » la réalité à sa manière. La catégorisation qu'opère le français sur la perception de la réalité (par exemple, la catégorisation des noms en masculin et féminin et même en singulier et pluriel) n'est pas universelle.

• Les rapports entre marqueurs (formes) et valeurs (sens) ne sont pas bi/univoques : le caractère relatif de chaque langue apparaît par exemple, dans la polysémie de tel ou tel mot ou marque (*'s* en anglais par exemple) ou dans la diversité des moyens qu'emploient les langues pour assurer une même fonction (poser une question ou parler du présent, par exemple).

• Les rapports phonie/graphie varient selon les langues.

Cette découverte de notions essentielles peut s'opérer très tôt à travers l'apprentissage de faits de langue précis :

– jours de la semaine
– identification et appropriation de ***I/you***
– pronoms personnels de 3e personne et catégorie du genre : ***he – she/it***
– questionnement
– localisation
– détermination nominale
– « être » et « avoir »
– les deux présents.

Méthodologie

La démarche méthodologique auprès des élèves s'effectue généralement en trois phases :

• **Travail de réflexion qui s'effectue en français et sur le français.** Il repose sur l'analyse de la correspondance entre l' « intention de signifier » de celui qui parle et les moyens linguistiques dont dispose le français. (Tous les travaux récents ont souligné que le niveau de maîtrise métalinguistique conditionne l'apprentissage des langues étrangères.)

• **Travail de découverte du fonctionnement de la langue étrangère ;** prise de conscience des différences de langue à langue et des nouveaux modes de pensée à adopter pour faire le bon choix parmi les moyens linguistiques qu'offre la langue étrangère.

• **Pratique à l'aide de jeux communicatifs, en situation de simulation, dans la langue étrangère,** qui familiarise les élèves avec des démarches mentales entièrement nouvelles et vise l'automatisation de celles-ci.

Cette méthodologie suscite l'intérêt de tous les enfants pourvu que leur activité soit constamment sollicitée, sous forme :

• d'écoute,
• de recherche de régularités,
• de réflexion,
• de manipulations de la langue étrangère,
• de verbalisations en français.

Utilisation des dossiers

Les dossiers qui suivent, constitués dans le cadre de la recherche, sont fortement ancrés dans la pratique de la classe. Ils proposent des stratégies d'enseignement qui ont donné lieu à expérimentation. Dans chaque dossier, la démarche de l'enseignant est présentée de façon détaillée et les objectifs sont précisés à chaque étape, cette mise en œuvre ayant pour but de guider l'enfant dans son cheminement et de le conduire aux prises de conscience essentielles. Cependant **les propositions d'activités gardent beaucoup de souplesse** : dès lors que les objectifs sont clairement définis, elles peuvent toujours être modifiées, allégées ou enrichies en fonction de l'état des connaissances des élèves et de leurs besoins. Afin de ne pas alourdir les dossiers, nous avons pris le parti de placer en fin d'ouvrage quelques exemples d'activités liées à certains points traités dans la première partie. Cet ouvrage s'achève sur la mise en lumière d'un obstacle de taille, transversal à tous les points abordés : la prononciation de l'anglais et ses spécificités.

Il paraît très important de souligner qu'en ce tout début d'apprentissage d'une langue étrangère et compte tenu des points choisis, qui correspondent à des difficultés inhérentes à la langue étrangère, la familiarisation avec les démarches nouvelles requiert souvent une maturation lente qui peut surprendre les non-spécialistes. Ce travail sur les représentations vise autant le moyen et le long termes que des résultats immédiats dans la langue. En outre, dans un système scolaire qui s'adresse à tous, il est essentiel de proposer une progression très démultipliée qui évite l'écueil de l'implicite, générateur d'exclusion et d'échec pour les élèves les plus faibles.

Ainsi souhaitons-nous contribuer à préparer l'enfant à une migration heureuse vers un autre système de représentation et assurer avec lui le franchissement des premiers obstacles. Cette double démarche ne constitue-t-elle pas le souci principal de tout enseignant confronté à cette tâche ?

Peut-être est-il utile d'ajouter qu'en adoptant une orientation de type conceptuel, nous n'avons pas choisi le plus facile. Nous aurions pu privilégier le spectaculaire et nous en remettre à des « par cœur » souvent trompeurs ; nous aurions pu nous contenter d'imitations réussies. Nous avons choisi de faire appel à l'intelligence de l'enfant, à sa capacité et à son envie de comprendre et, par là même, d'agir. Le plaisir qu'il éprouve alors réside dans la maîtrise d'un domaine nouveau et complexe dont il a mesuré la difficulté, mais dont il apprend à déjouer peu à peu les obstacles.

Line AUDIN, Christiane LUC.

Première Partie

Comment aborder les principaux obstacles à l'apprentissage de l'anglais en cycle 3 et en 6e

Chapitre I

Vers une prise de conscience de la langue en tant que système : Les jours de la semaine

Introduction

Lorsqu'il est question des jours de la semaine, une liste de sept mots vient immédiatement à l'esprit. Alors, enseigner les jours de la semaine est-ce seulement enseigner sept mots ? Le parti pris de ce dossier est de défendre l'idée que tout apprentissage d'une langue, même à ses débuts, peut dépasser le stade de l'apprentissage lexical pour répondre directement à deux préoccupations majeures : construire tout de suite des savoirs et savoir-faire solides dans la langue étrangère certes, mais aussi viser sur le long terme des représentations plus justes de l'activité langagière. On ne s'étonnera donc pas de l'apparente disproportion entre le contenu lexical (les sept mots) et la complexité de la démarche proposée.

Ce dossier contient des informations linguistiques naturellement, mais aussi des données historiques et culturelles destinées aux enseignants. Certaines serviront directement dans le cadre de la mise en œuvre avec les élèves, d'autres pourront servir de support à des activités trans/pluridisciplinaires, d'autres encore de référence occasionnelle.

Le dossier, organisé autour d'objectifs généraux (une langue est un système) **et linguistiques** (contenus langagiers dont on vise l'apprentissage), **est une introduction à la démarche proprement dite.**

Dans la deuxième partie de l'ouvrage, on trouvera une approche linguistique et pédagogique, visant immédiatement des savoir-faire dans la langue étrangère. Des activités pour la classe permettront à l'enseignant qui le souhaite de puiser idées, ressources, outils, pour la plupart transférables à d'autres contenus langagiers.

Légitimation didactique

L'apprentissage des jours de la semaine se prête à mettre en valeur la langue en tant que système à l'intérieur duquel coexistent des mini-systèmes. L'enjeu de cette découverte est capital : permettre à l'enfant de prendre peu à peu conscience de ce concept, dont il retrouvera des manifestations tout au long de l'apprentissage de toute langue quelle qu'elle soit, par la mise en lumière de caractéristiques de la langue qui sont souvent inexploitées et passent inaperçues.

Il s'agit donc d'aider les élèves à :
• **repérer, à travers des variations, certaines des régularités propres à tout système linguistique**, particulièrement nettes dans cette « série » lexicale. C'est le premier pas vers une prise de conscience de la cohérence interne réelle de toute langue ;

• **découvrir par eux-mêmes certains aspects du fonctionnement de la langue qu'ils commencent à étudier.** En début d'apprentissage, prendre la langue comme objet, écouter et regarder, émettre des hypothèses, est essentiel. Dans le cas retenu, l'appréhension de ce fonctionnement est tout à fait à la portée d'enfants même jeunes. En outre, elle facilite l'apprentissage, améliore la maîtrise immédiate de ces éléments de langue et prépare des acquisitions nouvelles ;

• **entrevoir le caractère relatif d'une langue donnée par rapport à une autre.** Une même « intention de signifier » donne lieu à des réalisations différentes selon les langues. Cette relativité n'est pas du tout une évidence pour l'enfant de langue française : élevé souvent dans un environnement monolingue, il n'a jamais associé qu'une façon de dire à une « intention de signifier » et n'imagine pas aisément que d'autres langues puissent utiliser des moyens différents.

Contenus en cause

Des mini-systèmes qui se répondent

Les séries étudiées reposent en fait sur des correspondances terme à terme de langue à langue : « lundi », par exemple, se dit *Monday* en anglais, *Montag* en allemand, *lunæ dies* en latin. De plus, il est à noter que la référence au système planétaire et aux mythologies gréco-latine et nordique présente un grand intérêt pour des enfants sensibles au pouvoir évocateur des mots et souvent séduits par les mystères de l'étymologie.

Document n° 1

latin	français	espagnol	portugais	anglais	allemand
Solis dies *Dominica dies* *(ère chrétienne)*	Dimanche	Domingo	Domingo	Sunday	Sonntag
Lunæ dies	Lundi	Lunes	Segunda-feira	Monday	Montag
Martis dies	Mardi	Martes	Terça-feira	Tuesday	Dienstag
Mercurii dies	Mercredi	Miércoles	Quarta-feira	Wednesday	Mittwoch
Jovis dies	Jeudi	Jueves	Quinta-feira	Thursday	Donnerstag
Veneris dies	Vendredi	Viernes	Sexta-feira	Friday	Freitag
Saturni dies *Sambati dies* *(ère chrétienne)*	Samedi	Sábado	Sábado	Saturday	Samstag

L'observation des jours de la semaine montre que le latin est une référence qui permet de construire de nouveaux systèmes[1]. On constate que, derrière la variété des formes, il existe une régularité : ***di, day, tag, dies, feira***. Or cet élément a un sens qui, dans tous les cas, est le même : c'est « jour ».

Des mots au sens, du lexique aux références culturelles

Les éléments repérés dérivent d'une racine indo-européenne, *deiw-, qui désigne la lumière du jour. Cette racine est en même temps à l'origine du mot latin *deus* (dieu) et du mot *dies* (jour).

Une autre régularité apparaît quand on observe ce qui précède l'élément signifiant « jour ». Sous des formes différentes, la référence au système solaire est commune au français, à l'anglais, à l'allemand et au latin : lune = *moon* = *Mond* = *luna*. Rappelons que les noms des planètes font référence à la mythologie gréco-latine (Mars/*martes*, Mercure/mercredi, Saturne/*Saturday*). D'autre part, certains jours de la semaine font référence à la mythologie scandinave (*Friday* et *Freitag* réfèrent à la déesse Freya/Friga).

Le latin permet d'éclairer la signification de la forme française « samedi », espagnole *sábado*, portugaise *sábado*, et allemande *Samstag* : comme en latin *(sambati dies)*, ces formes désignent le jour du sabbat, jour de repos consacré à Dieu dans la religion juive.

1. Notons que les Romains utilisaient un tout autre système pour se repérer dans le calendrier.

La forme « dimanche » en français, quant à elle, fait référence au jour du Seigneur (*Dominus* en latin) dans la religion chrétienne, alors qu'en anglais et en allemand, les mots *Sunday* et *Sonntag* font référence au soleil : sun = *Sonne* = soleil.

L'exemple du portugais constitue une illustration originale de la notion de système, malgré une variation qui n'est qu'apparente : le suffixe *feira* (jour de foire, c'est-à-dire de marché, donc jour où l'on travaille) renvoie bien, quoiqu'indirectement, à l'idée de jour. Les autres éléments, eux, ne font pas référence aux dieux et aux planètes, mais ils relèvent néanmoins d'un système logique, celui de la numération ordinale *(segunda, terça...)*.

Notons qu'en portugais, la notion de premier jour de la semaine a été effacée et remplacée par celle de « jour du Maître » *Domingo* ; les mots « premier » et « jour » ont dû exister autrefois dans la langue et ce serait lors de la Contre-Réforme que, pour des raisons relatives à la politique religieuse de l'époque, *Domingo* a été introduit et a chassé les termes précédents.

Notons aussi certaines variations qui, à l'intérieur d'un même système langagier, en révèlent la souplesse : en allemand, *Mittwoch* désigne le milieu de la semaine (*die Mitte* = le milieu). En français, l'élément **di** ne figure pas toujours à la même place : lun**di**, **di**manche.

Ainsi les mots renvoyant aux jours de la semaine forment bien un mini-système qui, malgré ses variations, est tout à fait comparable d'une langue à l'autre.

Mise en œuvre de la séquence (travail sur plusieurs langues)

Un travail sur les jours de la semaine trouve naturellement sa place en début d'apprentissage tant par l'importance des concepts en cause que par la facilité du mini-système proposé.
En cycle 3, cette activité peut être menée en dehors du cours d'anglais, puisqu'elle vise la mise en lumière de concepts généraux sur la langue et sur des savoir-faire transversaux de type classification.

La découverte des régularités s'opère d'abord à l'oral, sur les formes phoniques, puis à l'écrit, sur les formes graphiques. Cet ordre est extrêmement important puisque la découverte de l'écrit, si elle intervient en premier et sans précautions, contraint les enfants à utiliser la seule façon de lire qu'ils connaissent, la lecture « à la française », qui, en retour, entraîne systématiquement une prononciation erronée qu'ils auront ensuite beaucoup de mal à abandonner.

Tableau récapitulatif de la démarche

	Objectifs visés	Activités de l'élève	Savoirs mis en lumière	Type d'organisation	Matériel nécessaire
Concepts de portée générale	Mise en lumière d'un concept de portée générale :	1. À partir des indices phoniques, repérage du sens et des régularités *Écouter, observer, comparer, émettre des hypothèses, formuler, mémoriser*	À l'intérieur de chaque série, il y a une forme qui se répète. Cette forme, différente pour chaque série, veut dire « jour ». ***D'une langue à l'autre, « ça ne se dit pas pareil, mais ça veut dire la même chose. »*** ***D'une langue à l'autre, « ça ne se dit pas pareil, ça ne s'écrit pas pareil, mais ça veut dire la même chose. »***	Groupe-classe	
	Une même intention de signifier donne lieu à des réalisations différentes selon les langues	2. À partir des indices graphiques, repérage des constantes et variations *Observer, comparer, émettre des hypothèses, formuler et mémoriser*		Travail individuel ou par petits groupes Puis retour au groupe-classe	Doc. n° 1 Cartons pour afficher les réponses Doc. n° 2
Langue et culture	• Se constituer une culture : l'origine des noms des jours de la semaine • Prendre conscience de l'évolution historique des mots	3. Comparer les différents systèmes et repérer les références communes à plusieurs langues 4. L'origine des jours en français *Observer, comparer, émettre des hypothèses, formuler*	**Les références éclairent le sens des mots**	Travail par petits groupes	Doc. n° 3 & n° 4

1. Repérage du sens à partir des indices phoniques

1re étape De quoi parlons-nous ?

L'enseignant annonce aux élèves : « Je vais dire la même chose dans plusieurs langues. À vous de trouver de quoi il s'agit. »

Il propose donc oralement la série des jours de la semaine dans trois langues (autres que le français et le latin). Si les enfants ne trouvent pas du premier coup, il reprend les séries (les mêmes ou dans d'autres langues) en comptant silencieusement avec les doigts de la main de façon à mettre en relation le nombre sept avec le sens des séries proposées.

2e étape Écoute et découverte de la « régularité » : un suffixe commun

Une fois que les élèves ont donné la bonne réponse, l'enseignant répète chaque série séparément et il demande aux élèves à la fin de chacune de dire ce qui « revient plusieurs fois «. Il procède langue par langue en réservant le français pour la fin, si les enfants n'ont pas d'eux-mêmes fait le rapprochement.

Tous les enfants découvrent donc la reprise des éléments ***day, tag, dies, es, feira, di.***

3e étape Cet élément a un sens

Quand on pose la question, il y a toujours certains enfants qui savent que cela veut dire « jour ».

La conclusion de cet examen peut être généralisée sous la forme d'un slogan – inventé par des élèves de CM – rédigé collectivement et que les élèves mémorisent facilement :

> **D'une langue à l'autre,**
> **« ça ne se dit pas pareil,**
> **mais ça veut dire la même chose. »**

2. Repérage du sens à partir des indices graphiques

L'enseignant distribue aux élèves un tableau correspondant aux six « mini-systèmes » (doc. n° 2). Il demande aux élèves de compléter la colonne du français.

Il convient de rester prudent en ce qui concerne l'anglais. En effet, la présentation des mots écrits perturbe la prononciation correcte de ces mots, même si l'on a veillé minutieusement à la mettre en place auparavant. Mais rappelons qu'il ne s'agit pas à ce stade de mémoriser du lexique, mais de repérer des similitudes et des variations à l'intérieur d'une diversité de formes.

L'utilisation d'un subterfuge est cependant possible. Il consiste à supprimer les lettres à gros risque, celles qui donneraient lieu à une prononciation à la française, et à remplacer chacune d'elles par un point ou un tiret. Voir seulement le « squelette » des mots peut aider la mémorisation de la série des jours de la semaine, mais utiliser cette façon de faire suppose, bien entendu, qu'on ait indiqué aux élèves les règles du jeu et les raisons du recours à cet artifice.

Document n° 2
Tableau distribué aux élèves

latin	français	espagnol	portugais	anglais	allemand
Solis dies *Dominica dies* *(ère chrétienne)*	...	Domingo	Domingo	S–nday	Sonntag
Lunæ dies	...	Lunes	Segunda-feira	M–nday	Montag
Martis dies	...	Martes	Terça-feira	T– –sday	Dienstag
Mercurii dies	...	Miércoles	Quarta-feira	We –n – sday	Mittwoch
Jovis dies	...	Jueves	Quinta-feira	Th– –sday	Donnerstag
Veneris dies	...	Viernes	Sexta-feira	Fr–day	Freitag
Saturni dies *Sambati dies* *(ère chrétienne)*	...	Sábado	Sábado	S–t– –day	Samstag

Les enfants sont invités à entourer dans chaque liste « ce qui revient systématiquement ». Ce travail peut être mené en groupe. L'expérience montre que le bon repérage de la forme graphique ne va pas de soi pour tous les enfants (certains n'entourent qu'une lettre par exemple) et la discussion entre pairs est souvent fructueuse. Chaque groupe prépare sa réponse sur un carton qu'il affiche au tableau.

L'ensemble de la démarche est repris. Le repérage des régularités fait apparaître les irrégularités : place de « di » en français, forme *Mittwoch* en allemand, place de *feira* en portugais, mais c'est bien sur les constantes qu'il faut insister.

Il reste à leur faire observer le cas du portugais : ils découvrent en général assez vite qu'il y a également un aspect systématique, mais que le système n'est pas fondé sur les mêmes régularités. La notion d'ordre dans lequel on range des éléments leur est familière, même si l'intitulé de la catégorie qui la traduit (numération ordinale) leur est inconnu. L'absence mystérieuse du premier jour qui a laissé la place à *domingo* demande, bien entendu, à être éclaircie. On peut alors aller jusqu'à parler de disparition.

En fin d'observation visuelle, la formulation des constats s'enrichit. Si l'on a adopté la forme du slogan proposée plus haut, celui-ci devient alors :

> **D'une langue à l'autre,**
> **« ça ne se dit pas pareil,**
> **ça ne s'écrit pas pareil,**
> **mais ça veut dire la même chose. »**

3. Découverte de l'origine du suffixe : di - tag - day

Il est facile de faire comprendre aux élèves que les langues peuvent se regrouper par famille : celles qui appartiennent à la même famille ont une origine commune.

Mise en œuvre

Les élèves repèrent les consonnes communes, < d > et < t >. On les amène à s'interroger sur cette ressemblance et à déduire qu'elle est sans doute due à une langue originelle. Ils peuvent faire l'hypothèse que cette langue devait être parlée par un même peuple dans une même région, que ce peuple s'est dispersé en Europe et dans une partie de l'Asie. Au cours de l'histoire, leur langue se serait différenciée en raison de l'éloignement et sous l'influence d'autres langues parlées dans les régions conquises.

On peut procéder de la même façon pour les langues romanes.

Si l'intérêt des élèves reste soutenu on peut leur dire que le nom qui désigne « dieu », en latin *deus*, et le nom qui désigne le jour *dies* sont en fait semblables. Le professeur explique alors la parenté entre ces deux noms : la racine du mot latin *deus*, d'origine indo-européenne comme ils l'ont découvert, est liée à la lumière du jour et se trouve donc aussi à l'origine du mot *dies* (jour).

Une dernière étape peut alors être abordée. On leur demande de regarder le tableau des langues, non plus colonne par colonne, mais ligne par ligne et, de nouveau, de rechercher « ce qui revient ». Certains enfants repèrent alors que « lun... » en français et « *lunæ* » en latin sont proches l'un de l'autre. Ils savent parfois qu'il s'agit de la lune. Le professeur facilite les rapprochements avec *Monday* et *Montag* en leur indiquant les mots qui réfèrent à la lune respectivement en anglais *(the moon)* et en allemand *(der Mond)*.

L'ensemble du tableau peut ainsi être détaillé et les références communes en allemand, anglais, français et, bien entendu en latin, découvertes.

4. L'origine des jours de la semaine en français

On peut maintenant reprendre l'ensemble de cette démarche fondée sur l'observation des formes, en l'appliquant à la langue commune à tous les élèves, le français. Cette étape est destinée à faciliter les mises en relation lors du travail sur l'anglais. L'accent sera mis sur la méthodologie : observation, élaboration d'hypothèses, recherche d'indices.

Mise en œuvre

On met les élèves en petits groupes et on leur distribue le tableau de correspondances (doc. n° 3) où seule la colonne des jours de la semaine est remplie. On leur demande de le compléter en écrivant en face de chaque jour, dans la bonne colonne, le mot correspondant à son origine et en soulignant pour chaque jour les lettres qui leur ont servi d'indice. On leur précise que toutes les cases du tableau ne seront pas forcément remplies.
Ex. : <u>lundi</u> → lune
Lors du corrigé (doc. n° 4), ils remarqueront que samedi et dimanche n'ont pas la même origine que les autres jours de la semaine. On prépare ainsi le terrain pour les séquences de travail sur les jours de la semaine en anglais, qui sont développées en deuxième partie de l'ouvrage.

Document n° 3 Tableau à compléter distribué aux élèves

Référence religieuse	Dieux romains	Éléments du système solaire	Jours de la semaine
			LUNDI
			MARDI
			MERCREDI
			JEUDI
			VENDREDI
			SAMEDI
			DIMANCHE

Document n° 4
Tableau complété

Référence religieuse	Dieux romains	Éléments du système solaire	Jours de la semaine
		LA LUNE →	LUNDI
	MARS →	MARS →	MARDI
	MERCURE →	MERCURE →	MERCREDI
	JUPITER→	JUPITER →	JEUDI
	VÉNUS →	VÉNUS →	VENDREDI
référence au Sabbat			SAMEDI
référence au Maître, au Seigneur			DIMANCHE

Conclusion

L'étude des jours de la semaine, ou celle des nombres, est l'occasion de faire réfléchir les élèves sur l'origine des langues et leur évolution. De nombreuses légendes racontent l'apparition des langues sur la terre ; il suffit de leur en lire quelques-unes pour les amener à s'interroger. Pourquoi y a-t-il plusieurs langues et pas une seule ? Pourquoi certaines langues présentent-elles des ressemblances ? Les enfants croient souvent que chaque langue a été, un beau jour, décrétée et créée. Il ne s'agit pas, ici, de leur faire un cours de philologie, mais de leur faire saisir par cet exemple que les langues évoluent : elles ont une histoire dynamique, elles ne viennent pas de nulle part et connaître leur origine peut nous aider à comprendre leur fonctionnement.

Chapitre II

Genres et pronoms personnels sujets : *he, she* ou *it* ?

Le travail proposé suppose la mise en place préalable de la notion de système. C'est pourquoi nous conseillons d'aborder ce dossier après l'étude des jours de la semaine et après celle des nombres[2].

Légitimation didactique

Un obstacle épistémologique

Le domaine choisi pour ce dossier est celui du genre. Mais, pour des raisons didactiques, ce domaine est appréhendé par le biais des pronoms personnels de troisième personne, dits de reprise ou anaphoriques, en position de sujet de phrase : « il » et « elle », en français ; *he, she* et *it*, en anglais.

Savoir trouver le bon pronom pour parler de quelqu'un ou de quelque chose est très rapidement une nécessité absolue. Cet apprentissage ne crée pratiquement aucune difficulté lorsqu'il s'agit d'humains : dans ce cas, les langues d'origine indo-européenne font correspondre le genre au sexe (même s'il existe dans certains cas des distinctions un peu plus complexes). En revanche, la correspondance n'existe plus de façon systématique entre genre et sexe pour les animés non humains (pour les animaux par exemple) et la question ne se pose évidemment pas pour l'inanimé. Il y a là pour l'élève un obstacle qui tient à la différence de fonctionnement entre les langues : le nom « table », par exemple, est féminin en français, neutre en anglais, masculin en allemand.

Cela explique que les élèves se trompent régulièrement de pronom. Pourquoi, lorsqu'ils parlent de la ville ou de la voiture, disent-ils *she*, alors que cent fois leur professeur leur aura répété, à quelques variations près, la formule suivante : « C'est pourtant simple en anglais, on utilise *it* pour tout ce qui n'est pas un homme ou une femme ! » ? Qu'on le veuille ou non, même après plusieurs années d'apprentissage

2. L'étude des nombres, bien que n'ayant pas fait l'objet d'un dossier rédigé, a fait partie des contenus expérimentés au cours de la recherche. Une séquence préparée et menée par Albane Cain a été filmée (cf. bibliographie). La méthodologie reprend celle des jours de la semaine : l'ensemble des nombres s'organise en sous-systèmes qui, d'une langue à l'autre, n'ont pas toujours les mêmes contours.

et de pratique de la langue étrangère, la catégorisation imposée par le français conduit à trébucher, en cas de stress par exemple, sur des points qui pourtant n'ont pas l'allure d'obstacles infranchissables.

Quelle solution ?

La solution didactique la plus souvent retenue au départ consiste à « faire l'impasse » sur cette difficulté et à entraîner les élèves à utiliser *he* et *she* en équivalents de « il » et « elle » en se limitant à parler d'humains. C'est certainement ce qui est le plus immédiatement utile d'un point de vue communicatif. Mais, ce faisant, on ne facilite pas les apprentissages ultérieurs. On concourt même à consolider une représentation fausse de la langue étrangère qui, très vite, conduit à des erreurs. En effet, dès ce premier apprentissage sur *he* et *she* renvoyant à des humains, l'élève a tendance à inférer qu'il y a identité parfaite entre le fonctionnement de l'anglais et celui du français. D'où les erreurs de type :

the house, the spider → *she*
the book, the train → *he*

Pour une plus grande efficacité sur le long terme, il nous semble pertinent de proposer d'emblée une réflexion sur le système du genre en français et en anglais : il s'agit de mettre en lumière les relations que chacun tisse entre la réalité dont il veut parler et la langue qu'il emploie. Ainsi l'appréhension de la catégorie du genre éclairera un petit nombre de concepts fondamentaux qui peuvent en faciliter la maîtrise et qui se retrouveront ailleurs.

Une langue n'est pas le calque d'une autre

Contrairement à ce qui se passe le plus souvent pour les jours de la semaine ou pour les nombres, avec les genres il n'y a pas correspondance terme à terme d'une langue à l'autre. À deux genres en français correspondent trois genres en anglais et en allemand. La première prise de conscience est donc d'ordre quantitatif, avant de devenir qualitative[3]. Cette différence quantitative implique une restructuration fondamentale de la catégorie du genre en fonction de

3. Certains enfants imaginent d'ailleurs que, pour obtenir trois genres, il suffit de puiser dans le masculin (français) pour constituer le neutre (anglais). L'image de la côte d'Adam serait-elle, d'une certaine façon, liée à cette représentation ?

la langue d'arrivée. Il importe alors de faire ressortir qu'il existe :

• d'une part, une **constante** dans les langues indo-européennes : pour les **êtres humains**, toutes ces langues ont un mot qui renvoie à l'homme, un mot qui renvoie à la femme ;

• d'autre part, des **variations** propres à chaque langue : pour ce qui est non humain, les langues ont des fonctionnements différents (le neutre en anglais, toutes catégories référentielles confondues ; une distribution sur deux genres en français, sur trois genres en allemand).

Distinction langue et réalité

La comparaison du fonctionnement de langues différentes dans ce domaine se prête bien à la mise en lumière de la distinction langue/réalité. La réalité n'est pas un donné. Elle est perçue et s'organise de diverses façons : chaque langue permet d'en rendre compte, mais aucune langue ne constitue un calque de cette réalité. Elle la « re-présente » de façon symbolique. Il n'y a donc pas équivalence entre l'une et l'autre. Toute appropriation d'une langue permet petit à petit à l'élève d'opérer cette distinction fondamentale qui est à la base de son développement intellectuel. C'est là un des aspects de la bien connue valeur formatrice de l'apprentissage des langues, et pas du seul latin. Au-delà de la maîtrise du genre et des pronoms personnels qu'il cherche à mettre en place, ce dossier vise à donner clairement à l'enfant la mesure de l'un des écarts entre langue et réalité[4].

Des jalons pour les apprentissages ultérieurs

Lorsqu'il s'agit du genre, la distinction pertinente à opérer est celle de l'opposition « humain/non-humain ». Le caractère primordial de la référence « animé-humain-doté d'intentionnalité » a des incidences sur les apprentissages ultérieurs : comment ne pas faire référence à la catégorie « animé-humain » lorsqu'on aborde la notion de sujet, ou plus tard la voix passive ?

4. Pour une analyse plus approfondie des notions et concepts en jeu, se reporter à : D. Bailly et C. Luc, 1992 (op. cité).

Un contenu linguistique essentiel sur le plan communicatif

Les pronoms personnels de troisième personne permettent d'éviter l'utilisation ou la répétition du nom[5]. En cela, ils sont aussi une illustration immédiate du phénomène de l'anaphore qui relève de l'économie de la langue. Rappelons que l'anaphore est une opération par laquelle on reprend sous une autre forme un élément déjà déterminé.

De plus, dans l'esprit des élèves, la catégorie du genre est d'ailleurs souvent exclusivement liée à l'article. Il importe qu'ils comprennent que le pronom remplace l'ensemble du groupe nominal.

Stratégie d'enseignement

Trois étapes seront nécessaires : une première étape de réflexion sur le français, suivie d'une étape de réflexion sur le fonctionnement de l'anglais, immédiatement complétée par des activités de mise en pratique menées en anglais. Cette dernière étape est essentielle pour que de nouveaux automatismes puissent progressivement se mettre en place.

La maîtrise du genre en anglais repose sur deux types de démarches :
- une démarche analogue à celle du français pour ce qui est des humains ;
- une démarche différente de celle du français pour ce qui est des non-humains.

Ce qui est essentiel ici, c'est donc le classement sémantique en humain/non-humain.

En anglais, il existe une correspondance logique entre la linguistique (la langue) et l'extralinguistique (la réalité) : on utilise *he/she* pour les humains, *it* pour le reste. De ce fait, opérer spontanément la catégorisation dans l'extralinguistique aide à effectuer le bon choix dans la catégorie linguistique du genre. Le bon choix du pronom personnel implique un retour à la réalité afin d'y repérer la catégorie dans laquelle on place ce dont on parle.

On distingue ainsi deux niveaux distincts : la réalité (ou, pour être plus exact, la perception que nous en avons à travers les classements que nous opérons) et la langue.

5. On pourra se reporter au dossier suivant pour comprendre la différence de statut entre les pronoms de troisième personne et ceux de première et deuxième personne.

Réalité	Humain	Non-humain		
		animaux	végétaux	« choses »
Langue anglaise	*he/she*	*it*		
Langue française	il/elle	il/elle		

Pour l'élève, la catégorisation qui s'impose immédiatement est celle opérée par le français. Il lui faut donc prendre la distance nécessaire par rapport à la catégorisation grammaticale qu'opère le français. Elle permet de mettre en lumière la logique de l'anglais :

- humains → *he* ou *she*
- non-humains → *it*

N. B. : Sur le tableau, le recouvrement partiel de *he/she* sur le non-humain s'explique par l'extension habituelle de ce choix aux animaux avec lesquels le lien affectif est très fort ou qui font partie de la famille.

Tableau récapitulatif de la démarche

	Objectifs visés	Activités de l'élève	Savoirs et savoir-faire mis en lumière	Type d'organisation	Matériel nécessaire
1. Découverte du fonctionnement du français	**Image claire du fonctionnement du français**	**Découverte du rapport entre langue et réalité en français :** Constitution d'un corpus de phrases pour parler de quelqu'un ou de quelque chose dans la réalité *Produire, utiliser les pronoms personnels 3ᵉ personne en français*	• **En français**, à la 3ᵉ personne, deux pronoms personnels permettent d'évoquer toute la réalité. • La relation entre la réalité et la langue est 1. **logique** quand il s'agit des **humains** ; 2. **arbitraire** quand il s'agit des **non-humains.**	Travail individuel à la maison	Corpus élèves
	Mise en lumière d'un concept de portée générale	Classement des groupes nominaux *Trier, classer, catégoriser*	***Il n'y a pas de correspondance terme à terme entre la réalité et la langue.***	Travail collectif	Doc. n° 1
2. Découverte du fonctionnement de la langue étrangère	**Image claire du fonctionnement de la langue étrangère**	**Découverte des pronoms** anglais à l'écrit et à l'oral (activité 1) *Observer, écouter, répéter*	• **En anglais, trois pronoms** • La relation entre la réalité et la langue est **logique.**	Travail de groupe	
	Mise en lumière d'un concept de portée générale	**Découverte de la relation langue/réalité** en anglais (activité 2) *Identifier, classer*	***Il n'y a pas de correspondance terme à terme entre deux langues.***	Travail de groupe	• Boîte à tiroirs (angl./frçs.) • Jeu d'étiquettes • Images (pronoms au verso) • Grande feuille de papier *(he-she/it)*

<table>
<tr><th></th><th>Objectifs visés</th><th>Activités de l'élève</th><th colspan="3">Savoirs et savoir-faire mis en lumière</th><th>Type d'organisation</th><th>Matériel nécessaire</th></tr>
<tr><td rowspan="4">3. Entraînement à la démarche nouvelle pour opérer le bon choix</td><td>Identification de l'obstacle</td><td>Construction de la démarche pour effectuer le bon choix (activité 3)
Verbaliser, visualiser, induire et déduire</td><td colspan="3">Double mouvement de déconstruction/reconstruction :
• de la catégorisation (inconsciente) en langue maternelle
• à la recatégorisation (consciente) en langue étrangère</td><td rowspan="4">Travail collectif</td><td rowspan="4">Doc. n° 2
• Images de toutes sortes
• Étiquettes des pronoms anglais</td></tr>
<tr><td rowspan="3">Entraînement à la démarche</td><td rowspan="3">Choix linguistique (pronom adéquat) en fonction de la catégorisation sémantique (activité 4)</td><td colspan="2">Humain</td><td>Non-humain</td></tr>
<tr><td>homme
↓</td><td>femme
↓</td><td>animal-végétal-chose-idée
↓</td></tr>
<tr><td>HE</td><td>SHE</td><td>IT</td></tr>
<tr><td>4. Entraînement intensif dans la langue étrangère</td><td>Automatisation des procédures de contrôle</td><td>Retour aux situations de communication
Identification du pronom dans un énoncé (activité 1)
Écouter, vérifier, répéter
Production de pronoms en situation (activité 2)
Écouter, comprendre, parler
Production de phrases contrastées (activités 3, 4 et 5)
Parler, coordonner</td><td colspan="3">Développement de compétences communicatives par la pratique langagière
Mise en lumière de deux valeurs fondamentales de BE :
– localisation
– appartenance</td><td>Travail collectif</td><td>Images (personnes, objets, animaux en situation)</td></tr>
</table>

Mise en œuvre de la séquence d'enseignement

1. Découverte du rapport entre langue et réalité en français

On commence par une réflexion conduite en français, sur le français, menée en classe, collectivement. Elle a pour objectif de mettre en lumière le rapport entre la réalité extralinguistique et les éléments de la langue renvoyant à cette réalité.

Recueil d'un corpus de phrases d'élèves en français

La consigne donnée aux élèves est la suivante : « Faites deux phrases dans lesquelles vous parlez de qui vous voulez ou de ce que vous voulez. Dans la deuxième phrase doit se trouver un pronom personnel renvoyant à la personne, l'animal ou la chose dont vous avez parlé dans la première phrase. »
Chaque élève doit fournir ainsi trois fois deux phrases. Ce travail préalable est individuel et peut être fait à la maison.

Construction de la catégorisation en français : organisation de la perception de la réalité

L'enseignant a écrit au tableau les groupes nominaux (les sujets grammaticaux) qu'il a trouvés dans les phrases proposées par les élèves. Il rappelle que la langue permet de parler de la réalité. Mais les deux domaines sont différents. Il tire un trait au tableau afin de bien les séparer :

LA RÉALITÉ
LA LANGUE

Une fois ce préalable posé, il lance le débat par la question suivante : « Si vous deviez classer tout ce qui est au tableau, ou même tout ce qui existe, en deux tas, comment feriez-vous ? »

Après un débat riche et parfois cocasse guidé par l'enseignant, on aboutit assez facilement aux catégories suivantes :

Document n° 1
Tableau construit collectivement

Vivant (se reproduit)					Non-vivant (ne se reproduit pas)
humain		**animaux**		**végétaux**	**choses**
hommes	*femmes*	*mâles*	*femelles*	*les deux*	*pas de caractère sexué*

Organisation linguistique : la catégorie du genre en français

L'enseignant demande alors aux élèves les mots qu'ils ont utilisés dans leur deuxième phrase. À partir du relevé des pronoms « il » et « elle », ils constatent l'existence de deux pronoms personnels sujets qui correspondent à deux genres en français : le masculin et le féminin.

Correspondances réalité/langue en français

Les élèves sont maintenant en mesure de verbaliser la relation entre réalité et langue en français :

• Pour les humains, correspondance terme à terme :
– homme → pronom personnel « il »
– femme → pronom personnel « elle »

• Pour les **choses**, les **végétaux**, les **animaux**, pronoms personnels « il » ou « elle ». Aucune logique[6] : la girafe est mâle ou femelle, le rhinocéros aussi, « le placard n'est pas le mari de l'armoire » (citation d'un élève).

2. Découverte du fonctionnement de l'anglais

L'enseignant met les élèves en groupes de deux ou trois.

Activité 1 : deux pronoms en français, trois en anglais

Objectif

Les élèves ont maintenant clairement à l'esprit qu'en français, deux pronoms suffisent à renvoyer à, à parler de, à remplacer, tous les noms qui existent.

L'enseignant leur explique qu'en anglais, c'est différent. À eux de découvrir combien il y en a.

Matériel

– Une boîte à deux tiroirs. Sur le tiroir du haut est inscrit « français », sur celui du bas « anglais »
– Des étiquettes avec le nom en français (tiré du corpus des élèves) sur le recto, et, sur le verso, le pronom français correspondant (« il » ou « elle »)
– Des images (personnes, animaux, choses) au recto et au verso le pronom anglais correspondant (*he, she* ou *it*)

6. Sauf chez certains animaux : chien/chienne, cheval/jument, âne/ânesse…

Mise en œuvre

Pour mener à bien l'activité, il utilise une boîte à deux tiroirs. Le tiroir du haut est réservé au français, celui du bas à l'anglais :

« Imaginons que dans le tiroir du haut, on place tous les noms qui existent en français. Comme c'est impossible, on va y placer tous les noms que vous avez mis dans vos phrases. Si on ne veut pas répéter ces noms, on peut utiliser les pronoms personnels. Ils sont inscrits derrière.

Dans le tiroir du bas, celui de l'anglais, j'ai placé des étiquettes. Comme on ne sait pas encore bien lire et comprendre l'anglais, au lieu d'écrire des noms en anglais, sur chaque petite étiquette, il y a d'un côté une image, de l'autre le pronom personnel anglais correspondant. »

L'enseignant donne une dizaine d'étiquettes anglaises à chaque groupe et laisse quelques instants aux élèves pour les observer. Puis il demande de combien de pronoms personnels l'anglais dispose. Les élèves découvrent avec étonnement qu'il y en a trois.

On les regarde bien ensemble. L'enseignant les dit et les fait lire plusieurs fois /hi:/, /ʃi:/, /ɪt/ en insistant bien sur le contraste /i:/ - /ɪ/. À cette occasion les élèves remarquent aussi que les voyelles « ne se prononcent pas comme en français ».

Activité 2 : identification des pronoms personnels et correspondance avec la réalité

Objectif

Il s'agit maintenant de rechercher la régularité sous-jacente à l'emploi des pronoms personnels pour pouvoir établir de nouvelles correspondances entre réalité et langue anglaise.

Matériel

Des images représentant des gens, animaux, choses... avec le pronom anglais correspondant (*he, she, it*) inscrit au verso.

Mise en œuvre

Les groupes se remettent au travail. Ils ont pour consigne de classer en trois tas leurs petites étiquettes : celles qui portent *he*, celles qui portent *she*, celles qui portent *it*.

On regarde les « *he* » :
– de qui ou de quoi s'agit-il ?
– à chaque fois, il s'agit d'un homme, d'un garçon…

Même chose pour les « *she* », et enfin pour les « *it* », qui ont des références diverses (animaux, végétaux, choses).

En fin d'exercice, les élèves ont retenu qu'il y a deux pôles :

• d'une part *he/she* qui renvoient aux humains (sexués) :

– homme	→ masculin	→ pronom personnel	*he*
– femme	→ féminin	→ pronom personnel	*she*

• d'autre part *it*, qui renvoie aux choses :

– choses	→ neutre	→ pronom personnel	*it*

• entre les deux pôles :
– végétaux, animaux (sauf ceux qui font partie de la famille) *it*

La séparation importante dans la langue est donc entre humains et non-humains. On peut visualiser cette séparation sur une grande feuille de papier qu'on déroule :

HE/SHE	*IT*

3. Entraînement à la démarche nouvelle pour opérer le bon choix

Activité 3 : identification de l'obstacle et construction de la démarche pour effectuer le bon choix

Objectif : récapitulation de la démarche par les élèves

Mise en œuvre

L'enseignant demande comment on va s'y prendre pour choisir le bon pronom. La récapitulation de la démarche est faite par les élèves. La verbalisation est illustrée par un support au tableau qui permet aux élèves de bien visualiser le double mouvement nécessaire à la démarche :

• « remonter » à la réalité pour trouver à quelle catégorie appartient ce dont on parle (humains, animaux…)

• « redescendre » à la linguistique pour choisir le pronom personnel correspondant à cette catégorie (les termes imagés « monter » et « descendre » sont employés pour faire comprendre aux élèves le double mouvement nécessaire. Ils s'accompagnent d'un schéma au tableau : doc. n° 2)

Document n° 2
Tableau reconstruit par les élèves

Humain	Non-humain		
	animaux	**végétaux**	**choses**
he/she		*it*	

Les élèves ont compris que la séparation importante dans la langue est entre humains et non-humains. Il importe de le rappeler sans cesse.

On peut discuter du cas particulier de l'animal familier assimilé à un membre de la famille. Donc, dans une famille, tout le monde est soit *he*, soit *she*. Quand il y a un animal familier, il est assimilé à un membre de la famille → *he* ou *she*, selon son sexe. Mais il reste *it* pour les autres, sauf s'ils le connaissent bien.

Activité 4 : entraînement à cette démarche

Avant d'aborder le travail dans la langue proprement dit, où le pronom est inséré dans un énoncé complet, il est souhaitable de procéder à une mise en œuvre de la démarche par des exercices d'entraînement destinés à effectuer le bon choix le plus vite possible. Cette étape est importante en vue de « lancer » l'automatisation de la nouvelle démarche exigée par la langue anglaise.

Objectif : classification d'ordre sémantique et choix d'ordre linguistique

Matériel

- Des images de toutes sortes
- Pour chaque élève trois étiquettes avec les trois pronoms anglais

Mise en œuvre

L'enseignant nomme ou montre à l'aide d'une figurine une personne, un animal ou une chose. Les élèves doivent trouver le pronom personnel qui permettrait de continuer à en parler (manipulation individuelle d'étiquettes). Lorsqu'il frappe dans ses mains, les élèves lèvent l'étiquette qu'ils ont choisie. En fonction de la figurine proposée par l'enseignant, on vise un choix de plus en plus rapide du pronom personnel qui permettrait de parler de ce qui est représenté. Si ça marche, on peut aller jusqu'à proposer la ville (*it*) ou une partie du corps (*it*).

Inversement, on affiche les trois pronoms au tableau. On distribue à chaque élève une image différente. Les élèves doivent chacun à leur tour se placer devant le pronom personnel qui lui correspond. Chacun doit trouver à quelle catégorie de la réalité appartient ce qui est évoqué par la figurine reçue, et le pronom qui permettrait d'en parler.

Ces activités peuvent être complétées par des exercices écrits simples sur des phrases extraites du corpus de la 1re phase. À ce stade, seul le choix du pronom personnel adéquat est demandé.

S'il reste du temps, on peut terminer par un travail individuel écrit. L'enseignant distribue une photocopie de noms trouvés dans les phrases des élèves. Il s'agira d'inscrire en regard le pronom anglais qui lui correspond.

4. Entraînement intensif dans la langue étrangère

Sur le plan de la pratique de la langue étrangère, à travers les activités communicatives présentées, c'est l'ensemble de la phrase qui est abordé, ce qui permet de mettre en lumière deux valeurs fondamentales de *BE* :

- la valeur d'appartenance à une classe : *he is a doctor, he is ten…*
- la valeur de localisation : *she is in the garden…*

L'objectif visé est double :

- fixation et insertion des pronoms personnels dans la construction de phrases
- mise en œuvre de jeux communicatifs dans la langue (travail oral) destinés à entraîner les élèves à la démarche réflexive en situation et à favoriser ainsi la mise en place d'automatismes.

Voici quelques exemples d'activités possibles à ce stade.

Activité 1 : *right or wrong?*

Objectif : identification du pronom dans un énoncé et contrôle

Matériel

– Des images représentant un personnage, un animal ou un objet en situation (ex. : une petite fille dans un jardin, un lion dans la forêt…)
– Pour chaque élève, un petit carton rouge et un vert

Mise en œuvre

Chaque élève a sur la table devant lui deux petits cartons, l'un vert, l'autre rouge.
L'enseignant affiche une image au tableau (un garçon dans une classe). Il indique que le début de l'histoire manque et il dit par exemple : *He is in the classroom.*
Si l'énoncé correspond à la situation proposée, les élèves lèvent le carton vert. Si le pronom ne correspond pas au référent, les élèves réagissent en levant le carton rouge. Un élève donne alors le pronom adéquat. Selon le niveau de la classe, on peut faire répéter ou non l'énoncé correct en entier.

Activité 2 : *where is… ? here… is!* (valeur de localisation de *is*)

Objectif : production de pronoms personnels en situation

Matériel

Des figurines représentant un personnage, un animal ou un objet

Mise en œuvre

L'activité de l'élève consiste à trouver le pronom personnel adéquat et à l'insérer dans une suite rapidement produite et phonologiquement correcte.

L'enseignant distribue une figurine à chaque élève. Il pose la question : *Where is the lion?* (intonation descendante).
Pour que les élèves sachent ce qu'on cherche, on peut utiliser une deuxième figurine identique (placée au tableau).

L'élève qui a la bonne figurine la brandit et dit : *Here it is!* (intonation descendante, qui tombe sur le dernier mot).
Les autres élèves reprennent en montrant la figurine : *Here it (she, he) is!*

On peut aussi intervertir les rôles. La question est alors : *Where is it (she, he)?* puisque les élèves ne disposent encore que de très peu de lexique.

Activité 3 : *how old is he/she/it?* (l'expression de l'âge avec *is*)

Objectif : construction de phrases contrastées *(he's 70/she's 20)*

Matériel

– Des figurines représentant un personnage, un animal ou un objet[7]
– Des étiquettes sur lesquelles sont inscrits des nombres (correspondant à des âges)

Mise en œuvre

Cette activité permet de rebrasser les nombres déjà vus.
Un élève choisit une figurine et un âge ; il produit l'énoncé correspondant à son choix. Il peut enchaîner plusieurs énoncés : *she's 20, he's 50, it's 4.*

L'attention des élèves doit alors être attirée sur la présence de /z/ ou /s/, marques phoniques renvoyant au verbe être, dont le caractère indispensable est à souligner (« **He, twenty* » n'est pas une phrase).

Activité 4 : *he's a vet and she's a doctor* (valeur d'appartenance de *is)*

Objectif : exploitation de la valeur d'appartenance

À partir de quelques noms de métiers, enchaînement de deux propositions.

Matériel

Des figurines représentant un métier

Mise en œuvre

L'enseignant ou un élève montre une figurine ou une photo ; les élèves devinent quel est le métier du personnage (vocabulaire fourni).

On veillera encore à la réalisation correcte de /z/.
Lorsqu'il n'y a plus d'erreur entre *he* et *she*, on peut montrer deux figurines pour qu'ils enchaînent deux propositions.

7. Lorsqu'il s'agit de l'âge de la maison, de la poupée, d'un objet, etc., il est préférable d'introduire la forme complète : *It's ten years old.*

Activité 5 : *he's in the mountains and she's in the desert* (valeur de localisation de *is*)

Objectif : exploitation de la valeur de localisation

Mise en œuvre

Même type d'exercice que précédemment. Il convient d'insister sur la prononciation de /hizinðə/ et au rythme lors de l'enchaînement des deux propositions.

N. B. : Cet exercice s'appuie sur un travail phonologique préalable (choix de dissyllabiques accentués sur la première syllabe : *mountains/desert/cottage/village/forest/garden*... Ces lieux ont également été choisis en raison de la facilité qu'ils offrent à être évoqués par des photos).

Réutilisation de *it* en classe

L'entraînement à l'emploi des pronoms *he* et *she* ne doit pas pour autant faire oublier *it*. À chaque occasion, et la situation de classe y pourvoit largement, l'enseignant veillera à bien faire produire le pronom *it* en reprise d'un élément déjà mentionné.

Quelques exemples

– *Where is the Eiffel Tower?*
It's in Paris.

– *I can measure the room.*
It's 9 metres long and 6 metres wide.

– *How far is the station?*
It isn't far. It's about 500 m from here.

– *Can you open the door?*
It's open!

– *Pass me the teapot. Oh! It's empty!*

– *What's this table made of?*
It's made of plastic.
(the wall, the house, the bottle, the drink, the chair...)

– *Can you see the shop, the bus, the car?*
It's over there.

– *What colour is the door? Where is the door?*
Is it at the back or at the front?

...

Conclusion

C'est à force d'utiliser la langue étrangère dans des situations de communication, où l'élève est amené à dire des énoncés personnels, à comprendre des énoncés nouveaux, que les trois pronoms personnels sujets lui deviendront progressivement « naturels ». Il trébuchera encore longtemps car c'est une des premières fois qu'il est confronté à une nouvelle façon d'appréhender la réalité, c'est l'une de ses premières tentatives pour voir le monde comme le voient les anglophones, pour le penser comme eux.

De qui, de quoi veux-tu parler ? La question n'est pas aussi simple qu'elle en a l'air : mais d'une part, elle est fondamentale, de l'autre, l'approche proposée et expérimentée dans de nombreuses classes montre qu'elle est tout à fait à la portée d'élèves de cours moyen.

Chapitre III

La situation d'énonciation et les marqueurs de la personne : *I* et *you* par rapport à *he* et *she*

Le «je» de chacun résulte des «tu» qui lui ont été adressés.
Albert JACQUARD, (1991)
Voici le temps du monde fini, LE SEUIL

Légitimation linguistique et dictatique

Les marqueurs « je » et « tu » et l'instabilité de la référence

Parler c'est s'adresser à un interlocuteur qui peut à son tour prendre la parole. Toute communication implique donc un jeu continuel entre les deux interlocuteurs qui vont prendre la parole chacun à leur tour. Selon que chacun des énonciateurs réfère à lui-même ou à son interlocuteur, ils utiliseront respectivement *I* ou *you*. Puisqu'à chaque tour de parole la référence pour un même mot change, on peut dire que cette référence est instable. C'est une caractéristique propre aux éléments constitutifs de toute situation de communication : « moi (énonciateur) – ici – maintenant ». En effet, de la même façon que la référence est instable pour « je » et « tu », elle l'est pour « aujourd'hui, hier, demain… », pour « ici, là… », et pour les déictiques en général.

Il s'agit là de paramètres qui relèvent de l'activité langagière : c'est pourquoi ce problème peut se poser dans les mêmes termes en anglais, en français et en allemand. Benveniste consacre d'ailleurs un long développement à cette faculté du langage :

« La conscience de soi n'est possible que si elle s'éprouve par contraste. Je n'emploie *je* qu'en m'adressant à quelqu'un, qui sera dans mon allocution un *tu*. C'est cette condition de dialogue qui est constitutive de la *personne*, car elle implique en réciprocité que je deviens *tu* dans l'allocution de celui qui à son tour se désigne par *je*. [...] Le langage n'est possible que parce que chaque locuteur se pose comme *sujet*, en renvoyant à lui-même comme *je* de son discours. De ce fait, *je* pose une autre personne, celle qui, tout extérieure qu'elle est à 'moi', devient mon écho auquel je dis *tu* et qui me dit *tu*. »[8]

8. E. BENVENISTE, *Problèmes de linguistique générale*, Gallimard, coll. Tel, tome 1, p. 260, 1966.

La plupart des autres marqueurs de la langue ne partagent pas la particularité de ces marqueurs. Contrairement à « je » et « tu », ils sont en général caractérisés par des références stables (sauf jeux de mots, malentendus, etc.). En simplifiant beaucoup, on peut dire que chaque élément de l'extralinguistique a, en principe, un mot pour le nommer et y référer. Réciproquement (bien que ce soit en fait loin d'être aussi simple que cela), chaque mot réfère habituellement à une seule chose, sinon on aurait beaucoup de mal à se comprendre.

Que se passe-t-il par exemple lorsque l'on veut parler de quelqu'un situé en dehors de la situation d'énonciation ? Les deux interlocuteurs utilisent alors le même marqueur : « il » ou « elle » selon les cas. Dans une situation alors donnée, la référence de « il », « elle » est stable. On est dans le cas général évoqué ci-dessus.

Rappelons en outre que les pronoms de troisième personne sont ce qu'on appelle des pronoms anaphoriques. Contrairement à *I* et *you*, qui sont déterminés par la situation d'énonciation, le pronom de troisième personne ne renvoie pas à l'un des énonciateurs. Il renvoie à une tierce personne qui ne participe pas au dialogue.

Dans ce cas, une contrainte s'exerce : lorsqu'on veut parler de quelqu'un situé en dehors de la situation d'énonciation, il faut d'abord désigner cette personne par des moyens verbaux (nom) ou non verbaux (geste). Une fois qu'il y a eu une première mention de cette personne, pour ne pas répéter le nom dans la même instance d'énonciation et avec les mêmes interlocuteurs, on emploie un pronom personnel de troisième personne (*he* ou *she*). Chacun des deux interlocuteurs sait – sauf malentendu – à qui renvoie le pronom. C'est un substitut (anaphore). D'où la nécessité de cette détermination contextuelle (dans le discours) ou situationnelle (dans la situation) préalable.

Ainsi, il n'y a de « il » et de « elle » que grâce au sujet parlant qui les pose :
« La forme *il* [...] tire sa valeur de ce qu'elle fait nécessairement partie d'un discours énoncé par 'je' »[9].

Nous voyons qu'accorder le même statut aux trois pronoms personnels « je », « tu », « il », c'est s'en tenir à une analyse très superficielle. Il ne faut donc pas s'étonner que, dans l'apprentissage d'une langue

9. *id.*, p. 265.

étrangère, ils ne s'acquièrent pas de façon uniforme (cf. aspects didactiques).

Notons que les difficultés s'accentuent lors du passage à la pluralisation : dans le passage du *I* au *we*, l'élève devra non seulement se poser comme acteur de son discours dans sa relation avec un interlocuteur, mais il devra aussi se poser comme partie d'un groupe dont les autres acteurs peuvent être divers : interlocuteur, tierces personnes, interlocuteur + tierces personnes. En outre, nos élèves utilisent rarement le « nous » en français ; ils optent plus couramment pour « on ». De ce fait, le passage au pluriel en anglais n'est pas un phénomène simple. Toutes ces raisons nous laissent penser qu'il est prématuré de l'aborder dans ce dossier.

Aspects didactiques

Dans la langue maternelle, ce système de repérages liés aux énonciateurs se met en place progressivement dans la petite enfance. N'oublions pas cependant qu'au début du développement du langage, l'enfant réfère à lui-même comme s'il était une tierce personne, en utilisant son prénom. L'appropriation du « je » est plus tardive. À une étape ultérieure du développement de l'enfant, de nouvelles difficultés apparaissent, lorsqu'il s'agit pour l'enfant d'utiliser des pronoms personnels compléments d'objet : prenons par exemple le cas d'un enfant qui, pour demander de l'aide à sa mère, lui dit « je t'aide ! » au lieu de « tu m'aides ! » (= aide-moi à enfiler mon manteau !). C'est bien l'instabilité de la référence qui est en cause ici.

Que se passe-t-il quand l'enfant aborde une langue étrangère ? *A priori* — si l'on s'en tient à l'anglais —, il ne devrait pas y avoir de problème spécifique lié à une différence de fonctionnement entre les deux langues : *I* en anglais est utilisé pratiquement dans tous les cas où on utiliserait « je » en français. Et pourtant…

… les élèves se trompent.

Il semble que la difficulté première soit d'ordre psychologique. On peut penser que la prégnance du *je*, marqueur de la première personne dans la langue maternelle, est telle que l'élève a du mal à lui substituer le marqueur correspondant de la langue étrangère. Pour parler de lui, il utilise le *je*. La langue étrangère joue comme un écran entre lui et une production authentique, qui le touche personnellement. De ce fait, *I* ne revêt pas d'emblée pour lui la même surdétermination. Il ne se reconnaît pas dans *I* et il aura donc du mal à utiliser ce marqueur pour parler de lui-même.

Ce problème est renforcé par la non-stabilité des pronoms *I* et *you*. *I* est utilisé par celui qui parle pour renvoyer à lui-même, mais l'instant d'après, il va être utilisé par l'interlocuteur pour parler de lui-même. Une collègue relate la réflexion d'un élève de 6e lors de la création d'un sketch : « Je ne peux pas dire *I* puisque c'est mon copain qui le dit ». En effet, en général, lors des apprentissages en langue étrangère, les mots qu'apprennent les enfants ont des référents stables : par exemple, pour eux, *house* renvoie à « maison », *...'d like* renvoie à l'expression d'un désir. Or, dans le cas de *I* et *you*, le référent change à chaque prise de parole.

Mais à cette difficulté s'ajoutent des difficultés qui relèvent d'un autre ordre :

• Celles qui proviennent de la tendance – naturelle ou entretenue par les démarches pédagogiques – à reprendre de façon symétrique dans la réponse les éléments constituants de la question, sans opérer le changement de pronom requis par la situation de communication (phénomène d'écholalie) :

> *Are you French?*
> **Yes, you are.*

(Pour bien identifier les formules comportant une ou plusieurs erreur(s), celles-ci seront toujours précédées d'un astérisque.)

• Difficulté relative à l'identification phonique de *I* : de nombreuses erreurs sont dues à une mauvaise segmentation de la chaîne parlée. Beaucoup utilisent /aim/ comme marqueur de la première personne. On retrouve plusieurs années après des traces de cette confusion dans les erreurs du type : **I'm think, *I'm like...* et même **I'm don't like*, à l'écrit comme à l'oral.

• Problème de proximité phonique entre *I'm* et *my*. L'un est l'inverse de l'autre : /aim/ et /mai/. Ceci est source de nombreuses confusions entre le pronom de première personne et l'adjectif possessif correspondant, lorsqu'ils sont enseignés simultanément :

> **my French au lieu de I'm French*

• Difficultés liées à la graphie : les élèves ne sont pas habitués à penser qu'une seule lettre peut constituer un mot. En outre, cette majuscule donne lieu à des calligraphies diverses qui peuvent prêter à confusion, *I* confondu avec la lettre « Y » ou le chiffre romain « I ».

Stratégie d'enseignement

Intérieur ou extérieur à la situation d'énonciation : le choix des pronoms en dépend

Ce qui précède montre que mettre en place de façon explicite le schéma de communication, c'est permettre aux élèves de choisir le pronom personnel sujet adéquat en fonction de la situation d'énonciation. La question qui sera abordée avec eux portera donc sur le rapport entre le sujet de l'énoncé (celui dont on parle) et celui qui parle, l'énonciateur. Si celui qui parle parle de lui-même ou de son interlocuteur, on reste à l'intérieur de la situation d'énonciation ; les pronoms sont alors ceux de la première et deuxième personnes. Si, au contraire, celui dont on parle est à l'extérieur de cette situation, c'est la troisième personne qu'il faut utiliser.

Après une réflexion rapide menée avec les élèves sur le français, il faudra très vite passer à un travail dans la langue où l'on s'attachera à ancrer les énoncés des élèves dans des situations précises où ils prendront sens. C'est la pratique de la langue par des jeux et des petits dialogues qui permettra aux élèves de s'approprier les marqueurs de la personne afin que ceux-ci ne restent pas des formes vides de sens que l'on manierait mécaniquement.

Prérequis

Cette leçon suppose que les élèves auront déjà travaillé sur la catégorie du genre en anglais. Ils sauront à qui renvoient les pronoms de troisième personne *he-she* et les auront utilisés.

La séquence vise la production d'énoncés simples. Même si l'agencement syntaxique des questions en *yes/no* ainsi que celui des réponses courtes n'ont pas encore été abordés de façon systématique, cela ne devrait pas gêner son déroulement.

Sur le plan lexical, nous utiliserons des verbes d'action courants et aussi transparents que possible (proches du français). Il est souhaitable de se servir de figurines stylisées pour aider à la compréhension. Dans l'ensemble, le vocabulaire proposé ne constitue pas un obstacle à la mise en œuvre de la séquence.

Tableau récapitulatif de la démarche

		Objectifs visés	Activités de l'élève	Savoirs et savoir-faire mis en lumière	Type d'organisation	Matériel nécessaire
1. Réflexion à partir du français		Mise en lumière du schéma de la situation de communication : repérage du statut différent des marqueurs de la situation de communication	À partir d'un dialogue entre l'enseignant et les élèves, réflexion guidée sur la valeur des pronoms je-tu/il-elle. *Analyser, comprendre, verbaliser*	Les marqueurs **je** et **tu** sont déterminés par la situation de communication. Le pronom de 3e personne ne renvoie pas à l'un des interlocuteurs : c'est un substitut qui renvoie à une personne extérieure à la situation de communication.	Groupe-classe Dialogue enseignant-élève	
2. Travail en anglais Mise en place de *I* et *you*	2.1. Production de *I*	Repérage du marqueur *I* Identification de *I* dans *I'm*	Produire des énoncés commençant par *I* suivi d'un auxiliaire (activités 1, 2 et 3) *Isoler, segmenter, identifier, construire*	Celui qui parle de lui-même dit /ai/ qui s'écrit ***I.*** *I'm* = *I* + *am* *I* marque toujours que je parle de moi.	Groupe-classe Groupes de quatre élèves	Images symbolisant des actions par des objets (piano, piscine, raquette…) Écharpes
	2.2. Production de *you*	Repérage de la valeur du marqueur *you* : il renvoie à l'interlocuteur	Produire des énoncés concernant l'interlocuteur commençant par *you* (activité 4) Être capable de réagir à un énoncé inadéquat *Produire, comprendre des énoncés, associer*	Quand on s'adresse à un interlocuteur pour lui parler de lui, on utilise *you.*	Jeu : groupes de quatre élèves	Écharpes

		Objectifs visés	Activités de l'élève	Savoirs et savoir-faire mis en lumière	Type d'organisation	Matériel nécessaire
Entraînement au *shifting*	2.3. Production de *I* et *you*	Repérage du *shifting* : *I* et *you* changent de référent à chaque fois qu'un énonciateur prend la parole	Produire des énoncés en situation pour parler de l'interlocuteur *(you)* et pour parler de soi *(I)* (activité 5) *Produire, écouter, comprendre, associer*	**En situation de communication, *I* renvoie à celui qui parle et *you* à l'interlocuteur** Conséquence : pour renvoyer à une même personne, on utilise tantôt *I*, tantôt *you*, suivant l'énonciateur.	Groupes de deux élèves : *pair-work*	Écharpes
2.4. Mise en place de *he* et *she*	Production de *he* et *she*	Identification de la différence de statut entre ***I/you*** et ***he/she*** : le marqueur de 3e personne à lui seul ne suffit pas à indiquer de qui on parle.	***Memory game*** Parler d'un(e) camarade (activité 6) *Mémoriser, écouter, comprendre, produire*	Quand on parle de quelqu'un on utilise *he* ou *she* mais il faut montrer la personne ou l'avoir déjà nommée pour que l'on comprenne qui c'est.	Groupe-classe : jeu collectif	Images symbolisant des actions par des objets (piano, piscine, raquette…)
		Entraînement en situation au choix du pronom	**Colin-maillard** Choisir le pronom correct en fonction de la place occupée par celui qui parle dans la situation proposée (activité 7) *Écouter, produire, agir*	**Intérieur ou extérieur de la situation de communication : le choix du pronom en dépend.**	Groupe-classe : jeu de colin-maillard	Écharpes

Mise en œuvre de la séquence d'enseignement

1. Réflexion à partir du français

Il ne s'agit pas de faire de la théorie aux élèves, mais de leur faire sentir le statut privilégié du *je-tu* par rapport à la troisième personne. Notre première tâche consiste à leur montrer qu'en situation *je* et *tu* n'ont pas besoin de détermination particulière pour que l'on sache de qui il s'agit, alors que dans le cas d'un pronom de troisième personne, il est nécessaire d'avoir mentionné au préalable de qui l'on parle.

Pour cela, l'enseignant dispose d'une situation de communication toute trouvée : la classe. Utilisons comme tremplin le dialogue enseignant-élèves qui précède le démarrage de toute leçon, qui détend l'atmosphère et permet de capter l'attention des enfants. L'enseignant commence par un petit dialogue en français avec les élèves. Il s'adresse à l'un, puis à l'autre.
Par exemple, s'il ne les connaît pas bien encore :

> *« Comment t'appelles-tu ? »*
> *« Quel âge as-tu ? »*

S'il les connaît :

> *« Tu vas bien aujourd'hui ? »*
> *« Qu'as-tu fait hier ? »*
> etc.

Les élèves n'auront aucune difficulté à répondre puisque c'est d'eux qu'il s'agit. Ils utiliseront le pronom *je* sans se poser de questions. Puis, brusquement, au milieu de l'un de ces dialogues, l'enseignant introduit une question à la troisième personne, sans préciser à qui renvoie le pronom.

Par exemple :

> « Où est-*il* ? »

L'élève ne peut pas répondre. Il demande **qui**. À partir de là, l'enseignant peut amener les élèves à réfléchir sur la différence entre les pronoms personnels *je-tu* et ceux de la troisième personne. Par exemple :
« Pourquoi ne pouvais-tu pas répondre à ma question ? Qu'est-ce que j'aurais dû faire pour que tu puisses me répondre ?… Quel pronom ai-je utilisé pour m'adresser à toi et te parler de toi ? Quel pronom as-tu utilisé pour me parler de toi ?… »

Ce type de travail peut être mené rapidement ou au contraire faire l'objet d'une réflexion plus approfondie en fonction de la motivation du groupe et de l'enseignant. Il serait souhaitable de les amener à formuler eux-mêmes ces constats :

- **Quand on se parle, on sait toujours qui est « je » et qui est « tu » : « je » sert à parler de moi et « tu » sert à désigner à qui je parle.**
- **Quand on utilise un pronom de troisième personne pour parler de quelqu'un, on ne sait pas qui c'est, sauf si son nom a déjà été mentionné ou si je montre cette personne.**

2. Travail en anglais

Cette séquence se présente comme une suite de jeux communicatifs ou de mini-dialogues en anglais. L'enseignant fournit pour chaque exercice des consignes précises. Les énoncés produits par les élèves seront volontairement limités à des structures très simples et à un lexique très réduit. *I* et *you* auront déjà été rencontrés dès le début de l'apprentissage dans des formules globales du type :

> *How are you ?*
> *I'm fine.*
> *Do you understand ?*
> etc.

qui sont nécessaires à une communication minimale dans la classe.

Il faut néanmoins à un moment donné, centrer une ou plusieurs séances sur ce point. Il est inutile, voire pernicieux, de proposer des énoncés trop complexes au cours de ces séances. Mais il est clair que, parallèlement à cette approche, les élèves seront amenés à complexifier leurs énoncés tout au long de l'année, et, par ce rebrassage constant, ils devraient s'approprier ces notions fondamentales progressivement. Y avoir réfléchi avant, s'être construit des repères, ne peut que faciliter cette appropriation.

Il est important pour tous les exercices qui vont suivre de demander aux élèves d'associer le geste au pronom utilisé (en se désignant, en désignant l'interlocuteur ou une tierce personne).

2.1. Production de I

Afin d'essayer de prévenir certaines associations erronées dont nous avons parlé plus haut (du type /aim/), et les confusions entre *I* et *you* dans les échanges de type *yes/no* questions-réponses courtes, il est souhaitable de commencer le travail dans la langue par un entraînement à la production de *I*, en faisant travailler ce marqueur indépendamment de *you*.

Comment permettre aux élèves de prendre conscience dans les énoncés qu'ils produisent du marqueur de première personne en tant que tel ? En début d'apprentissage, les élèves produisent tous des énoncés du type *I'm Paul, I'm eleven*, dans lesquels il leur était impossible d'isoler et d'identifier le marqueur *I*.

Il n'est certes pas aisé de trouver une situation de production qui évite cet écueil. Nous nous sommes demandé dans quel cas l'on aurait *I* **accentué**, accompagné d'un auxiliaire **non contracté, en forme pleine** : les réponses courtes à des questions portant sur le sujet remplissent cette condition[10]. C'est donc par là que nous commencerons. Afin de lutter contre l'amalgame entre *I* et [aim], il nous a semblé pédagogiquement pertinent de renverser l'ordre habituel de présentation des auxiliaires : nous proposons donc d'abord une activité nécessitant l'emploi de *CAN* avant de revenir à *BE*, avec lequel les élèves sont familiarisés depuis longtemps.

Il est ensuite très important de susciter des situations de communication qui les amèneront à produire le pronom *I* accompagné d'auxiliaires différents *(can, be, have...)* pour qu'ils détectent le marqueur invariant, à savoir *I*, celui qui, dans la chaîne parlée, indique que je parle de moi et qui reste inchangé et commun à tous les énoncés produits.

Activité 1 : *who can...?*

Objectif : production de « *I can* »

Matériel

Des images stylisées symbolisant des actions (raquette de tennis, piano, ballon de football, drapeaux, etc.). Prévoir au moins une image par élève.

Mise en œuvre

L'enseignant a l'initiative des questions.
Consigne : « Je veux savoir qui est capable de faire quoi. Je vais demander qui est capable de faire telle ou telle action en montrant les

10. Cf. le document phonologique dans la deuxième partie de cet ouvrage.

images correspondantes pour que vous compreniez bien. Si vous en êtes capables, vous lèverez la main et vous répondrez *I can* ».

Voici un éventail de questions possibles :

Who can speak *French* / *Spanish* / *Portuguese* / *Arabic* / *Chinese* / ... ?

Ici, l'enseignant reprend les diverses nationalités représentées dans la classe.

Who can play *football* / *tennis* / *rugby* / *basketball* / *the piano* / *the violin* / ... ?

Who can *swim* / *ski* / *sing* / ... ?

L'enseignant interroge les élèves qui lèvent le doigt : il leur fait répéter *I can* en se désignant eux-mêmes de la main et il veille à ce que *I* soit accentué. À chaque fois il peut donner à l'élève qui a répondu l'image correspondante (elle servira ultérieurement : cf. activité 6).

Activité 2 : *who is…?*

Objectif : production de « *I am* »

Mise en œuvre

Afin de permettre à tous les élèves de s'exprimer, on peut prendre la liste des prénoms de la classe.

Consigne : « Je ne vous connais pas encore très bien. Je voudrais savoir qui est Sébastien, Marie… »

Who is Éric?

Un élève lève la main. Le professeur lui fait répéter *I am* (*I* toujours accentué, *am* en forme pleine).

On peut procéder de la même façon avec les nationalités des enfants de la classe.

Who is { *French* / *Algerian* / *Cambodian* / … } ?

De même avec les âges.

En fonction du groupe, on peut introduire des variantes, l'auxiliaire *HAVE* par exemple si les élèves en sont à un stade plus avancé. Mais il importe de poser dans tous les cas des questions qui appellent des réponses authentiques, les concernant directement, même s'il s'agit d'informations très simples.

Sinon, comment leur faire sentir que *I* renvoie à eux-mêmes ?

À l'issue de la séquence, l'enseignant leur demande s'ils ont repéré ce qui, dans leurs énoncés, ne change pas et indique qu'ils parlent d'eux-mêmes (leur répéter éventuellement les réponses données au cours de la séquence). Une fois **/ai/** repéré phonétiquement, l'écrire au tableau en insistant sur la graphie *I* : une seule lettre, toujours en majuscule.

Activité 3 : colin-maillard

Objectif : production de *I* sans amorce préalable de l'enseignant

On peut maintenant revenir à la production d'énoncés où *I* est associé à la forme contractée de l'auxiliaire. Ce sont des énoncés qui sont familiers aux élèves, mais on peut espérer que le travail précédent les aura sensibilisés à la présence de deux éléments (*I* + auxiliaire).

Matériel

Des écharpes

Mise en œuvre

On bande les yeux à quatre élèves. On divise le reste de la classe en quatre groupes qui fonctionnent en parallèle. À l'intérieur de chaque groupe, un élève B a les yeux bandés. Un élève A fait une affirmation sur son identité en déguisant sa voix.

Exemple :

L'élève A dit : *I'm Paul.* Cette affirmation peut être vraie ou fausse. L'élève B réagit en disant *Right* ou *Wrong.* S'il gagne, il marque un point et l'élève qui s'appelle Paul dit : *I am.* S'il perd, c'est à l'élève A que l'on bande les yeux. Les groupes peuvent être mixés à chaque fois afin de maintenir l'intérêt.

2.2. Production de you *pour parler de l'interlocuteur*

Activité 4 : colin-maillard

Objectif : production de *you*

Mise en œuvre

On reprend la même organisation que précédemment. L'élève B a les yeux bandés. Les autres peuvent s'échanger des vêtements. B attrape l'élève A, qu'il peut toucher. Il fait une affirmation sur l'identité de A.

Élève B : *You're Pierre.* L'élève A réagit en disant *Right* ou *Wrong.* Si B a raison, il marque un point et continue, sinon c'est à A que l'on bande les yeux.

2.3. Production de I *et* you *en situation pour renvoyer au même individu* (shifting[11])

Activité 5 : *guessing game* (jeu de devinette)

Objectif : choix du pronom adéquat

Matériel

Des écharpes

Mise en œuvre

Travail en *pair-work*[12] : on divise la classe en deux. Les élèves du groupe B ont les yeux bandés et sont assis en ligne. Chaque élève du groupe A va choisir un partenaire dans le groupe B et s'assied en face de lui.

---

11. *Shifting* : changement de personne.

12. *Pair-work* : travail mobilisant la classe entière par groupe de deux élèves sur des activités impliquant une communication entre deux locuteurs.

Le *pair-work* peut commencer. L'élève B, qui ne voit pas son camarade A, lui adresse cependant trois affirmations concernant ce dernier (identité, âge, capacité, nationalité...).

L'élève B dit par exemple :

> *You are Pierre*
> *You can play tennis*
> *You are eleven*

L'élève A donne les points gagnants de B en fonction des bonnes réponses de celui-ci, puis il reprend les affirmations en les corrigeant si nécessaire.

Élève A :

> *I'm Paul*
> *I can play tennis*
> *I'm eleven*

Il conviendra d'inverser les groupes pour que chacun ait produit les deux types de phrases.

Les quelques activités présentées le sont à titre indicatif. L'essentiel demeure de garder à l'esprit l'objectif de chaque type d'exercice et son insertion dans la démarche que nous avons adoptée. Libre ensuite à chacun de le reformuler, de l'étoffer en fonction de son public, de sa propre progression, du temps dont il dispose, de son imagination.

2.4. Mise en place des marqueurs de troisième personne, he–she

Activité 6 : *memory game* (jeu de mémoire)

Objectif : utilisation adéquate des pronoms de troisième personne

Matériel

Des images stylisées symbolisant des actions (raquette de tennis, piano, ballon de football, drapeaux, etc.). Prévoir au moins une image par élève.

Cette fois le pronom **seul** ne permet pas de savoir à quel individu l'on fait référence. Les élèves devront donc accompagner leur énoncé d'un geste désignant explicitement de qui il s'agit.

Mise en œuvre

On divise la classe en deux groupes. Les élèves du groupe A ont chacun une image différente représentant des actions qu'ils savent faire (celles-ci auront été distribuées lors de la première activité). Les élèves du groupe A brandissent leur image pendant quelques secondes pour permettre à tous de la mémoriser, puis ils la cachent. Le professeur pose alors une série de dix questions au groupe B.

Exemple : *Who can play the violin?*

À chaque question, un élève du groupe B répond : *he can* ou *she can*, en désignant l'élève A qui est censé avoir la bonne image. L'élève A montre alors son image en disant *Right* ou *Wrong*.

À la fin de la première série de questions, on inverse les équipes, puis on comptabilise les points obtenus par chacune.

Activité 7 : colin-maillard

Objectif : utilisation adéquate des pronoms de troisième personne en relation avec ceux de première et deuxième personne : *he-she/I-you*

Matériel

Des écharpes

Mise en œuvre

À ce stade on introduit une tierce personne, extérieure à la situation de dialogue. Elle exprime son point de vue sur ce que disent les joueurs.

Reprenons notre jeu de colin-maillard, fort fructueux pour ce qui est des marqueurs de personne. On bande les yeux à un élève B. B s'adresse à un élève A et fait une affirmation sur celui-ci. B dit par exemple :

> *You're Pierre*

A réagit mais… il peut mentir :

> *Yes, I am* ou *No, I'm Paul*

Un élève C, situé physiquement en dehors de la situation de communication (on peut la délimiter symboliquement en plaçant A et B sur un tapis ou à l'intérieur d'un cercle de craie), sert d'arbitre et fait un commentaire sur la situation en s'adressant à la classe :

> *he/she is right*
>
> ou
>
> *he/she is cheating*

Conclusion

Nous avons volontairement fait produire aux élèves des énoncés certes très simples, mais qui contenaient tous des informations authentiques sur eux-mêmes. Le point essentiel était de leur permettre de s'approprier le marqueur *I* dans sa dimension interactive avec *you* et contrastive avec *he-she*. Or, le repère fondamental dans ce domaine reste l'ancrage identitaire de chaque individu : voilà pourquoi toute simulation (de type « jouer à être quelqu'un d'autre »...) semble à ce premier stade plus ambiguë et par conséquent moins favorable à cette appropriation.

En revanche, **lorsque les repères dans la langue étrangère ont l'air acquis, les enfants peuvent passer à des jeux ou des situations dans lesquelles ils endossent d'autres personnalités que les leurs : nul doute qu'ils adorent cela et que la richesse et la variété des activités n'en seront que plus motivantes.**

Chapitre IV

La localisation : les prépositions de lieu

Introduction

Demander où se trouve un lieu, indiquer où l'on est, où l'on va aller, où l'on était, quoi de plus fréquent dans le discours de tous les jours ? Apprendre à s'exprimer correctement dans ce domaine est donc une nécessité de première urgence. Les manuels de conversation ne s'y trompent pas : ils font de la localisation un de leurs thèmes familiers et fournissent notamment une liste de prépositions dites de lieu indispensables pour « savoir se situer ».

De leur côté, les travaux en psycholinguistique ont montré la primauté des repérages dans l'espace. De manière similaire, les repérages en linguistique sont souvent, avant tout, des repérages d'ordre spatial. C'est le cas en ce qui concerne les prépositions. Et pour de nombreux théoriciens[13], toutes les prépositions, quelles que soient leurs diverses valeurs, renvoient à des relations dont la nature est, à l'origine, spatiale. Le savoir permet souvent de mieux comprendre certains emplois de prépositions[14].

Dès le début de l'apprentissage de la langue étrangère, on a donc tout intérêt à aborder des énoncés comportant des prépositions (énoncés qui, souvent, semblent être d'une simplicité enfantine, mais qui, en fait, ne sont pas sans écueils pour de tout débutants) et à mettre en lumière les quelques différences de fonctionnement entre le français et l'anglais dans ce domaine.

Ce dossier a donc une visée utilitaire immédiate : apprendre à construire des énoncés relatifs à la localisation, que celle-ci soit d'ordre statique (être dans/sur, habiter à, etc.) ou dynamique (aller à, venir de, etc.). Il constitue aussi **un premier jalon vers une approche solide et systématique de l'ensemble des prépositions et non plus des seules prépositions de lieu.**

---

13. Sur cette question, voir, entre autres, M.-L. GROUSSIER, *Déplacement et métaphore spatio-temporelle, Modèles linguistiques,* tome II, fasc. 1, PUF, Lille, 1980.

14. Pour prendre des exemples simples, la valeur de visée de la préposition *to*, qu'elle s'exerce dans le domaine temporel *(It's ten to two)* ou pour exprimer un but *(He did his best to please his audience),* découle directement de sa valeur d'indicateur spatial.

Légitimation didactique

On l'a vu, la localisation est, sans conteste, l'un des thèmes abordés dès les tout premiers débuts de l'apprentissage d'une langue étrangère. L'élève, dès qu'il a appris à se présenter, est amené à se situer, à poser des questions sur la localisation de ses interlocuteurs, à dire où il va ou va aller, éventuellement à recevoir ou à donner des ordres impliquant un déplacement de personne ou d'objet.

Notons également que, lorsqu'on joue sur la simulation pour mettre en œuvre une situation fictive qui sort du cadre limité de la classe, on ne peut se passer de préciser où se passe la scène. Il est alors possible, bien entendu, de se contenter de l'indiquer par quelques signes ou même par des panneaux, mais, très vite, on a besoin de l'exprimer verbalement. C'est une raison de plus pour aborder très tôt cet apprentissage qui ne présente d'ailleurs pas de difficulté majeure.

En effet, les problèmes apparaissent rarement en compréhension (en dehors d'une méconnaissance lexicale totale, bien sûr). En production, les erreurs n'entraînent pas, dans la majorité des cas, de malentendu grave sur le sens de ce qui est dit. L'interlocuteur demande des explications ou devine ce qu'on veut lui dire avec de bonnes chances de tomber juste.

Pourtant, **l'expression de la localisation en anglais est source d'erreurs répétées dont l'origine est aisément identifiable.** À ce stade de l'apprentissage, les erreurs des élèves peuvent être de deux types :

• **l'omission de la préposition** : dès la construction des premiers énoncés, cette difficulté est assez facilement éradicable si l'on y prête l'attention voulue ;

• **la non-prise en compte du caractère statique ou dynamique de la préposition** : cette erreur peut perdurer des années si la différence de fonctionnement entre l'anglais et le français n'a pas été correctement perçue. Dans certains cas particulièrement fréquents, l'anglais dispose de deux prépositions non interchangeables (*at/to*, par exemple) là où le français se contente d'une seule (« à »). Cette non-correspondance terme à terme ne se met en place que si le concept en cause est clairement identifié.

Ces deux types d'erreurs ont des origines et des natures différentes. L'oubli de la préposition est lié à un obstacle phonologique combiné à un obstacle didactique. Lorsque ces obstacles sont identifiés, on peut mettre en place un entraînement immédiat dans la langue étrangère. En revanche, le second type d'erreurs, lié à la non-prise en compte du caractère statique ou dynamique de la préposition, relève de la différence de fonctionnement entre l'anglais et le français. Cet obstacle épistémologique nécessite donc un traitement didactique spécifique qui inclut une réflexion préalable sur les concepts en cause.

L'organisation de la suite du dossier tient compte de cette dichotomie. C'est pourquoi chaque partie comporte deux sous-parties correspondant respectivement aux deux types d'erreurs énoncés ci-dessus.

Les principales difficultés, leur origine, les stratégies d'enseignement

1. L'omission de la préposition, en production

**He garden, *He's garden, *He's the garden*
**I'm garden, *Are you garden?*

Dès les premiers essais d'expression, les enseignants sont confrontés à une erreur très fréquente, l'omission de la préposition. La plupart du temps, les élèves ne voient pas en quoi leur énoncé est incomplet quant à la forme, ni en quoi il peut même être cocasse si l'on s'en tient à sa signification littérale.

Il semble que plusieurs facteurs soient à l'origine de l'omission de la préposition. Ce n'est évidemment pas une quelconque différence entre le fonctionnement de l'anglais et celui du français qui serait en cause, puisque le parallélisme est ici parfait. En revanche, on peut aisément identifier deux facteurs significatifs.

Premier facteur à l'origine de l'omission de la préposition : une perception phonique incorrecte

L'origine de l'oubli de la préposition est à rechercher d'abord dans une perception auditive fautive des énoncés anglais sur la localisation, suivie, pourrait-on dire, d'une restitution trop fidèle de ce que l'élève croit entendre.

Dès sa naissance, un francophone s'habitue au rythme syllabique caractéristique de la langue française qu'utilisent naturellement les personnes de son environnement immédiat[15]. C'est dire que, globalement, dans un énoncé donné en français, les syllabes dont sont composés les mots ont à peu près toutes la même intensité. En anglais, au contraire, tout énoncé comporte une alternance de syllabes accentuées et de syllabes non accentuées, faibles. Le son de la voyelle peut même alors être déformé et tendre vers le /e/. Ainsi *to* /tu/ peut devenir /tə/ et *at* devenir /ət/. De ce fait, un enfant français qui n'a d'autre expérience langagière que celle que lui fournit son entourage francophone n'entend pas (ou si peu, si mal qu'il les néglige) les syllabes faibles d'un énoncé anglais[16].

C'est une règle très générale qui ne s'applique pas seulement aux énoncés portant sur le lieu. Mais les prépositions de lieu sont souvent monosyllabiques et elles ne sont jamais accentuées (sauf cas très rare d'insistance, notamment pour corriger un énoncé préalable qui serait erroné). De ce fait, une oreille « française » les perçoit mal, voire pas du tout. La segmentation de l'énoncé ne s'effectue pas correctement et le cerveau n'identifie pas les petits mots que sont les prépositions. Cela ne l'empêche pas d'assurer la compréhension du sens général de la phrase, mais les divers éléments de celle-ci n'ont pas été clairement distingués et ne seront donc pas réutilisables.

Dès lors, il n'est pas étonnant que ces petits mots mal ou totalement non identifiés par l'élève débutant ne fassent pas encore partie de son lexique actif et ne puissent pas être mobilisés lors de la construction d'un énoncé portant sur le lieu. Dans les exemples cités plus haut, seuls sont repris les deux éléments de l'énoncé qui sont accentués /hiz/ et /ˈga:dn/. Ce sont ceux qui permettent, en compréhension, de reconstituer le sens de l'énoncé. En effet, ce sont les deux mots le plus sémantiquement chargés, ceux qui créent immédiatement du sens et qu'on n'oublie donc pas. La préposition *in*, elle, est oubliée parce qu'être **dans** un jardin (et non au-dessus, devant, derrière) est ce qu'il y a de plus plausible ; en quelque sorte *in* va de soi et se fait oublier !

N. B. : Notons en outre que *in* s'entend d'autant moins quand, dans le mot qui le précède, figure déjà un < i > : *he's in…* /hizin/ est plus difficile à saisir que *I'm in…* /aimin/.

---

15. Voir notamment à ce sujet le passionnant ouvrage de J. MEHLER et E. DUPOUX, *Naître humain*, pp. 213 à 242, Odile Jacob, Paris, 1990.

16. Pour une analyse plus fouillée de ces phénomènes, se reporter au dossier phonologique dans la deuxième partie du présent ouvrage.

Deuxième facteur à l'origine de l'omission de la préposition : un obstacle didactique lié aux contenus communicatifs

Un deuxième facteur d'erreur réside simplement dans le fait que l'apprentissage de la langue étrangère a lieu en classe et non en milieu naturel. Dans ce cadre, un obstacle, de nature didactique cette fois, a pu se constituer au fil des premiers apprentissages.

Dans la progression que suit l'enseignant, les premiers énoncés sont essentiellement (et très légitimement) très courts. Ce sont, par exemple,

> *I'm Léo, Léa, Louise.*

pour une première expression de l'identité. Ils sont suivis d'autres, construits selon le même modèle syntaxique, qui permettent d'exprimer des caractéristiques, des appartenances, etc., tels que :

> *I'm French,*
> *He's American,*
> *It's red,*
> *I'm ten,*
> *It's fine, etc.*

Tous ces énoncés (identité, appartenance, attribution d'une propriété) se construisent selon un schéma d'agencement syntaxique direct, en deux temps : *I'm/ten*. Les élèves s'approprient rapidement ce schéma qui a le grand avantage de leur permettre de générer très vite de nouveaux énoncés à titre personnel. Ce schéma productif tout simple s'impose donc, mais au risque de devenir exclusif.

En milieu naturel, le schéma direct en deux temps a beaucoup moins de chance de s'imposer comme modèle exclusif. En effet, l'exposition à la langue, le contact avec elle sont beaucoup plus longs, plus intenses, plus variés. Ce contact s'accompagne de situations diverses chargées de sens qui facilitent identification et mémorisation. L'exposition à la langue, de contenu beaucoup plus aléatoire, n'a en aucun cas le caractère systématique, si ce n'est répétitif, qu'il faut bien lui donner en classe, si l'on veut être efficace, compte tenu de la faible fréquence et de la courte durée des séances en langue étrangère. De ce fait, les schémas les plus simples s'imposent au détriment d'une plus grande variété d'énoncés.

Comment remédier à l'oubli de la préposition ? Quelques propositions d'ordre didactique

Il est vain et même naïf d'espérer pouvoir créer en classe ce qui fait la richesse d'un milieu naturel. En revanche certains éléments peuvent être reproduits et exploités de manière efficace. Ainsi peut-on déjouer le piège de l'exclusivité signalé plus haut en faisant alterner quelques schémas syntaxiques et en élargissant le cadre du lexique disponible, dès le début de l'apprentissage. Il est également très efficace d'attirer l'attention des élèves sur ces variations en relation avec la signification des énoncés choisis :

> *I'm Ted (*où *I* = *Ted* et *Ted* = *I*, relation d'identité)
> *I'm in the garden* (relation de localisation d'un sujet par rapport à un repère spatial)

Les deux énoncés doivent être ressentis comme des mises en relation différentes. Tout enfant d'âge scolaire a à sa disposition les concepts fondamentaux qui sous-tendent cette prise de conscience. (Il ne fait d'ailleurs jamais l'erreur d'oublier la préposition lorsqu'il s'exprime en langue maternelle.)

Dans le quotidien de la classe, que faire ? Certainement pas un discours, certainement pas non plus une mise en relief vocale exagérée de la préposition. Ce serait contraire à l'authenticité de la langue pratiquée et nous, francophones – et enseignants de surcroît –, n'avons déjà que trop tendance à accentuer, voire à marteler, toutes les syllabes.

Alors comment jouer sur la variation des énoncés pour faire disparaître le plus rapidement possible l'exclusivité du schéma en deux temps ?

• D'abord, ne pas rester trop longtemps sur ce qui relève de l'expression de l'identité et de l'attribution de propriétés avec le verbe « être ». À ce stade, il s'agit d'introduire rapidement, au moins en reconnaissance, questions et négations qui cassent le rythme binaire en entraînant d'autres schémas syntaxiques et, par conséquent, phonologiques.

• Varier aussi le lexique en introduisant, avec précaution bien entendu, d'autres verbes que le verbe « être » : *live, sleep, have breakfast, have dinner, have a rest*, et même parfois *have a party*[17], par exemple, peuvent être utilisés au présent simple.

17. Les verbes sont présentés volontairement non précédés de *to*. Ce choix, d'ordre linguistique, est également dicté par un souci de cohérence avec les manuels de 6e actuellement en usage.

• Ensuite, faire un jeu de l'expression de la localisation en insistant sur les différentes possibilités de localisation par rapport à un repère : « dedans », bien entendu, mais aussi « sur », « sous », « à côté de » *(next to)*, « en dehors de » *(out of)*. Il ne s'agit pas de demander à ces débutants de connaître une liste impressionnante de prépositions, qu'ils confondraient d'ailleurs, mais d'éviter, une fois de plus, une exclusivité, celle de *in* par exemple. Il s'agit aussi d'attirer l'attention des élèves sur la nature de la relation spatiale, ses diverses possibilités et leurs réalisations correspondantes dans la langue étrangère. Ainsi ces petits mots que les élèves vont chercher à distinguer les uns des autres et par conséquent à identifier ne passeront plus inaperçus.

Rappelons aussi que beaucoup d'enfants connaissent *on, out, off*... notamment pour avoir vu *on/off* sur divers appareils domestiques. Ils les connaissent avec leur seule signification « marche » et « arrêt ». Gageons qu'en découvrant la signification spatiale de ces mots, ils feront le rapprochement et demanderont des explications. Comment leur expliquer la relation entre la signification spatiale – primitive, rappelons-le – et le choix de ces mots pour indiquer un état de marche ou d'arrêt d'un appareil électrique ?

N. B. : Se rappeler l'usage de *on* dans le cas des moyens de transport : *Get on/off the bus, on the train, on the ship, on the plane.* L'anglais privilégie la notion de mise en contact sur une surface, le sol du moyen de transport, alors que le français visualise et retient celle de localisation à l'intérieur des volumes que constituent le train, le bateau ou la voiture.

Pour *out* ou *off*, c'est simple : c'est l'idée d'exclusion et de coupure qui s'impose dans les deux cas. Pour *on*, c'est un peu plus compliqué : c'est probablement l'idée de contact qui doit être retenue, contact d'une chose qu'on place sur une surface quelconque et qui touche cette surface, contact « naturel » en quelque sorte puisque dû à la pesanteur. (D'ailleurs, s'il n'y avait pas ce contact, c'est *above* ou *over* qui seraient choisis en anglais.) Et quand il y a contact, ça marche, le courant passe ! C.Q.F.D. ! *Is that right?*

2. La non-prise en compte du caractère statique ou dynamique de la localisation

Rappelons d'abord que pour la plupart des repérages spatiaux, l'anglais et le français fonctionnent de façon similaire : il suffit de connaître dans chacune des langues le lexique correspondant, « sur » → *on*, « sous » → *under*, « derrière » → *behind*, etc.

En revanche pour ce qui touche les « localisations de base », celles qui concernent le lieu où l'on est et le lieu où l'on va, le français et l'anglais ont un fonctionnement différent[18].

La notion de changement de lieu : des opérateurs différents selon les langues

En français, les prépositions « à », « en » et « dans » ne fournissent pas d'indication permettant de distinguer le lieu où l'on va du lieu où l'on est :

> Je suis dans ma chambre, je vais dans ma chambre.

C'est la même préposition « dans » qui est utilisée dans les deux cas. De même pour :

> à Paris, chez mon oncle, en France

Ces prépositions ne précisent en rien s'il y a changement de lieu ou non. Cette précision découle le plus souvent du sémantisme du verbe :

> Je vais à Paris./J'habite à Paris.

Elle peut aussi provenir de paramètres qui relèvent de la situation d'énonciation. Prenons l'exemple suivant :

> Les enfants sautent dans l'eau.

Cet énoncé peut renvoyer à deux situations différentes :
1. Les enfants sont dans l'eau et ils sautent ; dans ce cas on ne prend en considération qu'un seul lieu. Le mouvement évoqué par le verbe « sauter » prend place à l'intérieur de ce lieu.
2. Les enfants sont en dehors de l'eau ; ils y entrent en sautant. Dans ce cas, on prend en considération deux lieux (le premier étant souvent sous-entendu) et le passage de l'un à l'autre[19].

---

18. Il s'agit essentiellement pour la langue anglaise des prépositions *at, in, to, into* et pour le français de « à », « en » ou « dans ».

19. Il faut noter que, dans les deux cas, il y a mouvement : ce n'est donc pas le mouvement qui est pertinent, mais le changement de lieu.

Or, une langue telle que l'anglais – c'est aussi le cas en latin et en allemand – utilise des moyens linguistiques différents selon qu'il y a ou non changement de lieu. L'anglais par exemple joue souvent sur des prépositions différentes *(to, into/in, at)*.

Stratégie d'enseignement : changement de lieu ou pas, le choix de la préposition en dépend

Ces différences de fonctionnement entre langues sont à l'origine d'erreurs fréquentes qui se rencontrent de façon très précoce. **Là réside encore une occasion de faire prendre conscience aux élèves,** à travers ce cas particulier où une préposition utilisée en français ne peut pas être simplement traduite par un mot anglais qui serait équivalent, **qu'une langue n'est pas le calque d'une autre : il n'y a jamais parfaite adéquation** (ou relation de bi/univocité) **entre une forme et une valeur.**

Compte tenu de la fréquence des énoncés indiquant une localisation de base, il faut que les élèves acquièrent très vite le réflexe de se demander s'il y a ou non changement de lieu dès qu'ils ont affaire à une localisation qui, en français, utiliserait « à », « en » ou « dans ». Il faut alors que surgisse la paire adéquate et qu'ils choisissent – entre les deux mots qui composent la paire en question – celui qui convient, en ayant conscience qu'il ne s'agit pas d'un doublet, mais bien de deux éléments complémentaires qui ont chacun leur propre signification et ne sont pas interchangeables.

Une fois cet automatisme créé, encore faut-il que la notion de changement de lieu soit bien claire et ne soit pas assimilée à un simple mouvement. En effet, ce n'est pas quand il y a mouvement qu'on emploie *to* ou *into*, mais lorsqu'il y a passage d'un lieu à un autre.
Ainsi :

> *He ran into the house.*

signifie que quelqu'un est passé de l'extérieur à l'intérieur de la maison en courant.

> *He was always running in the house.*

s'appliquerait à quelqu'un qui, à l'intérieur de cette maison, ne pouvait se déplacer qu'en courant. Dans ce second cas, il y a bien mouvement, mais tout se passe à l'intérieur du lieu indiqué.

De même, à la piscine ou devant une mare, on ne parle pas de la même chose lorsqu'on dit :

> *They jumped into the water.*

et

> *They jumped in the water.*

Dans le premier cas, les enfants (ou les grenouilles) étaient sur le bord ; ils ont sauté du bord dans l'eau (changement de lieu). Dans le second, les enfants étaient déjà dans l'eau, ils avaient pied et sautaient sur le sol de la piscine (pas de changement de lieu en tant que cadre). Quant aux grenouilles, dans ce deuxième cas, elles sautaient hors de l'eau mais retombaient dans la mare. Elles ne changeaient pas de lieu non plus.

N. B. : L'anglais dispose d'une grande richesse de prépositions et de locutions prépositionnelles indiquant le lieu. Parmi elles, n'oublions pas *off, away from, up, down, on to, near, opposite, facing, inside, outside, within*, etc.[20], quand elles précèdent et introduisent un groupe nominal, complément de lieu :

> *Winnie fell down the stairs and Wilbur climbed up the tree.*

Au niveau qui nous occupe, ce ne sont pas ces mots qui deviendront objets d'enseignement, mais il semble bon que l'enseignant ait en tête que ces mêmes mots peuvent être utilisés comme particules adverbiales (*up, down*, par exemple), associées au verbe :

> *Look up!*
> *Sit down!*

Statique/dynamique : quelques « paires » de prépositions extrêmement utiles

at/to

Il est une différence importante par rapport au français, à la source de nombreuses erreurs, qui doit être découverte et maîtrisée rapidement par les élèves. C'est l'existence en anglais d'une « paire » de prépositions de très grande fréquence : *at/to*, alors que le français n'a qu'un mot à offrir pour les traduire : « à ». Et, comme toujours quand 1 = 2, cela ne se fait pas tout seul en matière d'apprentissage.

---

20. Cf. en particulier : G. LEECH and I. SVARTVIK, *A communicative grammar of English*, pp. 82-90, Longman, London, 1975.

Prenons un exemple. En français, une seule préposition « à » est utilisée dans chacun des énoncés suivants :

> (1) Je vais à la poste.
> et
> (2) Je suis à la poste.

L'anglais utilise *to* dans le cas (1) et *at* dans le cas (2) :

> (1') *I'm going to the post office.*
> (2') *I'm at the post office.*

En effet, dans ce cas, l'anglais, au contraire du français, prend en compte la dimension statique ou dynamique de la localisation. Plus exactement, il prend en compte le fait qu'on passe ou non d'un lieu à un autre. Cette prise en compte se traduit par le choix de prépositions différentes : *at* lorsque la localisation est statique, *to* lorsqu'il y a changement de lieu.

in/into

Notons immédiatement l'existence d'une autre « paire » : *in/into* correspondant à la seule préposition « dans » en français. Ici, de nouveau, si on compare les fonctionnements du français et de l'anglais, on peut dire que 1 = 2.

Alors, pourquoi ne pas avoir regroupé les deux paires (*at/to* et *in/into*) puisque c'est le même concept qui est en cause ? C'est bien une localisation statique – dans un lieu considéré comme un volume – qui correspond à *in*, tandis que le changement de lieu, quand on passe de l'extérieur à l'intérieur d'un volume, est exprimé par *into*.

Mais il s'avère que ce n'est pas aussi simple et que l'utilisation de *into* lorsqu'il y a passage à l'intérieur d'un volume n'est pas attestée à 100 %. En d'autres termes, avec quelques verbes très courants comme *put* et *place*, ce n'est pas – ou ce n'est plus – une contrainte absolue de la langue.

On peut en effet dire :

> *He placed the jewels <u>in</u> the box*[21].

aussi bien que

> *He placed the jewels <u>into</u> the box.*

---

21. Indication et exemple repris de Leech, *op. cit.*, p. 85, §169.

De même, on entend souvent :

> *Where shall I put it ?*
> *(Put it) in the fridge, please.*

En revanche, quand il s'agit d'un animé humain (ou assimilé) qui entre quelque part, *into* est toujours utilisé. Ainsi, rien d'autre ne peut être dit que :

> *They went <u>into</u> the house.*

C'est ce qui sera toujours exigé, maintenant et ultérieurement, de nos élèves.
La deuxième paire *in/into* est donc tout aussi importante à acquérir.

in/to

Il nous reste à traiter d'une dernière « paire » plus inattendue : *in/to*. Elle n'a pas du tout la même fréquence mais peut apparaître très tôt lorsque les élèves veulent parler des pays, régions et villes dans lesquels ils vivent ou dans lesquels ils se rendent. Ainsi,

> *I live <u>in</u> France (in Paris).*
> et
> *Are you driving <u>to</u> Portugal (<u>to</u> Porto) or flying?*

Dans le premier exemple (localisation statique), *in* renvoie à un vaste espace, au sein duquel s'effectue la localisation. (*at* renverrait à un espace beaucoup plus restreint.) Dans le second exemple (localisation avec passage d'un lieu à un autre), peut-être à cause de la distance, le pays, la ville sont considérés comme un point à atteindre et non plus comme un espace dans lequel on entre.

Notons qu'en français on utilise généralement « en » devant les noms de pays (mais au Portugal, aux États-Unis, au Japon) et « à » devant les noms de villes, quelle que soit leur taille, et devant les noms de villages.

En conclusion, deux remarques peuvent être faites :

1. Ce qui se détache très fortement de tout ce qui précède, des cas étudiés ci-dessus et d'autres tels que *up to*, *down to* qu'on n'abordera pas à ce stade, c'est la valeur dynamique de *to* et sa fréquence. Ce mot est vraiment le marqueur de la visée, du changement, dans l'espace d'abord mais aussi dans le temps (la lecture des minutes qu'il reste pour atteindre l'heure relève aussi d'une visée qui est exprimée par *to*) et dans d'autres domaines (relire la note 14 p. 63). C'est la préposition dynamique par excellence et c'est bien ainsi que les élèves doivent l'identifier et la mémoriser (voire la symboliser par une flèche).

2. On s'étonnera peut-être que nous ne parlions pas d'un cas particulier assez connu, celui où, contrairement à son usage courant, *at* s'accompagne d'un processus dynamique. C'est, pourrait-on dire, le *at* d'agressivité qui, effectivement, se double bien d'une visée d'ordre spatial *(I stood still, the enormous dog was barking at me…)*. Évoquer cet emploi finalement très rare ne nous paraît pas relever de l'urgence. L'important à ce stade est que se fixent les grandes règles du fonctionnement de la langue.

Tableau récapitulatif de la démarche

		Objectifs visés	Activités de l'élève	Savoirs et savoir-faire mis en lumière	Type d'organisation	Matériel nécessaire
1. Travail en anglais : mise en place des prépositions *in, on, under, behind, near*	1.1. Reconnaissance et mémorisation	Identification et mémorisation des prépositions • Associer la valeur de la préposition et sa forme orale • Associer la valeur de la préposition et sa forme écrite • Entraînement à la compréhension orale	Activité 1 : jeu du prestidigitateur *Écouter, identifier, comprendre des énoncés, répéter* Activité 2 : mémorisation de la série des prépositions en utilisant une gestuelle Activité 3 : fabrication d'un jeu d'étiquettes et utilisation *Écouter, identifier, produire* Activité 4 : jeu du cache-tampon *Comprendre, agir*	Acquisition lexicale de prépositions qui renvoient à des localisations statiques	Groupe-classe Travail collectif Travail individuel	Un bout de tissu Un objet Un sac ou une boîte Un carton rouge par élève
	1.2. Production	Entraînement à la compréhension et à l'expression	Production de phrases affirmatives, puis négatives (activités 5 et 6) *Écouter, parler, comprendre, agir*	**Développement de compétences communicatives par la pratique langagière**	*Pair-work*	Quatre étiquettes figuratives par élève
	1.3. Jeux communicatifs	Reconnaissance et production d'énoncés Notions d'ordre culturel Découverte des quatre nations qui composent la Grande-Bretagne	Jeux de repérage en situation de simulation (activités 7 et 8) Activité 9 : *geographical names* Activité 10 : entraînement aux *yes/no questions* *Parler, comprendre, réagir*	Réactivation et introduction du lexique de la localisation statique et de la position *(standing, sitting, lying…)* Lexique des noms de lieux, de pays et de villes	Groupe-classe *Pair-work*	Grands papiers aux formes des quatre nations Par élève : – 4 étiquettes (cartes des 4 pays) – 4 étiquettes (prénoms)

		Objectifs visés	Activités de l'élève	Savoirs et savoir-faire mis en lumière	Type d'organisation	Matériel nécessaire
2. Mise en lumière de la notion de changement de lieu	**2.1. Découverte du fonctionnement du français**	**Image claire du fonctionnement du français**	**Découverte du rapport entre langue et réalité en français :** Recueil d'un corpus de phrases (de types variés) en français contenant une indication de lieu marquée par la présence d'une des prépositions « à », « en », « dans »	• **En français**, pour exprimer le lieu où l'on est, on dispose de trois prépositions. • Ce sont les mêmes prépositions qui sont utilisées pour le lieu où l'on est et pour le changement de lieu. • Qu'il y ait changement de lieu ou non, la préposition ne change pas.	Travail individuel à la maison	
		Mise en lumière d'un concept de portée générale	Reconnaissance de la valeur associée aux prépositions *Comprendre, associer*	**Il n'y a pas de correspondance terme à terme entre la réalité et la langue.**	Travail individuel en classe Dialogue enseignant-élèves	Doc. n° 1 & n° 2
	2.2. Découverte du fonctionnement de la langue étrangère	**Image claire du fonctionnement de la langue étrangère**	**Découverte de la localisation en anglais** Reconnaissance de la préposition à partir d'un énoncé oral *Écouter, isoler, identifier* Identifier la préposition *to* et l'associer à la valeur de changement de lieu *Écouter*	• **En anglais**, on n'utilise pas la même préposition pour exprimer le lieu où l'on est et pour exprimer le changement de lieu. • La préposition qui exprime le changement de lieu est *to.* • Trois mots anglais (*in*, *at* et *to*) correspondent à la préposition française « à ».	Travail individuel Groupe-classe	Doc. n° 3 Doc. n° 4 & n° 5
		Mise en lumière d'un concept de portée générale		**Il n'y a pas de correspondance terme à terme entre deux langues.**		

<table>
<tr><th></th><th></th><th>Objectifs visés</th><th>Activités de l'élève</th><th>Savoirs et savoir-faire mis en lumière</th><th>Type d'organisation</th><th>Matériel nécessaire</th></tr>
<tr><td rowspan="4">2. Mise en lumière de la notion de changement de lieu</td><td rowspan="4">2.3. Entraînement dans la langue étrangère</td><td>Identification de l'obstacle</td><td>Compréhension et production d'énoncés
• avec to
• avec les paires
– at/to
– in/to</td><td rowspan="2">Développement de compétences communicatives par la pratique langagière</td><td rowspan="2">Groupe-classe</td><td rowspan="2">Affiches pour délimiter des espaces fictifs (villes, lieux divers)</td></tr>
<tr><td>Entraînement à la démarche</td><td>Exécuter des ordres et mimer les situations mentionnées (activités 1 et 2)
Écouter, comprendre, agir, construire des énoncés</td></tr>
<tr><td>Automatisation des procédures de contrôle</td><td>Activité 3 : jeu de l'oie
Activité 4 : I live at/in…, I'd like to go to…</td><td rowspan="2">Mise en lumière de la valeur respective de to et des prépositions in/at

Approche de la trilogie
<table><tr><th>Origine</th><th>Lieu statique</th><th>Lieu visé</th></tr><tr><td>from</td><td>at/in</td><td>to</td></tr></table></td><td rowspan="2">Pair-work
Chaque élève à tour de rôle</td><td rowspan="2">Un dé
Un pion par élève
Images de lieux</td></tr>
<tr><td>Introduction de l'expression de l'origine</td><td>Activité 5 : interroger sur les origines
Mimer et exécuter des ordres
Imaginer des énoncés déclaratifs : I'm from…, I'd like to go to…</td></tr>
</table>

Mise en œuvre de la séquence d'enseignement

Revenons en détail sur ce qui peut être fait en classe, en début d'apprentissage, pour déjouer les deux obstacles liés à la localisation.

1. Travail en anglais : mise en place des prépositions in, on, under, behind, near

Pour que la préposition soit là dès les premières tentatives de construction d'énoncé

Nous l'avons dit plus haut, en compréhension, le cerveau identifie mal la préposition parce que celle-ci n'est (normalement) pas accentuée. Que faire pour que cette identification ait lieu ?

La pire des solutions consisterait à accentuer cette préposition, à dire l'énoncé « à la française », de façon à le rendre parfaitement compréhensible par les élèves, ou d'isoler chacun des mots en ne faisant plus aucune liaison. En effet, ces prononciations déformées ne ressembleraient plus à de l'anglais et n'aideraient guère les élèves à repérer la préposition dans une situation de communication authentique.

L'essentiel est donc de proposer des situations qui permettent à l'élève de reconnaître la préposition qu'il entend et sa valeur de localisation.

Il importe de faire varier les situations et, par conséquent, les énoncés, tant en compréhension qu'en production, en alternant les énoncés portant sur l'identité et l'appartenance avec ceux indiquant une localisation. On peut introduire très tôt le mot interrogatif *where* qui, employé avec le verbe « être » ou des verbes tels que *live, play, have dinner, sleep*, etc., agira comme un catalyseur.

1.1. Reconnaissance et mémorisation des prépositions

En un tout premier temps, on s'en tiendra à quelques prépositions simples et utiles sur le plan communicatif qui renvoient à des localisations statiques : *in, on, under, behind, near*, par exemple.

▒ Activité 1 : le jeu du prestidigitateur *(the conjuring tricks)*

Objectif : identification de la préposition et de son sens

Matériel

– Un bout de tissu

– Un objet quelconque
– Un sac ou une boîte
– Un carton rouge par élève

Mise en œuvre

On joue au prestidigitateur. Un bout de tissu, un anorak ou un manteau cache le bureau. L'enseignant dispose d'un objet quelconque (balle, animal en peluche, stylo, etc.) et d'une boîte (ou de son sac). Il annonce en soulevant le « rideau » :

> *Look! The teddy bear is in the box.*

Les élèves reprennent collectivement la deuxième partie de la phrase. L'enseignant veille à l'accentuation, aux formes faibles, à la liaison /zin/. Rideau.
Déplacement de l'objet et nouvel énoncé :

> *Look! The teddy bear is on the box.*

Reprise de l'énoncé par les élèves, rideau.
Introduction d'une troisième préposition, puis d'une quatrième.

Une fois les prépositions présentées, afin de soutenir l'attention des élèves pour ce type de jeu, l'enseignant annonce que le prestidigitateur peut rater son tour de magie, autrement dit l'objet ne se trouvera pas forcément où il le dit. Aux élèves de repérer les erreurs en sortant un carton rouge et en corrigeant l'énoncé défectueux. C'est l'un des moyens les plus sûrs pour que les prépositions soient bien identifiées.

Activité 2 : le mot et le geste

Objectif : mémorisation de la préposition et de sa valeur

Mise en œuvre

On récapitule ensuite les prépositions. Ce type de mémorisation est facilité par leur introduction dans une série invariable, surtout si celle-ci s'accompagne d'une gestuelle qui deviendra un rite. On peut ainsi utiliser la gestuelle suivante : les doigts de la main gauche sont repliés pour former un puits. Les doigts de la main droite servent à indiquer la localisation par rapport à la main gauche. On adopte toujours le même ordre, par exemple : *in* (bouts des doigts dans le puits), *on* (main gauche à plat sur le puits), *under* (main gauche à plat sous le puits), *behind* (pouce gauche pointant l'arrière, derrière l'épaule), *near* (main gauche ouverte paume verticale à côté du puits). Cette gestuelle n'a évidemment de sens que si elle est rapide et associée en permanence à la liste des prépositions.

Quand les deux séries, gestuelle et prépositions, sont mémorisées, on « casse » le rituel. Il suffit à l'enseignant, puis à un élève, de dire une préposition ; les élèves, au signal, font le geste correspondant. Réciproquement, on fait l'un des gestes et on demande aux élèves de donner la préposition correspondante.

Activité 3 : introduction de l'écrit

Objectif : mémorisation de la forme écrite

Matériel

Étiquettes

Mise en œuvre

Une fois que la comptine est mémorisée, on peut faire fabriquer aux élèves un jeu d'étiquettes qui associe la valeur de la préposition et sa forme écrite : sur une face figure un rappel visuel de la position d'une balle par rapport à un repère figuré par un cube, par exemple. L'enseignant reprend une par une les prépositions apprises dans l'ordre de la comptine : il l'énonce, les élèves lèvent l'étiquette correspondante, il l'écrit au tableau en épelant les lettres, les élèves la recopient au verso.

L'utilisation de ces étiquettes est intéressante tant en reconnaissance qu'en production, à condition que les manipulations et les contrôles soient rapides et très rythmés.

Activité 4 : jeu du cache-tampon

Objectif : entraînement à la rapidité de compréhension

Matériel pour chaque élève

– Une petite boîte
– Une balle (ou tout autre objet)

Mise en œuvre

Chaque élève a son matériel. L'enseignant donne un ordre de type : *Put the flower on the box,* ou *in the box,* ou encore *near the box.*

Ensuite, il claque dans les mains pour que tout le monde exécute l'ordre en même temps et il contrôle immédiatement. Le rythme doit s'accélérer rapidement pour maintenir l'attention des enfants et viser l'automaticité.

1.2. Production guidée : entraînement à la compréhension et à l'expression

Activité 5 : *where's the cat?*

Objectif : entraînement à la compréhension et à l'expression en *pair-work*

Matériel pour chaque élève

Un jeu de quatre étiquettes figuratives qui montrent, par exemple, le même chat placé à des endroits différents par rapport à la même boîte ou à la même petite maison.

Mise en œuvre

Les élèves sont par groupe de deux. Ils rangent leur jeu d'étiquettes dans l'ordre qui leur plaît sans rien montrer au partenaire. L'élève 1 indique à son partenaire ce qu'il voit sur la première carte qu'il a sous les yeux :

Élève 1 : *On my card, the cat is on the box.*

Élève 2 : *OK!* (ou *Could you repeat, please?)*

Et il place en première position la carte correspondante de son paquet. Toutes les cartes font successivement l'objet du même traitement, puis on vérifie que l'ordre a bien été reconstitué. On inverse les partenaires de façon que chacun parle.

Activité 6 : *where's the cat?* (variante du jeu précédent)

Objectif : production de phrases négatives

Mise en œuvre

On adopte le même dispositif que précédemment.

Quand les élèves sont bien entraînés, on peut corser le jeu en demandant à l'élève qui parle d'exprimer toutes les positions que le chat (de la première carte) n'a pas

> *He isn't on the box,*
> *He isn't under the box, etc.*

Son partenaire élimine une à une toutes les cartes qui ne conviennent pas. Il ne doit lui rester qu'une seule carte en main, la bonne. Cette variante a l'avantage, outre la familiarisation avec la forme négative, de passer en revue toutes les prépositions connues à chaque prise de parole et de leur associer à chaque fois les images correspondantes.

1.3. Jeux et activités communicatives : élargissement des situations, allongement des énoncés

Activité 7 : prépositions et verbes de position

Objectif : reconnaissance et production d'énoncés

Mise en œuvre

La reconnaissance et même la production d'énoncés auront en fait commencé dès les phases précédentes. D'autres jeux de repérage en situation de simulation supposent que le lexique correspondant à la localisation (pièces de la maison, lieux scolaires, etc.) soit connu. Rappelons aussi que, pour le moment, on se limite à la localisation statique, mais qu'on peut travailler le lexique de position : *standing, sitting, crouching, lying,* etc.

Là encore, pour maintenir l'intérêt, on peut jouer sur le *right/wrong* dans au moins deux domaines : celui de la position et celui de la localisation. On peut asseoir par exemple un personnage de jeu d'enfant sur un lit (ou utiliser un chat et une voiture) et proposer plusieurs énoncés :

He's lying on the bed (on the car), right or wrong?
He's sitting on a chair, right or wrong?
He's in his room, right or wrong?

ou encore : *Can you see him? Is he sitting or standing? Where?*

Activité 8 : prépositions et introduction des *yes/no questions (the guessing game)*

Objectif : production de questions relatives au lieu

Mise en œuvre

Un élève choisit un lieu fictif où lui-même, une personne, un animal, un objet se trouvent. Il le dit à l'enseignant qui vérifie non seulement que l'énoncé est correct mais aussi que le lieu choisi peut aisément être deviné. Les autres élèves doivent découvrir d'abord si c'est une chose, une personne, etc., puis où il ou elle se trouve. La classe est partagée en deux équipes et chacune pose une question à tour de rôle. Les questions sont obligatoirement des *yes/no questions.* La première équipe qui trouve a gagné.

> *Is it a person?* *Is it an animal?* *Is it a thing?*
> *Is he (she, it) in a house?* *Is he (she, it) at school?*
> *Is he (she, it) on a sofa?* *Is it in a car?...*

On peut introduire alors les réponses courtes – *yes, he (she, it) is* ou *no, he (she, it) isn't* – et demander à l'élève qui donne les réponses de les utiliser.

Activité 9 : *geographical names* (noms géographiques)

Objectif : notions d'ordre culturel ; localisation et découverte des quatre nations de la Grande-Bretagne

Matériel

De grands papiers découpés grossièrement aux formes de la nation ou de la région concernée.
Si l'on souhaite alléger la charge lexicale, on peut jouer sur les noms de lieux, pays et villes, en fournissant aux élèves leur équivalent en anglais. Attention cependant aux cas où l'article est indispensable : *the United Kingdom (of...), the United States (of...).*

Mise en œuvre

Voici, dans cet ordre d'idées, un exemple de jeu qui, compte tenu du choix des énoncés ci-dessous, permet en outre de se familiariser avec une première approche des quatre nations dont se compose la Grande-Bretagne. La simulation est ici soutenue par de grands papiers découpés grossièrement aux formes de la nation ou de la région concernée et posés par terre. Les enfants qui jouent ont les yeux bandés. Un à un, l'enseignant les conduit dans l'un des pays et leur souffle à l'oreille le nom (en anglais bien entendu) de ce pays. Puis les enfants se téléphonent à tour de rôle ; chacun choisit à qui il veut parler, mais c'est l'enseignant qui donne la parole :

Enseignant :	*Tony, your turn.*
Élève 1 à élève 2 :	*Hello Greg, Tony speaking. Where are you?*
Élève 2 à élève 1 :	*I'm in Ireland.*

Élève 1 à élève 2 : *What's the weather like (in Ireland)?*
Élève 2 à élève 1 : *Marvellous!*

Selon le degré d'entraînement et le niveau du groupe, le dialogue peut se poursuivre (afin qu'il ne reste pas limité à un échange *I/you*).
Élève 1 : *Where is Tom?*
Élève 2 (selon la situation) : *I don't know* ou *He's in Scotland, I think. What about Barbara?*
Élève 1 : *She's in Wales, for sure.*

Pour que cet exercice soit conduit rapidement et soit réussi, on a repris volontairement quelques expressions *(X speaking, question about the weather, what about Y)* que les élèves devraient avoir déjà automatisé. On a également introduit les ajouts exprimant le plus simplement possible le degré de certitude *(I think, for sure)*. À un stade plus précoce, on peut s'en tenir à des énoncés plus élémentaires, mais c'est l'authenticité de la conversation qui en pâtit.
Rappelons cependant que l'objectif est de conduire à la construction d'énoncés portant sur la localisation où la préposition n'est pas omise.

À un stade ultérieur, on peut jouer aux « grands voyageurs » et introduire *was* associé à des indications de temps. En voici un exemple :
Élève 1 à élève 2 :

– *Hello Sam, Fred speaking!*
– *Oh, hello Fred, where are you? In Scotland?*
– *No, I'm in England now, I was in Scotland last week. Where are you?*
– *Well, don't you know? I'm in...*

Activité 10 : *pair-work*

Objectif : entraînement aux *yes/no questions* et réponses courtes

Matériel pour chaque élève

– Un jeu de quatre étiquettes représentant la carte des quatre nations composant la Grande-Bretagne
– Un autre jeu de quatre étiquettes

Mise en œuvre

Même type de localisation pour ce jeu, beaucoup plus simple, qui s'effectue en pair-work, avec du matériel individuel que les élèves peuvent avoir fabriqué eux-mêmes. Ce jeu suppose une démonstration collective préalable, notamment pour l'identification des réponses courtes (pour « donner le ton » notamment pour l'accentuation… et pour rappeler que, même si on ne l'entend pas beaucoup, la préposition doit être là).

Chaque élève dispose de cartes. Sur chaque carte a été dessinée l'une des quatre nations dont se compose la Grande-Bretagne. Il dispose aussi de quatre autres cartes ; sur chacune d'elle figure un prénom. Les élèves se regroupent par deux. Chacun fait quatre petits paquets de deux cartes en glissant, sans que son partenaire le voie, un prénom sous un pays. Le dialogue suivant peut commencer. Il intègre des « réponses courtes », complément bienvenu et rapidement mémorisé (pour un temps limité sans doute) de *yes* ou *no*.

> – *Is Paul in Wales?*
> – *No, he isn't.*

Chacun pose à son tour le même type de questions. Celui à qui on a répondu quatre fois *yes, he is* est le vainqueur.

Ce jeu, très simple, peut être repris à l'infini avec d'autres pays.

2. Mise en lumière de la notion de changement de lieu

Pour que le changement de lieu soit réussi

2.1. Découverte du fonctionnement du français : mouvement et changement de lieu

L'existence des trois types de « paires » *(at/to, in/into, in/to)* présentée plus haut doit faire l'objet d'une prise de conscience qu'anglais et français ne fonctionnent pas de la même façon dans ce cas. Mais **il faut d'abord que soit mise en lumière la notion de changement de lieu que les enfants ont tendance à confondre avec celle de mobilité.**

▩ Recueil d'un corpus de phrases en français contenant une préposition

L'enseignant demande aux élèves de recueillir ou de fabriquer des phrases en français (affirmatives, interrogatives, négatives) contenant une indication de lieu marquée par la présence d'une de ces prépositions : « à/au », « en », « dans ».

À partir des énoncés apportés par les élèves et complétés par lui si nécessaire, l'enseignant constitue un corpus qu'il leur soumet la fois suivante. Il faut veiller à ce que tous les énoncés du corpus ne soient pas des affirmations. En effet, la différenciation entre un changement de lieu et son absence n'est pas affectée par le fait que l'ensemble de l'énoncé est une question ou une négation. Pour un enfant, s'il est relativement aisé de distinguer s'il y a ou non changement de lieu dans une phrase affirmative, il lui est parfois difficile d'isoler ce concept du sens général (question ou négation) de la phrase. Pour lui, la négation dans une phrase nie le changement de lieu. Il faut lui expliquer qu'il a raison, mais que ce changement de lieu était envisagé et que c'est cela qui compte.

Reconnaissance de la valeur associée à la préposition

L'enseignant distribue aux élèves le corpus de phrases, avec en regard les valeurs possibles. À titre d'exemple, voici un corpus réuni au cours d'une séquence d'exploitation :

Document n° 1
Exemple de corpus proposé aux élèves

Consigne : « Pour chacun de ces énoncés, soulignez la préposition de lieu et cochez la valeur qui lui est associée. »

	Valeurs des prépositions françaises	Mouvement	Pas de changement de lieu	Changement de lieu
1	Doit-il rester au lit ?			
2	Vite ! Cours à la pharmacie m'acheter de l'aspirine.			
3	Il faisait les cent pas dans la cour.			
4	Est-ce que vous êtes allés au cinéma hier ?			
5	Elle fait de la danse en Angleterre maintenant.			
6	Elle n'habite plus à Paris.			
7	Mais elle revient en France de temps en temps.			
8	Irez-vous en Espagne l'été prochain ?			
9	Ne monte pas en classe maintenant.			
10	Il m'a conduite à l'école.			
11	Je fais du football à l'école.			
12	N'oublie pas de passer à la gare.			

Document n° 2
Corpus corrigé

	Valeurs des prépositions françaises	Mouvement	Pas de changement de lieu	Changement de lieu
1	Doit-il rester au lit ?		+	
2	Vite ! Cours à la pharmacie m'acheter de l'aspirine.	+		+
3	Il faisait les cent pas dans la cour.	+	+	
4	Est-ce que vous êtes allés au cinéma hier ?	+		+
5	Elle fait de la danse en Angleterre maintenant.		+	
6	Elle n'habite plus à Paris.		+	
7	Mais elle revient en France de temps en temps.	+		+
8	Irez-vous en Espagne l'été prochain ?	+		+
9	Ne monte pas en classe maintenant.	+		+
10	Il m'a conduite à l'école.	+		+
11	Je fais du football à l'école.		+	
12	N'oublie pas de passer à la gare.	+		+

Une fois que les élèves ont complété leur tableau, on commente ensemble les résultats du tableau. Une réflexion collective s'instaure, guidée par l'enseignant :

Question de l'enseignant : de combien de prépositions dispose le français pour exprimer le lieu où l'on est ?
Trois : « à/au », « en », « dans ».

Question de l'enseignant : ces prépositions sont-elles pour autant interchangeables ?
Non, elles répondent à des contraintes nombreuses et complexes :

1. contraintes linguistiques, au niveau de la surface (initiale/genre)
Exemples : à la maison, au bureau, etc.

2. contraintes de l'ordre de la référence (noms géographiques/noms communs)
Exemples : en France, dans cette ville, à Paris, etc.

3. contraintes qui tiennent au statut du lieu (espace officiel ou localisation simple)
Exemples : au bureau, dans le bureau.

On aboutit aux constats suivants :

> **En français, pour exprimer le lieu où l'on est, on dispose de trois prépositions.**
> **En français, ce sont les mêmes prépositions qui sont utilisées pour exprimer le lieu où l'on est, et le changement de lieu.**

Mouvement et changement de lieu

L'enseignant présente aux élèves l'énoncé suivant, qu'il leur demande de commenter :

> Les grenouilles sautent dans l'eau.

Exemple de discussion :
Question de l'enseignant : où sont les grenouilles ?
Cet énoncé peut renvoyer à deux situations différentes :

1. Les grenouilles sont dans l'eau et elles sautent. Dans ce cas, on ne prend en considération qu'un seul lieu. Le mouvement évoqué par le verbe « sauter » prend place à l'intérieur de ce lieu.

2. Les grenouilles sont en dehors de l'eau ; elles y entrent en sautant. Dans ce cas, on prend en considération deux lieux (le premier étant souvent sous-entendu) et le passage de l'un à l'autre.

Question de l'enseignant : y a-t-il mouvement dans les deux cas ?

3. Oui, dans les deux cas il y a mouvement, mais il y a changement de lieu uniquement dans le second cas.

En français la préposition ne permet pas à elle seule de distinguer s'il y a ou non changement de lieu. On a besoin du repérage situationnel pour le savoir.
Autre exemple :

> Les enfants courent dans le jardin.

On aboutit au constat suivant :

> **En français, qu'il y ait changement de lieu ou non, la préposition ne change pas.**

2.2. Découverte du fonctionnement de la langue étrangère : changement de lieu ou non, le choix de la préposition en dépend

Découverte de *to*

Dans la première partie des exercices, tout était volontairement centré sur la localisation statique. Nous repartons donc du fait que les élèves connaissent *in* et, dans quelques expressions toutes faites, *at (at school, at home)*. C'est le moment d'introduire *to* et *into*.

Dans un premier temps, on peut reprendre les énoncés du corpus (en anglais cette fois) et demander aux élèves d'essayer d'identifier la préposition qu'ils entendent, même s'ils ne comprennent pas tout le reste.

Les élèves ont le document n° 4 sous les yeux. L'enseignant lit les phrases anglaises précédées de leur numéro (document n° 3). Les élèves écrivent les prépositions qu'ils reconnaissent dans la case correspondante.

Document n° 3 (destiné à l'enseignant) Corpus en anglais à lire aux élèves

	Énoncé en français	Énoncé en anglais
1	Doit-il rester au lit ?	*Should he stay in bed?*
2	Vite ! Cours à la pharmacie m'acheter de l'aspirine.	*Quick! Run to the chemist's and get me some aspirin.*
3	Il faisait les cent pas dans la cour.	*He was walking in the yard.*
4	Est-ce que vous êtes allés au cinéma hier ?	*Did you go to the cinema yesterday?*
5	Elle fait de la danse en Angleterre maintenant.	*She dances in Britain now.*
6	Elle n'habite plus à Paris.	*She does not live in France any longer.*
7	Mais elle revient en France de temps en temps.	*But she comes back to France from time to time.*
8	Irez-vous en Espagne l'été prochain ?	*Will you go to Spain next summer?*
9	Ne monte pas en classe maintenant.	*Don't go to your classroom now.*
10	Il m'a conduite à l'école.	*He took me to school.*
11	Je fais du football à l'école.	*I play football at school.*
12	N'oublie pas de passer à la gare.	*Don't forget to drive to the station.*

Document n° 4 (distribué aux élèves)
À la découverte de la localisation en anglais

Consigne : « Vous allez entendre les énoncés anglais correspondant aux énoncés en français que vous avez sous les yeux. Chaque fois que vous reconnaissez une préposition de lieu, écrivez-la dans la dernière colonne, dans la bonne case. »

	Valeurs des prépositions françaises	Mouvement	Pas de changement de lieu	Changement de lieu	Préposition anglaise correspondante
1	Doit-il rester au lit ?		+		
2	Vite ! Cours à la pharmacie m'acheter de l'aspirine.	+		+	
3	Il faisait les cent pas dans la cour.	+	+		
4	Est-ce que vous êtes allés au cinéma hier ?	+		+	
5	Elle fait de la danse en Angleterre maintenant.		+		
6	Elle n'habite plus à Paris.		+		
7	Mais elle revient en France de temps en temps.	+		+	
8	Irez-vous en Espagne l'été prochain ?	+		+	
9	Ne monte pas en classe maintenant.	+		+	
10	Il m'a conduite à l'école.	+		+	
11	Je fais du football à l'école.		+		
12	N'oublie pas de passer à la gare.	+		+	

Document n° 5 (corrigé)
À la découverte de la localisation en anglais

	Valeurs des prépositions françaises	Mouvement	Pas de changement de lieu	Changement de lieu	Préposition anglaise correspondante
1	Doit-il rester au lit ?		+		**in**
2	Vite ! Cours à la pharmacie m'acheter de l'aspirine.	+		+	**to**
3	Il faisait les cent pas dans la cour.	+	+		**in**
4	Est-ce que vous êtes allés au cinéma hier ?	+		+	**to**
5	Elle fait de la danse en Angleterre maintenant.		+		**in**
6	Elle n'habite plus à Paris.		+		**in**
7	Mais elle revient en France de temps en temps.	+		+	**to**
8	Irez-vous en Espagne l'été prochain ?	+		+	**to**
9	Ne monte pas en classe maintenant.	+		+	**to**
10	Il m'a conduite à l'école.	+		+	**to**
11	Je fais du football à l'école.		+		**at**
12	N'oublie pas de passer à la gare.	+		+	**to**

On procède alors à la correction collective.
La préposition *in* a dû être repérée dans les phrases 1, 3, 5 et 6. Dans le meilleur des cas, la préposition *at* aura été repérée dans la phrase 11.
L'enseignant relit alors les autres phrases et laisse les élèves trouver ce qui est commun.

Question de l'enseignant : Qu'y a-t-il de commun à toutes ces phrases ? La préposition *to*. Dans toutes ces phrases, il est question d'un changement de lieu. On vérifie que ce n'est pas le cas des phrases 1, 3, 5, 6, 11. Les élèves découvrent alors que le mot qui exprime le changement de lieu est *to*.

Question de l'enseignant : Combien de mots anglais correspondent à la préposition française « à » ?
Trois : *in/at, to.*

C'est le moment de la prise de conscience que les prépositions *in*, *at* et *to* signifient « à », mais qu'elles doivent en quelque sorte se partager le terrain. L'anglais s'offre le luxe de trois petits mots qui n'indiquent pas la même chose :

> **À un mot en français correspondent trois mots différents en anglais, selon que l'on parle d'un endroit où l'on est ou d'un endroit où l'on va.**

N. B. : S'ils ont déjà appris à lire l'heure et si, par chance, on leur a fait découvrir l'amusant *it's two to two*, identifier la préposition *to* et comprendre l'idée de changement (ici, d'heure) ne seront qu'un jeu d'enfant.

C'est, en tout cas, le moment de « fêter » *to*, cette préposition qu'ils ne connaissaient pas (ou très peu) et qui va devenir un des mots-outils qu'ils vont employer le plus souvent. Pour faire la fête, un gadget : une grande flèche qu'on affiche dans la classe sur laquelle est écrit en très gros : *to*. Bien qu'il faille se méfier des formules, elles peuvent parfois aider à l'appropriation. Celle-ci ne traduit pas suffisamment l'idée de changement, mais elle a le mérite d'être appréciée et retenue :

> ***to*, le mot qui ne tient pas en place.**

Deux dernières précautions sont à prendre :

1. S'ils sont familiers de l'écriture des nombres, leur faire découvrir la différence entre *two* et *to* (orthographe).

2. Les rendre attentifs au fait que *to* a souvent sa prononciation qui pâlit jusqu'à devenir /tə/, forme faible à laquelle il est nécessaire de les entraîner pour minimiser le risque d'accentuation fautive de la préposition dans un énoncé banal.

2.3. Entraînement dans la langue étrangère

Activité 1 : compréhension et production d'énoncés avec *to*

Mise en œuvre

Une première familiarisation avec *to* est facile à mettre en œuvre grâce à des noms de villes qui seront affichés à divers endroits de la classe.

En reconnaissance d'abord, l'enseignant donne les ordres :

> – *X, fly to Mexico*
> – *Y, cycle to...*
> – *Z, drive to...*

En production ensuite, les élèves peuvent très vite prendre la relève de l'enseignant et proposer leurs propres énoncés.

On procède de la même façon avec des lieux de la maison, attendus ou inattendus :

> – *Take your dinner to the bathroom.*
> – *Take your schoolbag to the garden.*
> – *Take the chair to the corridor.*
> – *Take the dog to the toilet.*

Activité 2 : compréhension d'énoncés portant sur les paires *at/to* et *in/to*

Mise en œuvre

On peut ensuite travailler les paires *at/to* et *in/to* de façon systématique en reconnaissance (volontairement une part de mots encore non rencontrés par les élèves est incluse dans les énoncés), en demandant aux élèves d'exécuter des ordres, en leur faisant mimer les situations mentionnées et en jouant sur des paradigmes renvoyant à des lieux divers : *school, supermarket, garage, sports centre, zoo,* etc.
Ces espaces fictifs doivent d'abord, dans la classe ou dans la cour de récréation, faire collectivement l'objet d'une délimitation clairement indiquée.

Ordres :

> – *Go to school! Stay at school for ten seconds, and come home!*
> – *Go to the town hall! Stay at the town hall for two seconds, and come home!*
> – *Go to the bus stop! Wait at the bus stop for one second, and come home!* (ou : *Wait for the bus for one second, and come home!)*
> – *Go to the supermarket/Stay at the supermarket for one minute, and come home!*

Énoncés déclaratifs (présentant différents verbes de mouvement) :

> – *He walks to school every day! He is at school now.*
> – *He drives to the station every morning! He is at the station now.*
> – *I go to the bookshop every Wednesday! I stay at the bookshop for hours.*
> – *Our car goes to the garage every year! It is now at the garage.*
> – *She flies to Britain every weekend! It's Sunday, she is in Britain now.*
> – *Our dog goes out to the garden every morning!*
> – *In summer, our cat sleeps in the garden at night.*

Activité 3 : jeu de l'oie *(pair-work)*

Objectif : production d'énoncés avec *at, in* et *to*

Matériel pour chaque groupe de joueurs

– Un dé
– Un pion par élève
– Des images figurant des lieux différents

Mise en œuvre

Ce jeu suppose du matériel (qui peut être fabriqué assez facilement). Il se joue à quatre ou huit, chacun ayant un pion ou, en cas de pénurie, partageant un pion à deux. Divers lieux figurent sur un trajet que l'on parcourt selon le nombre de points indiqués sur le dé qu'à tour de rôle on jette. Le principe est d'accompagner, à l'aide d'une phrase adaptée, chaque changement de lieu et chaque arrivée dans un lieu différent. Supposons que le dé marque quatre. Celui qui l'a lancé compte et indique de quel lieu il s'agit :

Élève 1 : *One, two, three, four; it's the sports centre.*

Son voisin de droite qui n'a apparemment pas entendu lui demande :

Élève 2 : *Where are you going?*
Élève 1 : *I'm going to the sports centre.*
Quand le pion est à destination :

Élève 2 : *Where are you now?*
Élève 1 : *I'm at the sports centre.*

Et ainsi de suite. En cas d'erreur manifeste, retour à la case départ. Bien entendu, des cases-épreuves peuvent être introduites. C'est l'enseignant qui donne les épreuves : *sit on the floor for twelve seconds*, par exemple. S'il est trop sollicité, on peut décider de sauter les cases-épreuves.

Activité 4 : lieu où l'on est, lieu où l'on aimerait aller (les vacances rêvées)

Objectif : production personnelle

Mise en œuvre

Chacun dit où il habite et où il voudrait aller en vacances (initiation à l'expression du désir *I'd like to…*). C'est pourquoi le reste de l'énoncé doit rester très simple pour que le rythme de l'énoncé et celui de l'exercice n'en souffrent pas.

I live at… (ou *in), I'd like to go to the sea, to the mountains, to my cousins, to Africa,* etc.

Activité 5 : introduction de *from*, l'expression de l'origine

La préposition *from* n'a pas été mentionnée jusqu'à présent. Elle figure pourtant dans beaucoup de manuels qui l'introduisent souvent en tout début d'apprentissage. Elle est très utile sur le plan de la communication. Elle permet aux élèves de s'interroger mutuellement sur leurs origines :

> *Where are you from?*
> *I'm from Mali.*

Au-delà des énoncés jouant sur les paires de prépositions, il est très intéressant de mettre l'accent sur la trilogie suivante :

Trilogie		
origine	lieu statique	lieu visé
from	*at, in*	*to*

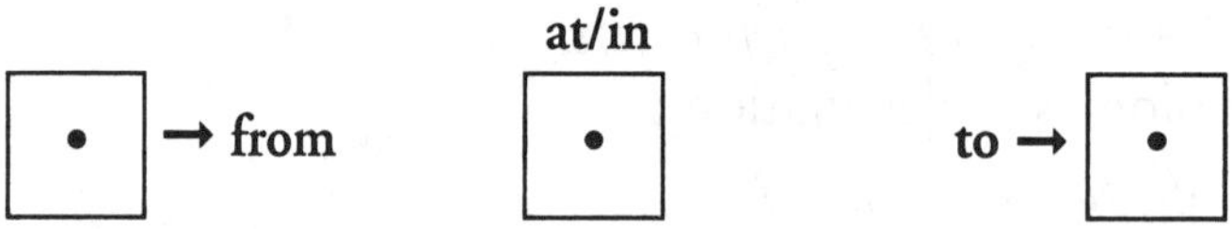

On peut donc l'introduire – ou la réintroduire – à la suite du travail précédent. Les mêmes types d'exercices peuvent être repris en ajoutant une indication relative à l'origine.

Ordres à mimer

Fly from Paris, stop at London airport, drive to Edinburgh.
Fly from London, stop at Roissy Charles de Gaulle, fly to Corsica.
Drive from school, stop at the red light, drive (on) to the shopping centre.

Ordres à exécuter

Get a ticket from Paris to Edinburgh with a stop at London.
Get a ticket from Paris to Lyon, stay in Lyon for a day and go from Lyon to Marseille.
Take the dinner from the kitchen to the car (for a picnic).
Take your schoolbag from the chair to your room.
Take the bottle from the fridge to the table.
Read the book from page 10 to page 25, from end to end.

Énoncés déclaratifs à imaginer

I'm from planet Mars, I'd like to go to the moon.
I'm from France, I'd like to go to Morocco.
I'm from this school, I'd like to go to university.
I'm from…, I'd like to go to the capital. I'd like to live in Paris.
I'm from the seaside, I'd like to go to the desert.

Conclusion

Au-delà de sa visée linguistique (les prépositions en anglais) et pragmatique (situer dans l'espace), ce dossier illustre quelques aspects de l'activité langagière : aucune langue n'est le calque d'une autre (une seule préposition en français peut correspondre à deux en anglais), il n'y a pas de rapport bi-univoque entre les marqueurs d'une langue donnée et les valeurs qui leur correspondent. (La préposition « à » en français correspond selon les cas à deux valeurs de localisation différentes.)

On retrouve dans ce chapitre la double préoccupation dictatique qui traverse l'ensemble de l'ouvrage : apprentissage d'un contenu linguistique précis et mise en lumière de concepts essentiels.

Chapitre V

L'agencement du groupe nominal en anglais

Introduction

Lorsqu'on aborde le groupe nominal (GN), en anglais comme en français, on s'intéresse naturellement au nom qui en constitue le noyau, mais aussi aux relations que ce nom entretient avec les autres mots du GN. De façon très simplifiée, le nom principal renvoie à une notion ; par exemple, le mot « voiture » renvoie à la notion de voitures. C'est ce qu'on peut appeler le champ de référence qui se situe dans l'extralinguistique, le réel. Les autres mots qui constituent le GN ont pour rôle d'apporter de la détermination, en restreignant le champ de référence. Reprenons notre exemple : si je dis « une voiture rouge », je restreins mon champ de référence, j'en exclus toutes les voitures qui ne sont pas rouges. Si je dis « une vieille voiture rouge », j'exclus en outre toutes celles qui ne sont pas vieilles, etc. De même, en anglais, *a day-trip* exclut tous les voyages et excursions qui durent plus ou moins qu'une journée.

Légitimation didactique

Les élèves ont en général une représentation de la langue (maternelle ou seconde) qui repose sur une simple juxtaposition de mots. Or, il est important qu'ils aient compris qu'au-delà des mots pris isolément, la phrase est constituée de groupes de nature différente, assurant chacun une fonction spécifique.

Il est indispensable de travailler de façon approfondie sur le groupe nominal (en particulier le groupe nominal sujet) afin que se construise dans leur esprit la notion de groupe nominal. Est-il besoin d'ajouter que ces notions sont en prise directe avec le programme de grammaire en français et qu'au-delà des différences syntaxiques (ordre des mots), la compréhension des notions essentielles ne peut qu'être facilitée par la mise en lumière des moyens spécifiques qu'utilise chaque langue.

En anglais, la détermination nominale entre dans un système large qui comprend les déterminants[22], l'adjectif épithète, le nom composé.

22. Dans les déterminants, n'oublions pas le génitif : *the red bike, John's red bike.*

Pendant la première année d'apprentissage, les élèves rencontrent et utilisent essentiellement des noms et des adjectifs, mais ils n'ont pas conscience du système qui les régit, ni de sa cohérence. Pourtant, pour que les mots prennent vie, pour que les élèves se les approprient, la simple acquisition du lexique ne suffit pas ; encore faut-il des règles permettant de combiner noms et adjectifs afin de créer et comprendre des groupes nominaux nouveaux.

Or, nous sommes là dans une importante « zone à risques » puisque l'agencement du groupe nominal est un domaine où le fonctionnement de l'anglais et celui du français s'écartent. L'agencement des mots étant le plus souvent inversé par rapport à celui du français, calquer l'un sur l'autre engendre en anglais erreurs et malentendus qu'il est difficile d'éradiquer par la suite.

1. Les principales difficultés

À l'oral

Les élèves de langue française, même très jeunes, ont du mal à segmenter la chaîne parlée pour en identifier les composants. Ainsi, un groupe nominal est souvent bien perçu comme un bloc et l'identification de ses différents éléments n'est pas toujours clairement faite. En effet, il n'y a pas de « blanc » sonore pour séparer deux éléments et les élèves ne savent pas encore utiliser les indices accentuels pour repérer les mots porteurs de sens : ici noms et adjectifs.

En d'autres termes, **la difficulté est donc d'identifier les différents composants d'un GN alors qu'à l'oral, on ne perçoit globalement qu'une seule unité.**

À l'écrit

À l'inverse, à l'écrit, le groupe nominal n'est pas nécessairement perçu comme une unité : la perception visuelle de deux mots séparés par un blanc graphique n'aide pas toujours à comprendre que ces deux mots appartiennent à un même groupe nominal.

La difficulté est donc, dans ce cas, de relier deux éléments perçus distinctement et de les réunir en un seul groupe de sens.

À l'écrit comme à l'oral

Même lorsque les bornes du groupe nominal sont repérées, existe le risque de mauvaise interprétation du sens en raison de l'ordre d'apparition des mots dans le composé. L'ordre auquel tout élève francophone est habitué (apport de détermination le plus souvent après le nom) est à l'origine de constructions de sens erronées. Par exemple : *a telephone card* interprété à tort par les élèves comme un téléphone à cartes ou *a day trip* qui n'est pas le jour où on fait un voyage mais bien une excursion d'une journée.

À l'écrit, l'orientation de la lecture (de gauche à droite) a pour conséquence de privilégier le premier terme du groupe. Il en est de même à l'oral lorsque le premier terme du groupe est accentué. Or, en anglais, contrairement au français, le premier terme restreint le champ de référence et c'est le second terme qui renvoie à la notion principale.

Groupe nominal et sujet de l'énoncé

L'une des opérations indispensables à la production et à la compréhension d'un énoncé est l'identification du groupe sujet. Cette opération ne va pas de soi, c'est pourquoi il nous semble important de travailler dans un premier temps sur le repérage de groupes nominaux ayant la fonction de sujet. En effet, que le sujet d'un énoncé puisse être constitué de plusieurs mots est loin d'aller de soi chez des élèves débutants. Il est vrai que les approches communicatives suscitent surtout des énoncés dont le sujet est composé d'un seul mot, en général un pronom personnel (*I/you*) ou un nom propre (prénom ou nom précédé de *Mr* ou de *Ms*). De la même façon, en compréhension, l'élève est en quelque sorte conditionné à s'arrêter sur le premier mot lorsqu'il cherche le sujet d'une phrase déclarative, c'est-à-dire de qui ou de quoi on parle.

2. Contenus linguistiques retenus

Nous traiterons des groupes nominaux dont l'apport de détermination est constitué par un adjectif ou par un nom placé antérieurement (à gauche) au nom qualifié, tels que : a *taxi-driver, my schoolbag, an interesting film, the kitchen window,* ou encore *my mother's car (my mother's new car).*

Ce sont les GN les plus fréquents en début d'apprentissage. Nous écartons en revanche les groupes nominaux dont l'apport de détermination est constitué d'une préposition suivie d'un nom *(a bottle of milk, the Tower of London).* Cette construction, bien que parallèle au français, est peu utilisée en début d'apprentissage sauf dans quelques groupes figés, comme ceux mentionnés ci-dessus. La différence entre *a cup of tea* (une tasse de thé) et *a tea cup* (une tasse à thé) sera introduite beaucoup plus tard. D'autre part, insister sur cette structure risquerait de favoriser les erreurs du type : **the car of my father.*

Stratégie d'enseignement

1. Prérequis : savoir reconnaître syntaxiquement un groupe nominal

Il importe de mettre tout de suite les élèves en contact avec toutes sortes de groupes nominaux et de susciter des productions tout aussi variées.

On pourra en particulier travailler sur les groupes nominaux sujets de façon à les habituer à l'idée que plusieurs mots peuvent remplir la même fonction qu'un seul mot.

Par exemple, pour parler d'une même personne, je peux utiliser comme sujet de mon énoncé, un nom propre *(David)*, un pronom si mon interlocuteur et moi avons déjà parlé de lui *(he)*, un groupe nominal *(your brother, Helen's friend)* :

David	*is*	*at home.*
He	*is*	*in the kitchen.*
Your brother	*is*	*angry.*
Helen's friend	*is*	*at school.*

Lorsque l'élève produit, entend ou lit un énoncé, en a-t-il bien repéré le sujet ? Peut-il le « borner », c'est-à-dire extraire de l'énoncé complet le ou les mot(s) qui compose(nt) le groupe sujet ?
Ce repérage suppose d'abord une attention portée à l'organisation syntaxique de l'énoncé : place du groupe sujet par rapport au groupe verbal dans les différents types de phrases rencontrés (déclarative ou interrogative), présence d'un déterminant (article défini *the*, indéfini, déterminant Ø, adjectif possessif, numéral, démonstratif, génitif…).
Cet entraînement régulier à la reconnaissance du sujet est facilité par le recours à l'écrit, l'utilisation de couleurs, la manipulation d'étiquettes.
Afin de proposer des contenus plus complexes, plus riches, plus motivants, on peut l'appliquer à certaines phrases issues des petites histoires et comptines lues ou apprises en classe.

Il ne faut cependant pas oublier que le GN peut remplir d'autres fonctions que celle de sujet. L'enseignant peut en particulier faire repérer des compléments d'objet ou des attributs :

I've got a big red bike.
Jenny's a very nice girl.
I like big white dogs.
It's a big house.

2. Comprendre l'organisation des mots à l'intérieur du GN

Nous nous limiterons à des groupes constitués d'un déterminant suivi :
- d'un adjectif et d'un nom, comme :

  an English car
- de deux noms formant un mot composé, comme :

  my schoolbag

Il s'agit de faire prendre conscience aux élèves qu'en anglais, dans ce type de construction, c'est toujours le dernier terme du groupe nominal qui est le noyau, c'est-à-dire le terme qui définit le champ de référence. Le ou les terme(s) le précédant restreigne(nt) ce champ.

Découverte de l'ordre des mots en français (place de l'adjectif)

Objectifs visés	Activités de l'élève	Savoirs et savoir-faire mis en lumière	Type d'organisation	Matériel nécessaire
1. L'organisation du groupe nominal : place du nom noyau	1. Constitution d'un corpus de GN contenant un (ou plusieurs) adjectif(s) épithète(s). *Produire, écrire* 2. Repérer dans chaque GN le nom noyau et retrouver les schémas d'organisation du GN *Observer, identifier*	**Le noyau n'a pas de place fixe dans la chaîne du GN.**	Travail individuel Groupe-classe	Corpus Doc. n° 1
2. Mise en lumière de la situation problème : la place de l'adjectif en français est-elle indifférente ?	Gloser sur les différents GN du corpus en changeant la place des adjectifs Repérer les GN impossibles *Reformuler, trier, discerner*	**Dans un GN, l'ordre des mots n'est pas toujours interchangeable.**	Travail individuel ou par petits groupes et groupe-classe	Doc. n° 2
3. Réflexion sémantique guidée : identification des principaux critères de choix	1. *Classer* les adjectifs en fonction de leur sens et repérer leur place par rapport au nom. 2. *Observer, comparer* 3. *Repérer* l'effet produit par l'antéposition de l'adjectif et *comprendre* le sens 4. *Repérer* le rôle essentiel de l'énonciateur	**Les différents critères intervenant dans la place de l'adjectif : 1. catégorisation de l'adjectif 2. longueur des mots 3. mise en relief 4. subjectivité**	Groupe-classe et travail individuel ou travail par petits groupes guidé par l'enseignant	

Mise en œuvre (dans le cadre de l'enseignement du français)

Cette première phase, directement en prise sur le fonctionnement du français, trouve sa place en dehors du cours de langue. Elle s'insère parfaitement dans une séquence de français, sur la détermination nominale par exemple, dont elle pourrait être l'introduction. Elle pourrait aussi servir de moteur à des jeux sur le langage (étoffer progressivement un GN) visant à enrichir l'expression écrite en français.

1. L'organisation du groupe nominal : place du nom noyau

L'enseignant demande aux élèves de relever ou d'inventer dix groupes nominaux en français contenant un ou des adjectif(s) épithète(s) et un nom. Il donne des exemples : une voiture rouge, une belle histoire…
À partir de ces groupes nominaux proposés par les élèves, il prépare un corpus en prenant soin de varier les exemples d'ordre des mots ; il ajoute les exemples pertinents pour la découverte des principes généraux qui régissent la place de l'adjectif épithète en français (cf. le tableau ci-dessous).
Il soumet ce corpus aux élèves dans un tableau à deux colonnes : la deuxième colonne permettra les manipulations ultérieures.

Document n° 1 Corpus distribué aux élèves

	Exemples de GN	
1	une voiture décapotable	
2	mon crayon rouge	
3	un bus anglais	
4	un grand garçon sympathique	
5	un jeu idiot	
6	une trousse jaune	
7	une montagne énorme	
8	une pauvre femme	
9	un grand supermarché	
10	sa silhouette fine	
11	la langue française	
12	un jeu extraordinaire	
13	la tour carrée/penchée	
14	un livre scolaire	
15	une belle maquette	
16	sa figure rayonnante	
17	un enfant curieux	
18	un conte merveilleux	
19	le roman célèbre	
20	un sport national	

Il demande aux élèves de souligner dans chaque GN le mot noyau, celui qui indique ce dont on parle, et de préciser sa nature (nom) :

une voiture décapotable

Les élèves constatent qu'en français, le noyau, « ce dont on parle », n'a pas de place fixe dans la chaîne du groupe nominal. À partir des mêmes exemples, on fait alors retrouver les différents schémas d'organisation du GN en français :

Dét + **N** + Adj
Dét + Adj + **N**
Dét + Adj + **N** + Adj
Dét + Adj + Adj. + **N**

Le dernier schéma, moins fréquent, n'est pas illustré dans le tableau. On peut le proposer aux élèves en les invitant à l'illustrer par des exemples personnels ou par des titres de contes : une belle petite pomme, le vilain petit canard, le bon gros géant, le vaillant petit tailleur... On peut aller plus loin et leur demander d'enrichir leur GN d'un autre adjectif : le bon gros géant glouton, une belle petite pomme rouge. On obtient ainsi un nouveau schéma.

Compte tenu de la diversité de ces schémas, on conclut à ce stade qu'il est difficile d'énoncer une règle générale quant à la place de l'adjectif en français : la variété des schémas en témoigne.

2. Mise en lumière de la situation problème : la place de l'adjectif en français est-elle indifférente ?

On poursuit l'observation pour amener les élèves à retrouver et à formuler quelques règles concernant la place de l'adjectif. Il s'agit à ce stade de leur faire prendre conscience que les variations observées ne relèvent pas de l'aléatoire. Certes, l'usage impose la place de chaque adjectif dans le groupe, mais cet usage obéit à des règles complexes.

L'enseignant demande aux élèves de réécrire dans la colonne vide chaque groupe nominal en changeant la place de l'adjectif (ou des adjectifs quand il y en a deux). Il est possible qu'avant la phase de mise en commun, des élèves réagissent pour signaler que certains GN sont impossibles. On peut leur dire alors de les faire précéder d'un astérisque (*) ou d'un point d'interrogation s'ils hésitent.

Document n° 2 Tableau complété

	Exemples de GN	GN obtenus
1	une voiture décapotable	* *une décapotable voiture*
2	mon crayon rouge	* *mon rouge crayon*
3	un bus anglais	* *un anglais bus*
4	un grand garçon sympathique	? *un sympathique grand garçon/* ? *un sympathique garçon grand/…*
5	un jeu idiot	* *un idiot jeu*
6	une trousse jaune	* *une jaune trousse*
7	une montagne énorme	*une énorme montagne*
8	une pauvre femme	*une femme pauvre*
9	un grand supermarché	* *un supermarché grand*
10	sa silhouette fine	? *sa fine silhouette*
11	la langue française	* *la française langue*
12	un jeu extraordinaire	? *un extraordinaire jeu*
13	la tour carrée/penchée	* *la carrée/penchée tour*
14	un livre scolaire	* *un scolaire livre*
15	une belle maquette	? *une maquette belle*
16	sa figure rayonnante	*sa rayonnante figure*
17	un enfant curieux	*un curieux enfant*
18	un conte merveilleux	*un merveilleux conte*
19	le roman célèbre	*le célèbre roman*
20	un sport national	* *un national sport*

Une fois le tableau complété, on sollicite les réactions des élèves et leurs commentaires. Le débat est animé, les élèves ne sont pas toujours d'accord, mais ils arrivent à la même conclusion : « certains GN ne sont pas français », « ça ne se dit pas ! », « ça fait/sonne pas bien ! ». Le constat suivant est formulé :

> **Dans un GN l'ordre des mots n'est pas toujours interchangeable. Certains énoncés ne sont pas acceptables.**

3. Réflexion sémantique guidée : identification des principaux critères intervenant dans le choix de la place de l'adjectif

À partir de là, il s'agit d'amener les élèves à s'interroger sur les critères qui permettent de rendre compte de la place de l'adjectif. Il n'est pas question d'en dresser une liste exhaustive, mais de mettre en lumière les critères les plus immédiats, les plus utiles, tout en insistant bien sur la part de subjectivité de chacun qui peut expliquer des variations d'un élève à l'autre.

Identification du critère de catégorisation de l'adjectif

L'enseignant demande aux élèves de relever les GN qui ne sont pas du tout recevables, ceux qui ne se disent pas :

> * une décapotable voiture
> * mon rouge crayon
> * un anglais bus
> * une jaune trousse
> * la française langue
> * la carrée/penchée tour
> * un scolaire livre
> * un national sport

Les élèves se mettent d'accord sur la liste retenue. Il s'agira ensuite de classer les adjectifs en fonction du sens qu'ils véhiculent. Quels regroupements pourraient être opérés ? L'enseignant peut guider les élèves par des questions : quels types de renseignements l'adjectif donne-t-il dans ces énoncés ? Cette activité peut d'abord être menée en petits groupes de façon à ce que tous soient actifs.

Les élèves repèrent les adjectifs de couleur (rouge, jaune), les adjectifs qui indiquent la nationalité ou l'origine (anglais, française), les adjectifs qui indiquent la forme (carrée, penchée).

Quant aux trois autres exemples (décapotable, scolaire, national), l'explication est moins immédiate : on amène les élèves à découvrir que l'adjectif sert à classer l'être ou l'objet dont on parle dans une catégorie distincte, objective, qui ne dépend pas du point de vue de celui qui parle : elle peut être d'ordre technique, historique, géographique, social, etc. Il ne s'agit pas de n'importe quel livre mais d'un livre destiné à l'école ; on pourrait gloser le GN par « un livre <u>d'école</u> ». Il ne s'agit pas de n'importe quelle voiture, mais d'une voiture dont le <u>toit peut s'ouvrir</u>. Ces adjectifs, parfois appelés classifiants, peuvent être remplacés par un complément du nom ou par une proposition subordonnée relative.

On formule alors ensemble la règle suivante :

> **Dans la langue courante, les adjectifs qui indiquent la couleur, la forme, la nationalité ou une catégorie se placent après le nom qu'ils qualifient.**

Identification du critère de longueur des mots

L'enseignant demande ensuite aux élèves de relever les énoncés acceptables mais qui leur paraissent inhabituels :

> * un sympathique garçon grand
> * un supermarché grand
> * un extraordinaire jeu
> * une maquette belle

Il leur demande alors de comparer la longueur respective du nom et de l'adjectif dans chaque exemple en comptant les syllabes entendues.
On aboutit à une double constatation :

> **Dans la langue courante,**
> **• un adjectif court est placé avant un nom de plusieurs syllabes ;**
> **• un adjectif de plusieurs syllabes est placé, en général, après un nom d'une seule syllabe.**

Identification du critère de subjectivité

L'effet de mise en relief ou d'insistance

On fait comparer les GN suivants :

Une montagne énorme	Une énorme montagne
Sa silhouette fine	Sa fine silhouette
Sa figure rayonnante	Sa rayonnante figure
Le roman célèbre	Le célèbre roman

Les élèves expriment à leur façon que l'antéposition de l'adjectif produit un effet d'insistance, de mise en valeur.
Puis l'enseignant lit quelques exemples en accentuant, pour les GN de la deuxième colonne, l'effet de mise en relief :

> Une é**nor**me montagne
> Sa **fi**ne silhouette
> Sa rayon**nante** figure
> Le cé**lè**bre roman

On énonce alors la règle suivante :

> **Pour insister sur une propriété, on peut placer l'adjectif avant le nom.**
> **L'effet de mise en valeur peut être renforcé à l'oral par un accent d'insistance.**

Enfin, on fait relever et observer les énoncés tout à fait acceptables :

> un curieux enfant
> une femme pauvre
> un merveilleux conte

On sollicite d'abord les remarques des élèves sur les deux premiers exemples en les guidant par des questions. Les élèves proposent des synonymes et des gloses :

- Quel sens l'adjectif « curieux » a-t-il quand on dit « un enfant curieux » ? (avide de savoir et de voir)
- Quel sens l'adjectif « curieux » a-t-il quand on dit : « un curieux enfant » ? (bizarre, étonnant, étrange)

On procède de la même façon avec l'adjectif « pauvre » (qui n'a pas beaucoup d'argent ou malheureuse, on la plaint).

De même l'adjectif « merveilleux » placé avant le nom est synonyme de « magnifique », « extraordinaire ». Un conte merveilleux renvoie à un genre littéraire bien défini. Les élèves disent que c'est un « conte de fée », « magique ».

On fait déduire la règle suivante :

> **Certains adjectifs n'ont pas le même sens selon leur place dans le GN.**

On peut poursuivre la réflexion : à quelle place l'adjectif apporte-t-il une réelle qualification ? Les élèves peuvent exprimer à leur façon que l'adjectif donne un renseignement sur le nom quand il est placé après. Il le détermine, le caractérise. Quand il est placé avant, l'adjectif exprime un sentiment, une impression, un jugement de celui qui parle. On précise alors la règle :

> **Certains adjectifs changent de sens selon leur place dans le GN.**
> **S'ils sont placés avant le nom, ils expriment un jugement, une appréciation de celui qui parle.**
> **S'ils sont placés après le nom, ils expriment une caractéristique particulière.**

Tout ce travail de réflexion sera d'autant plus riche qu'on laissera la place à la discussion, aux exemples qui pourraient contredire la règle qui vient juste d'être formulée. Il importe de profiter de ces moments pour répéter à quel point l'adjectif, comme d'autres marqueurs de la langue, sert à exprimer le point de vue de l'énonciateur ; sa place dans le GN, au-delà de critères formels ou d'usage, est d'abord un choix de celui qui parle, une manifestation de sa subjectivité.

On voit bien la complexité des règles qui fixent la place de l'adjectif dans l'usage. Tout au long de la démarche, les élèves proposeront souvent des contre-exemples. Il conviendra de s'en servir pour réfléchir ensemble aux contextes possibles et aux modulations de sens qu'ils apportent. **Ces écarts par rapport aux règles énoncées montrent bien que ce qui prévaut c'est la liberté de l'énonciateur qui, à l'intérieur d'un cadre souple, reste en définitive maître de son discours.**

Découverte de l'ordre des mots dans le groupe nominal en anglais

	Objectifs visés	Activités de l'élève	Savoirs et savoir-faire mis en lumière	Type d'organisation	Matériel nécessaire
1. Découverte	**1.1. Mise en lumière de l'organisation des GN du type « adjectif + nom »**	Production guidée de GN contenant le même adjectif, *English* Production libre de GN *Produire, construire, verbaliser*	**En anglais, l'adjectif – comme tout déterminant – est placé avant ce qu'il qualifie.**	Groupe-classe	Images
	1.2. Mise en lumière de l'organisation des GN du type « nom + nom »	Production guidée de GN (dernier nom identique, *room*) *Produire, analyser, identifier les éléments du GN* Élargissement à d'autres noms *Manipuler, substituer, associer*	**L'élément principal, porteur de sens, le noyau, est le nom qui se situe au bout du GN. Le mot important est à la fin du GN.**	Groupe-classe	Images de la maison Images et objets de la classe
	1.3. Découverte du cas possessif ou génitif	Comparer l'expression de la possession en anglais et en français à partir de GN référant à des objets appartenant à différents élèves : *Michael's bag*	**En anglais, « *'s* » marque la relation entre le possesseur et l'objet possédé.** **Ce dont on parle est placé à la fin du GN.**	Groupe-classe	Objets appartenant aux élèves de la classe

	Objectifs visés		Activités de l'élève	Savoirs et savoir-faire mis en lumière	Type d'organisation	Matériel nécessaire
2. Entraînement et fixation	**2.1. Compréhension du sens d'un GN**	à l'écrit	Activité 1 : repérer de qui, de quoi il s'agit *Isoler, identifier, comprendre de nouveaux GN*	**Pour comprendre ce dont on parle, il faut repérer le dernier mot du groupe.**	Travail individuel	Un corpus de GN en anglais distribué aux élèves
		à l'oral	Activité 2 : compréhension de noms composés *Écouter, comprendre, identifier*		Groupe-classe	Dessins
	2.2. Production orale et écrite de GN		Activité 3 : décrire en utilisant un GN conforme à la situation (image) *Produire, construire des énoncés*	**Compétences communicatives orales : verbaliser et appliquer le principe d'agencement du GN**	Travail individuel	Un dessin à colorier par élève
			Activité 4 : production de GN coordonnés par *and* *Écouter, mémoriser, produire, coordonner*		Groupe-classe	Objets de la classe
			Activité 5 : entraînement à la production de noms composés *Manipuler, construire des GN, justifier l'ordre des mots*		Groupe-classe	Étiquettes de mots Aimants
			Activité 6 : production de noms composés		Groupe-classe	Dessins
			Activité 7 : construction de GN complexes		Travail de groupe	Trois boîtes contenant respectivement des étiquettes de déterminants, adjectifs, noms.

Mise en œuvre de la séquence d'enseignement sur l'anglais

1. Découverte de l'ordre des mots en anglais

1.1. Les groupes nominaux formés d'un adjectif suivi d'un nom

Très tôt dans l'apprentissage de l'anglais, le groupe nominal s'étoffe, en particulier avec l'apprentissage des adjectifs de couleur et de nationalité :

a car	*my bag*
an American car	*my black bag*

Dès ce stade, on peut amorcer la réflexion sur l'ordre des mots dans un groupe nominal anglais.

Même si par effet de répétition et d'imitation d'un modèle, les élèves produisent spontanément des énoncés dont l'ordre des mots est correct, même s'ils ont conscience de l'agencement des mots dans un groupe nominal dans le cas des adjectifs de couleur ou de nationalité, ce n'est pas pour autant qu'ils sauront généraliser cette règle de construction. Lorsqu'ils sont en situation de produire un énoncé personnel, sans modèle préalable, on constate que l'ordre des mots reprend très souvent celui du français.

Production guidée de GN contenant le même adjectif, *English*

Avant de se lancer dans une réflexion sur l'ordre des mots du groupe nominal en anglais, il sera utile et même nécessaire de procéder à une réactivation du lexique (noms, adjectifs). L'enseignant peut utiliser des images ou des objets de la classe. Selon le moment de l'année et le niveau des élèves, il peut s'en tenir à un thème, par exemple les animaux et les couleurs.

Afin de préparer la réflexion sur l'ordre des mots, l'enseignant demande aux élèves de produire à tour de rôle un groupe nominal ayant en commun le même adjectif, *English* par exemple :

1. *an English car*
2. *an English bus*
3. *an English lesson*
4. *an English teacher*
5. *an English cake*
6. *an English girl*

etc.

Tout groupe nominal correctement énoncé donne un point à son auteur. L'enseignant recopie quelques GN au tableau au fur et à mesure. Puis il demande ensuite de réfléchir sur les points suivants :

a. Parle-t-on de la même chose dans tous ces exemples ?
b. Où est placé le mot qui indique ce dont on parle ?
c. À quoi sert le mot placé à sa gauche (ou avant) ?

L'élève découvre facilement que le sens s'organise à partir du mot placé « en bout de chaîne », à la fin.

Production libre de GN

L'enseignant rappelle aux élèves que lorsqu'on veut parler de quelqu'un ou de quelque chose, il faut choisir les mots qui permettent d'y référer, en d'autres termes le groupe sujet. Il propose aux élèves des images dont il demande de produire la légende, sous forme d'abord d'un déterminant (*a, the, this, that, my, your…*) suivi d'un nom :

> *a car, the boy…*

Puis il leur demande d'apporter une précision sur les mêmes images ou référents en ajoutant un adjectif :

> *a car* → *a black car*
> *my teacher* → *my English teacher*
> …

Il est important d'encourager les élèves à élargir autant que possible le champ de référence des adjectifs *(big, new, old, pretty, nice, stupid…)* afin d'éviter un risque de conclusion hâtive qui ferait croire que seuls certains adjectifs se comportent ainsi. Les propositions les plus originales, les plus amusantes, seront valorisées et écrites au tableau.

La variété des adjectifs utilisés confirme bien la régularité de l'ordre des mots en anglais. L'enseignant demande aux élèves d'observer attentivement les GN qu'ils ont produits et d'en déduire une règle, qu'ils verbalisent avec leurs mots :

> **L'adjectif – comme tout déterminant – est placé avant le nom noyau.**

Ils constatent que la règle est absolue en anglais alors qu'en première approximation l'ordre est plus variable en français.

1.2. Les groupes constitués de deux noms

L'objectif est double. Il s'agit de faire découvrir aux élèves que :

• ce dont on parle peut être déterminé non seulement par un adjectif, mais aussi par un autre nom ;

• le principe de l'organisation du groupe nominal est le même, à savoir : c'est le nom en bout de chaîne qui est l'élément principal, le nom le précédant apporte une précision qui restreint l'indétermination.

Production guidée de GN (dernier nom identique : *room*)

Matériel

Images représentant différentes pièces de la maison

Mise en œuvre

À partir du nom *room*, l'enseignant procède d'abord à une réactivation du lexique : il montre aux élèves des images des pièces de la maison et leur demande de dire le mot correspondant, puis il présente les mots nouveaux ou les fait découvrir si ceux-ci s'y prêtent. Il peut ensuite faire jouer les élèves à retrouver l'image correspondant au mot qu'ils entendent, puis à produire le mot correspondant à une image tirée au hasard.
Afin de faciliter la mémorisation, cette activité de classe peut être suivie d'une activité écrite individuelle sur ces mots, par exemple relier les dessins aux mots correspondants.

L'enseignant peut alors suivre la même démarche que dans l'étape précédente. Il demande aux élèves d'observer attentivement les mots (re)trouvés et de réfléchir à ce qui les unit. Il peut guider la réflexion par des questions :
– Quelle est l'idée commune reliant tous ces mots ?
– Où est placé le nom qui traduit cette idée ?
– À quoi sert le mot qui le précède ?

On peut utiliser le terme de « noyau » pour parler du nom qui réfère à « ce dont on parle », ici *room* qui renvoie à une pièce quelconque. On peut écrire les mots dans un tableau à deux colonnes où *room* est mis en facteur.

Déterminant	Noyau
bath	
class	
living	
bed	- room
sitting	
dining	
…	

Élargissement à d'autres noms qui se prêtent facilement à ces substitutions :

– *player (tennis/football/rugby/baseball/basketball/.../ player)*
– *man (police/business/post/milk/repair/fire/.../ man)*
– *teacher (gym/English/music/.../teacher)*
– *bag (school/hand/plastic/.../ bag)*
– *book (exercise/work/science/.../ book)*
– *nut (peanut/walnut/hazelnut/...)*

Remarque

Pour faire manipuler les noms composés, il y a deux types de substitution possibles :

• soit la substitution du premier élément du groupe, comme dans les exemples proposés ci-dessus : *<u>bath</u>room/<u>bed</u>room <u>police</u>man/<u>fire</u>man*
• soit celle du second élément du groupe, par exemple :

tennis <u>shoes</u>
<u>racket</u>
<u>ball</u>
<u>teacher</u>
...

Pour des raisons pédagogiques, ce second type de substitution est à éviter dans un premier temps. En effet, l'objectif essentiel de la séquence est de démontrer que l'élément principal, porteur de sens, le noyau, est le nom qui se situe au bout du GN tandis que tout ce qui le précède sert à le qualifier.

1.3. Découverte du cas possessif ou génitif

Si les élèves ont compris les étapes précédentes et sont conscients de la raison pour laquelle on dit :

a blue bag
a schoolbag

... alors la détermination d'un nom par un génitif apparaît logique, et la cohérence du système est claire.
On passe de :

a blue bag
a schoolbag
à *Michael's bag*

Mise en œuvre

La démarche à suivre reprend les précédentes. L'enseignant montre par exemple le cartable d'un élève et dit : *Michael's bag.*
Il procède ainsi avec plusieurs objets appartenant à des élèves, puis il guide la réflexion des élèves par des questions :
– De quoi parle-t-on ?
C'est bien d'un sac et non de Michael qu'il est question.
– Qu'est-ce qui permet de déterminer ce nom ?
Les élèves constatent que *Michael's*, placé devant, est le déterminant de *bag*. C'est le possesseur. Ce n'est pas n'importe quel sac, mais celui de Michael.
– Qu'est-ce qu'on dirait en français ?
« Le sac de Michael ».
– Qu'est-ce qui marque la relation « Michael/sac » en français ?
La préposition « de ».
– Qu'est-ce qui marque la relation « Michael/sac » en anglais ?
L'apostrophe et « s ».

N. B. : C'est une nouvelle occasion de rappeler les trois réalisations phoniques du « s » en anglais : /z/, /s/, /iz/.

On écrit les deux GN l'un en dessous de l'autre :

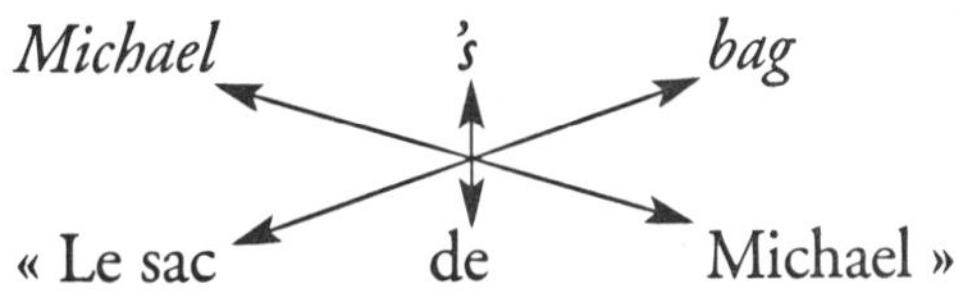

Cet exemple confirme bien qu'en anglais le mot important est à la fin du GN, alors qu'en français on commence par lui.

Le génitif est plus facile à aborder lorsque le groupe nominal a une formation du type :

nom propre	**+**	**objet**
Michael's		*bag*
Mrs. Taylor's		*car*

Quelques remarques

• Notons que les relations entre les deux éléments du groupe sont plus complexes lorsque le deuxième élément est un être animé humain :

nom propre	**+**	**animé humain**
Mary's		*mother*

Il est moins facile, dans ce cas, de comprendre que ce dont on parle en priorité c'est du deuxième élément, celui en bout de chaîne. En l'occurrence, dans l'exemple donné, ce n'est pas de Mary dont on parle mais bien de sa mère. De ce fait, il faut procéder avec précaution lorsqu'on aborde les relations de parenté : inutile de créer, en début d'apprentissage des obstacles didactiques (possession et liens de parenté) qui risquent de provoquer confusion et incompréhension.

En revanche, pourquoi ne pas rapprocher la construction du génitif d'une construction largement répandue en français oral et que nos élèves utilisent fréquemment dans les cours de récréation ?
« Pierre, son frère, il a une moto… »
au sens de « à propos de Pierre, je parle de son frère ».
La thématisation utilisée en français oral permet de dresser un parallèle entre les deux constructions.

• Le génitif est plus difficile lorsque le groupe est formé :

déterminant + nom (animé humain) + un objet ou un être

my	*mother's*	*birthday*
the	*teacher's*	*car*
my	*sister's*	*boyfriend*

Ce type de groupe nominal nécessite un découpage correct des éléments du groupe : le déterminant porte sur le possesseur et non sur l'objet possédé.

2. Activités d'entraînement et de fixation

Cette étape indispensable vise l'entraînement à la production et à la compréhension de GN de plus en plus complexes. Toutes les activités proposées le sont à titre d'exemples, elles peuvent être adaptées et faire l'objet de jeux communicatifs.

2.1. Compréhension du sens d'un GN à l'écrit et à l'oral

Activité 1 : entraînement à la compréhension du sens à l'écrit (« les maillons de la chaîne »)

Afin de permettre aux élèves de visualiser l'organisation du GN pour en tirer le sens, on peut comparer le GN à une chaîne dont chaque mot est un maillon.

Matériel

Un corpus de GN anglais distribué aux élèves

Mise en œuvre

L'enseignant distribue une liste écrite d'exemples de groupes nominaux déterminés par :

- un ou plusieurs adjectifs (ex. : *two nice English girls*)
- un ou plusieurs noms (ex. : *the taxi driver's car*)
- un panachage d'adjectifs et de noms (ex. : *a famous American basketball team*)

Dans un premier temps, il fait encercler dans chaque exemple le dernier « maillon de la chaîne », c'est-à-dire le dernier mot de chaque groupe. Il demande ensuite aux élèves de préciser « ce dont on parle » dans chacun des GN.

Dans un deuxième temps, les élèves entourent d'une autre couleur les maillons précédents en procédant de droite à gauche. Ils doivent trouver le sens de l'énoncé complet.

Activité 2 : compréhension orale de noms composés

Matériel

Dessins

Mise en œuvre

S'assurer en premier lieu que les élèves connaissent le sens de tous les mots composant les groupes nominaux que l'on propose. Ainsi, si l'on propose le mot *handbag*, il faut que les deux éléments *hand* et *bag* soient connus. On affiche au tableau les dessins des éléments des groupes nominaux en désordre, comme :

hand	*bag*	*school*	*boy*	*telephone*	*number*
mother	*David*	*bus*	*stop*	*apple*	*tree*

L'enseignant dit un groupe nominal. Un élève passe au tableau et doit prendre un seul dessin, celui qui représente ce dont on parle, et laisser de côté le dessin du mot le qualifiant.

Exemples :

my handbag	*my left hand*	*your telephone number*
a schoolboy	*a new school*	*a sports car*
David's mother	*my mother's bag*	
a football	*a football player*	

2.2. Production orale et écrite de GN

Activité 3 : production de GN

L'enseignant distribue le dessin d'un objet à colorier. Les élèves colorient leur dessin. Puis il les interroge à tour de rôle : *What have you got?*

> *I've got a pink panther*
> *I've got a black car*
> …

Activité 4 : production de GN coordonnés par *and*

L'enseignant pose sur le bureau un objet de la classe (ou une image) et dit par exemple :
I've got a blue pencil.
Un élève se lève, prend le stylo et montre un nouvel objet qu'il pose sur le bureau. Il dit par exemple :
Élève 1 : *I've got a blue pencil and a black pen.*
Élève 2 : *I've got a blue pencil, a black pen and a green pencil-case.*
Et ainsi de suite…

On peut varier les thèmes choisis en fonction du lexique que l'on souhaite rebrasser ou faire découvrir.

Exemple : *in a shop*
Élève 1 : *I'd like a big apple.*
Élève 2 : *I'd like a big apple and a small pear.*
Élève 3 : *I'd like a big apple, a small pear and…*

Activité 5 : production de noms composés

Matériel

Étiquettes de mots/aimants
Faire trouver des noms de métier à partir de trois mots connus : *man, driver, teacher.*

Mise en œuvre

L'enseignant fabrique des étiquettes sur lesquelles sont inscrits des noms comme *bus, post, taxi, milk, maths, history*, etc. Ces étiquettes sont posées en désordre, face visible, sur le bureau. Au tableau sont affichés les trois mots mentionnés plus haut.

Il s'agit de retrouver les noms composés en prenant en premier ce dont on parle, et en second ce qui le qualifie. Il est important de faire commenter chaque démarche par l'élève qui fait la manipulation : « Je veux parler de… donc je prends telle carte et je la pose à droite ; maintenant je veux le qualifier, je prends cette autre carte que je place avant la première carte ».

Activité 6 : production de noms composés nouveaux

Matériel

Dessins

Mise en œuvre

En fonction du lexique déjà acquis, on montre aux élèves des dessins (légendés ou non) ou des étiquettes de noms *(apple, tooth, telephone…)* représentant les divers composants des groupes nominaux. Les élèves doivent deviner le plus vite possible les mots à trouver comme tarte aux pommes *(apple pie, apple tart)*, pompier *(fireman)*, arrêt de bus *(bus stop)*, carte téléphonique *(telephone card)*, dentifrice *(tooth paste)*, brosse à dents *(tooth brush)*, etc.

Activité 7 : construction de GN complexes

Matériel

Une boîte contenant des étiquettes de noms, une boîte contenant des adjectifs et une boîte contenant des déterminants. Les boîtes peuvent contenir plusieurs étiquettes identiques.

Objectif 1 : identification de la nature des mots

Mise en œuvre

L'enseignant demande aux élèves de construire un GN complet contenant deux mots (déterminant + Nom) : *my book, a cat…*
Les élèves vont choisir par petits groupes des éléments pour composer un groupe nominal. L'enseignant passe dans les rangs, vérifie l'agencement, commente les erreurs et s'assure que le sens est compris.
Puis il leur demande de construire un GN contenant trois mots (déterminant + Nom + Nom) : *my tennis racket, a telephone card.*
Enfin, il leur demande d'ajouter un adjectif (déterminant + Adjectif + Nom + Nom) : *a red telephone card*, etc.

Objectif 2 : entraînement individuel à la construction de GN complets

Le premier élève interrogé pioche un mot dans la boîte des noms. Il le dit à haute voix.

Exemple : *bag*

L'élève suivant doit y ajouter un déterminant (article ou autre). Il peut soit le proposer immédiatement et gagner deux points si celui-ci est adéquat, soit aller le choisir dans la boîte des déterminants. À partir de ce groupe nominal minimum, chaque élève propose à son tour un élément pour allonger le GN.

Bag → *a bag* → *a schoolbag* → *a big schoolbag* → *a big black schoolbag*

Lorsqu'il devient difficile d'ajouter des éléments, l'élève peut modifier le GN en substituant un mot à un autre. Attention le noyau doit rester le même.

Pour ne pas provoquer la lassitude, cette activité doit être menée rapidement. Le nom pioché doit changer régulièrement.

Conclusion

Les occasions de revenir, d'approfondir, d'illustrer les spécificités du groupe nominal en anglais sont si nombreuses qu'il serait impossible d'en dresser une liste. Dans la deuxième partie de l'ouvrage, nous développons deux thèmes qui permettent d'allier de façon complémentaire objectifs culturels et objectifs linguistiques : la carte du Royaume-Uni et les abréviations. Ces thèmes peuvent être traités de façon tout à fait indépendante du dossier lui-même, mais la nature des contenus linguistiques qu'ils véhiculent les rattache à ce dossier.

Chapitre VI

Le questionnement

Introduction

Poser une question est l'un des constituants de toute activité langagière, même modeste. C'est donc l'une des capacités que les professeurs exigent des élèves dès le début de l'apprentissage d'une langue étrangère en 6e, d'où l'intérêt de les y préparer dès le cours moyen.

Or, savoir poser des questions en anglais n'est pas facile car cela exige que l'élève sache construire un énoncé entier, syntaxiquement bien agencé, si simple soit-il. Les exercices répétitifs destinés à développer des automatismes ne suffisent pas à créer cette capacité. Force est de constater que bon nombre d'élèves ne maîtrisent toujours pas le schéma correspondant au questionnement en anglais, même après plusieurs années d'enseignement.

Légitimation d'ordre pragmatique

Le choix du questionnement comme objet d'étude tient donc à des raisons d'ordre pragmatique, liées à la fréquence de son utilisation, tant dans l'activité langagière en général que dans le cadre de la classe en particulier.

En effet, quelles que soient les références théoriques que l'on adopte, questionner renvoie à l'un des deux grands modes d'adresse ou types d'énonciation constitutifs de l'interaction langagière, l'autre étant constitué par l'assertion qui suppose la prise en charge par l'énonciateur d'un contenu propositionnel, soit positif, soit négatif.

C'est donc l'un des phénomènes essentiels qui fondent l'activité langagière dans sa fonction de communication ainsi que dans la relation qui s'établit entre les interlocuteurs dès qu'il y a dialogue. En posant une question, le locuteur demande à son interlocuteur de prendre position à sa place sur tout ou partie du contenu thématique qu'il propose.

Parmi les tout premiers savoir-faire qu'il est indispensable d'acquérir lors de l'apprentissage de la communication dans une langue étrangère, il en est deux qui concernent directement ce dossier :
• savoir reconnaître que l'énoncé produit par son interlocuteur dans un dialogue est une question qu'il pose ;

• savoir soi-même, en tant qu'énonciateur, permettre à l'interlocuteur d'identifier d'emblée que ce qu'on lui dit constitue une question.

Légitimation didactique

Tous les travaux actuels en sciences de l'éducation insistent sur l'interaction langagière en classe : le jeu fréquent, voire incessant, des questions (par le maître)/réponses (par les élèves) y a grandement remplacé le discours magistral que les élèves devaient écouter et ce, quelle que soit la discipline. Même si ce jeu reste sans doute, dans la plupart des cas, assez formel, **savoir identifier les questions dans le discours du maître fait nécessairement partie des savoir-faire minimaux qui sont requis des élèves dès qu'ils se trouvent en situation scolaire.**

En ce qui concerne l'enseignement des langues étrangères, l'usage des questions a toujours fait partie des activités recommandées et pratiquées en classe de langues vivantes. Avec l'avènement de la méthodologie dite « communicative », la part d'autonomie requise de l'élève s'est en principe accrue dans des proportions significatives. Cependant, en début d'apprentissage, de nombreuses pratiques de classe misent encore sur la reprise d'échanges préfabriqués, relevant parfois de rites sociaux qu'il est nécessaire de connaître, mais qui, en tout état de cause, constituent autant de situations fermées. Même si les questions insérées dans ces échanges sont parfaitement maîtrisées, il s'agit de connaissances globales dont les éléments constitutifs sont rarement identifiés par les élèves : ils sont d'ailleurs totalement incapables de les reconstruire s'ils ont oublié ces questions. En outre, elles ouvrent rarement la voie à d'autres apprentissages. En effet, à ce stade, elles ne permettent pas aux élèves, par exemple, de changer facilement de champ sémantique de référence, ni même de passer du « tu » à « il » et « elle » ou encore de traiter un sujet pluriel lorsqu'on a appris à poser une question portant sur un sujet singulier.

Bien que placés très tôt au contact de questions dont le nombre et la variété sont impressionnants et qui abordent des champs référentiels très divers, les élèves ont en fait beaucoup de mal à atteindre la « régularité enfouie » de la langue et à s'approprier les règles ouvrant l'accès à la compréhension et à la construction des énoncés correspondants. Ils en restent souvent, tout particulièrement sur ce point, à la maîtrise de savoir-faire ponctuels, efficaces dans tel ou tel cas précis (reproduction de situations à l'identique), mais stériles du point de vue de la compréhension d'énoncés jamais entendus ou de la possibilité de construire des énoncés qui répondraient à leur propre envie de s'exprimer.

Lorsque, dès le début de l'apprentissage, on les met en situation de production réelle et non plus de répétition, les questions du type :

**What colour dog?*

ou :

**What colour is it dog?*

ou encore :

**You me love?*
**Where we go?*

sont fréquentes et les exemples abondent de questions mal construites, incomplètes, parfois incompréhensibles. Même après un cursus scolaire de plusieurs années, très nombreux sont les élèves qui ne maîtrisent pas le questionnement, alors que, on l'a vu, la classe de langues vivantes est probablement l'un des lieux privilégiés – le discours magistral y ayant été proscrit – où la communication passe majoritairement par le jeu de questions/réponses.

Un obstacle avéré

Lorsqu'un locuteur donné a l'intention de poser une question, le choix des moyens à sa disposition pour faire saisir son intention par son interlocuteur peut varier considérablement selon la langue dans laquelle il s'exprime. Or l'éloignement du fonctionnement de la langue maternelle par rapport à celui de la langue cible constitue toujours un obstacle à l'apprentissage d'ordre épistémologique.

En effet, tout apprenant a une tendance « naturelle » à transférer les traits pertinents de sa propre langue à la langue étrangère dans laquelle il s'essaie.

En ce qui concerne les questions, la reprise du modèle ou plutôt de la plupart des modèles fourni(s) par la langue maternelle conduit à l'échec. En effet, les indices qu'en langue française un locuteur utilise pour signaler à son interlocuteur qu'il est en train de lui poser une question (par exemple l'intonation montante accompagnant souvent une structure de phrase assertive) ne sont pas pertinents en anglais. Le risque de perturbation de la communication est donc grand.

Réciproquement, si un francophone n'a pas appris à identifier rapidement les indices linguistiques correspondant à l'intention de poser une question en langue anglaise, rien d'extralinguistique ne viendra l'avertir que son partenaire anglophone (dont la voix n'a pas toujours suivi une courbe intonative montante) l'invite à répondre à sa question. Il risque alors de se trouver très désemparé et la communication sera provisoirement mal en point.

La reconnaissance immédiate et la production spontanée de ces traits pertinents constituent par conséquent, du point de vue de l'apprenant, une importante « zone à risques » ou, si l'on préfère, un obstacle avéré.

Réflexion linguistique

Tout acte d'énonciation implique une prise en charge de l'énoncé par un énonciateur. Cela suppose que ce dernier doive obligatoirement choisir entre l'assertion et l'interrogation.

L'assertion

L'assertion concerne la prise en charge d'un énoncé du point de vue de la vérité de cet énoncé. L'asserteur est celui qui déclare ce qu'il pense être vrai, qu'on peut gloser ainsi : « Pour moi, il est vrai que… ».

Il est important de préciser qu'assertion et affirmation ne se confondent pas. L'assertion concerne autant les énoncés négatifs qu'affirmatifs. La négation est aussi une assertion car on peut toujours ramener l'énoncé à : « Pour moi, il est vrai que… ». Il existe donc des assertions négatives et des assertions positives. Les grammaires françaises utilisent souvent les termes de « phrase déclarative », affirmative ou négative, dans le sens où nous parlons d'assertion positive ou négative.

Notons que l'injonction a un statut particulier que nous ne traiterons pas ici.

Avant qu'existe un énoncé, c'est-à-dire avant la prise en charge par un énonciateur, rien ne permet de dire si la relation sujet-prédicat (pour simplifier) va être de l'ordre de l'assertion (positive ou négative) ou de l'ordre de l'interrogation. En fonction de la situation d'énonciation et de ce qu'il veut dire, l'énonciateur optera soit pour l'assertion, soit pour l'interrogation que nous désignerons désormais sous le terme plus général de « questionnement ».

L'interrogation

Dans le **questionnement**, l'énonciateur ne peut pas (ou ne veut pas) prendre position et demande donc à l'interlocuteur de le faire à sa place. Cette opération peut prendre deux formes :
• 1er cas : l'énonciateur s'adresse à son partenaire pour avoir la réponse sur la validité de **tout** l'énoncé (c'est vrai ou ce n'est pas vrai pour lui). Ainsi < TOI-VENIR, est-ce vrai ou faux ? > se traduirait par la question : « Tu viens ? » ou encore « Est-ce tu viens ? »

• 2e cas : l'énonciateur pose une question précise portant sur **une partie** de l'énoncé. Il s'agit cette fois d'une demande d'information ciblée sur un seul élément de l'énoncé :
(1) « Quand pars-tu ? », le locuteur sait que son interlocuteur va partir et cherche à savoir à quel moment cet événement va se produire.
(2) « Qui va arriver ? », le locuteur sait que quelqu'un va arriver, il cherche à savoir de qui il s'agit.

L'acte de questionner pourrait s'analyser ainsi[23] :
– je veux savoir quelque chose ;
– je pense que mon interlocuteur le sait ;
– je dis à mon interlocuteur : « Dis quelque chose, de sorte que j'en aie connaissance » ;
– je sais qu'il n'est pas obligé de le faire.

Cette dernière composante est ce qui distingue une question d'une injonction (« Dis-moi… »).

Stratégie d'enseignement

À l'entrée en 6e, les élèves sont censés connaître les formes affirmative, négative, interrogative, voire interro-négative, des verbes du français. Cela fait partie de leur programme de conjugaison. Pour autant, ils ne soupçonnent pas l'existence d'opérations logiques qui sous-tendent la construction d'un énoncé : l'énonciateur sait que… ou il ne sait pas que…, ou bien il ne sait pas et il interroge. C'est pourquoi il importe de procéder par étapes pour dégager ce qui dans le questionnement peut les aider à mieux comprendre et construire des questions en anglais. Deux points nous paraissent essentiels en début d'apprentissage :

• les deux types de questions : questions totales/questions partielles ;
• les traits pertinents de la question en français et anglais.

23. D. BOLINGER, *Intonation and its uses : Melody in grammar and discourse*, Stanford University Press, 1989.

Deux types de questions en français comme en anglais...

Nous avons souligné que le champ d'étude du questionnement se structure selon les deux types de questions : d'une part, celles qui portent sur la totalité de l'énoncé, questions que nous appellerons – à cause de leur réponse – « *yes/no questions* » ; d'autre part, celles qui sont qualifiées de « partielles » et qui portent sur un domaine restreint de l'ordre du temps, du lieu, de la quantité, etc., que nous regrouperons sous l'appellation « *WH questions* »[24].

Une **question totale** porte sur la totalité de l'énoncé, par exemple :

> Tu as compris ?
> Est-ce que tu n'aurais pas vu mon stylo ?
> Peux-tu me passer le pain ?

Pour ces trois questions, les réponses sont soit OUI, soit NON, même si, comme c'est souvent le cas dans la pratique quotidienne de la langue, l'interlocuteur ne répond pas toujours par ces termes à la question posée. Ainsi, à la question : « Est-ce que tu n'aurais pas vu mon stylo ? », on peut très bien s'entendre répondre : « Tu perds toujours tes affaires ! ». Par ailleurs, à la question « Est-ce que vous avez l'heure ? », on attend plutôt une information précise qu'une réponse en OUI/NON. Le critère d'une réponse en OUI ou en NON n'est donc pas absolument performant : le OUI ou le NON sont souvent sous-entendus ; on peut cependant les rétablir sans risque de faux-sens.

Une **question partielle** porte sur UN élément seulement. Celui-ci peut être :
• soit l'un des deux éléments fondamentaux (de qui parle-t-on ? qu'en dit-on ?) qui correspondent respectivement au sujet et au prédicat de la phrase.
• soit d'autres éléments qui accompagnent le schéma de base.

24. Les *WH questions* sont appelées ainsi parce que tous les mots interrogatifs comportent un W et un H.

Prenons un exemple. Soit les deux éléments fondamentaux, < Sylvain/arriver >, les questions partielles peuvent porter sur :

- le temps → QUAND/À QUELLE HEURE arrivera-t-il ?
- le lieu → OÙ arrivera-t-il ?
- la manière → COMMENT arrivera-t-il ?
- etc.

de façon telle que les apports d'information successifs permettraient, par exemple, de construire l'énoncé affirmatif suivant :

Sylvain arrivera demain à 7 heures à la gare de Lyon.

en français	**question ouverte (ou totale)**	**question fermée (ou partielle)**
en anglais	***YES/NO question***	***WH question***

Les professeurs de français utilisent en général la terminologie « question totale/question partielle », qui, souvent, n'est pas reprise par les professeurs de langue, ceux-ci utilisant les termes anglais.

Il faut souligner ici l'ambiguïté des dénominations en anglais concernant les questions totales. En effet, lorsque l'on parle de *YES/NO questions*, ce ne sont pas les questions qui comportent ou sous-entendent ces termes-là, ce sont les réponses. Une question en *YES/NO* veut dire en fait une question qui implique une réponse en *YES/NO*.

... mais des réalisations différentes d'une langue à l'autre

Le champ du questionnement, totalement ouvert, méthodologiquement accessible, sémantiquement structuré, est aussi particulièrement intéressant dans une perspective plurilingue. En effet, l'intention de poser une question donne lieu à des réalisations syntaxiques, morphologiques et phonologiques spécifiques, qui diffèrent selon les langues. Les « marqueurs », les « indices » linguistiques qui, dans une langue donnée, signalent qu'il s'agit d'une question sont loin d'être universellement valables.

Le français, notamment dans ses réalisations en langue orale[25], dispose d'une forte variété de moyens linguistiques permettant à un locuteur

25. Cf. KAIL M., « Acquisition des langues premières et secondes dans une perspective inter-langues », *Revue française de pédagogie*, n° 96, INRP, 1991.

donné, placé en situation de dialogue, de faire savoir à son interlocuteur qu'il lui pose une question. Ces moyens sont souvent d'ordre morphosyntaxique, mais c'est en fait l'intonation qui, en français oral, constitue le trait pertinent essentiel, associé ou non à d'autres indices d'ordre morphosyntaxique :

> Il a dit ça ?
> Est-ce que ton frère y va ?
> Quand pars-tu ?
> Tu pars avec qui ?
> Michel est-il chez lui ?

À la profusion des moyens qu'offre le français parlé de poser une question, s'oppose la sobriété du fonctionnement syntaxique de l'anglais.

Tableau récapitulatif de la démarche

	Objectifs visés	Activités de l'élève	Savoirs et savoir-faire mis en lumière	Type d'organisation	Matériel nécessaire
1. Découverte du fonctionnement du français	**Image claire du fonctionnement du français**	• Recueil et examen d'un corpus de questions **entendues** en français		Travail individuel à la maison	Doc. n° 1
		• Classement des questions en deux types *Identifier, trier, classer, caractériser*	Il existe des questions **totales** et des **questions** partielles.	Travail collectif en classe	
	↓	• Repérage des différents types de structures de la langue orale *Observer, schématiser*	En français, il y a de **nombreuses façons de poser une question.**	Travail individuel suivi d'une mise en commun collective	Doc. n° 2 Doc. n° 3
	Mise en lumière des traits pertinents de la question en français	• Repérage des indices de la question en français *Observer, identifier, caractériser*	**Traits dominants de la langue orale :** **• fixité du groupe syntaxique sujet–verbe** **• intonation montante déterminante** **• présence de *est-ce que***		

	Objectifs visés	Activités de l'élève	Savoirs et savoir-faire mis en lumière	Type d'organisation	Matériel nécessaire
2. Découverte du fonctionnement de l'anglais	**Image claire du fonctionnement de l'anglais** ↓ **Identification des indices de la question en anglais**	Recueil et examen d'un corpus de questions déjà connues ou identifiées comme telles en anglais **1re étape : découverte de l'ordre des mots** • Construction d'un tableau en trois colonnes : Aux. – S. – V. *Repérer, identifier* • Découverte de la notion d'auxiliaire et de son rôle dans la question **2e étape : le cas des questions avec *Be*** *Observer, déduire, verbaliser*	**En anglais,** – à l'oral comme à l'écrit, une seule façon de faire – **l'auxiliaire**, signal de la question – intonation rarement montante en continu **En anglais, l'indice de la question, c'est l'ordre des mots avec la présence d'un auxiliaire avant le sujet.**	Groupe-classe	Doc. n° 4 Doc. n° 5
	Mise en lumière d'un concept de portée générale		***Il n'y a pas de correspondance terme à terme entre les deux langues.***		

		Objectifs visés	Activités de l'élève	Savoirs et savoir-faire mis en lumière	Type d'organisation	Matériel nécessaire
3. Entraînement à la nouvelle démarche pour opérer le bon choix	*Identification de l'obstacle*	**Identification des énoncés interrogatifs**	Reconnaître des questions à partir d'énoncés oraux et écrits (activité 1) *Écouter, lire, observer, choisir*	Mise en place d'un nouveau système de repérage	Groupe-classe	Deux étiquettes par élève : • et ?
		Appropriation du schéma de la phrase interrogative	Poser une question relative au sujet choisi (activité 2) *Organiser, classer, comprendre*	Mise en lumière de l'agencement des éléments essentiels de la question	Groupe-classe	Plusieurs séries de paquets de cartes
		Entraînement à la compréhension rapide de questions écrites	Compréhension de questions écrites et appariement question/réponse (activité 3) *Comprendre, trier*		Travail individuel	Deux séries de questions-réponses (Doc. n° 6)
4. Entraînement intensif dans la langue étrangère		**Automatisation des procédures de contrôle**	**Retour aux situations de communication** **Se présenter** (activité 1) **Jeu du portrait** (activité 2) **Jeu du cadeau à offrir** (activité 3) **Jeu du monstre** (activité 4) **Interview du professeur** (activité 5)	**Développer des compétences communicatives par la pratique langagière**	*Pair-work* Groupe-classe Travail en petits groupes Groupe-classe Groupe-classe	Photos de personnages

Mise en œuvre de la séquence d'enseignement

Le premier objectif est de montrer qu'à partir de l'intention de poser une question, les réalisations varient selon les langues.

Dans ce but, la réalisation et l'observation avec les élèves d'un corpus de questions en français va permettre d'analyser la façon dont on pose les questions en français. La même démarche sera conduite en ce qui concerne la langue étrangère.

1. Découverte du système des questions en français

1.1. Recueil d'un corpus de questions

L'enseignant demande à tous les élèves de recueillir par écrit le maximum de questions qu'ils auront entendues pendant, disons, un week-end. Il s'agit de questions posées dans le cadre de leur vie quotidienne (famille, amis, télévision, etc.) transcrites fidèlement, telles qu'elles ont été énoncées.
En effet, un élève agit souvent comme s'il pensait que ne sont présentables au professeur que les questions correspondant à la syntaxe attestée dans les livres de grammaire. De ce fait sont éliminées ou non repérées toutes les questions ressenties comme « incorrectes », telles que :

> On mange quand ?
> Quand est-ce qu'on mange ?
> Quand c'est qu'on mange ?
> C'est quand qu'on mange ?

Or, il est fort probable qu'un enfant (ou un adulte) voulant s'informer sur l'heure du repas posera l'une de ces quatre questions plutôt que « Quand mangerons-nous ? ».

Si l'enfant risque de négliger les quatre premières formes ou encore d'opérer la transformation de structure nécessaire afin d'écrire dans une langue « correcte », c'est sans doute parce qu'il existe chez les élèves une gêne, voire une certaine culpabilité, face aux productions orales. C'est pourquoi il est utile de leur demander de noter également les questions posées par des locuteurs ne faisant pas partie de leur environnement familial immédiat (questions de journalistes à la télévision ou à la radio, par exemple, ou encore questions formulées par leurs enseignants).

Document n° 1
Exemple de corpus de questions en français recueillies par les élèves

Tu as fait tes devoirs ?	Tu vas toute seule chez l'orthophoniste ?
Tu les vends combien ?	On mange quand ?
Tu viens, toi aussi ?	Tu as sorti la chienne ?
Alors, tu le finis ?	Quelle heure est-il ?
Eh ! t'as vu un peu ça ?	Qu'est-ce que tu fais ?
Est-ce que vous avez fini ?	Où tu vas ?
Demain, tu commences à quelle heure ?	Tu n'aurais pas vu mon pull ?
Qu'est-ce qu'on mange ?	C'est pas bon ?
Ils sont allés faire quoi ?	Maman, où elles sont les brosses ?
Est-ce que tu as bien mangé à midi ?	Tu veux danser avec moi ?
Tu peux faire la vaisselle ?	Qu'est-ce qu'ils font ?
Ça se prononce comment ?	Vous voulez aller vous promener ?
Tu ne sais pas ?	Tu joues plus ?
Qui a tout juste ?	Moi ? pourquoi ? qu'est-ce que j'ai fait ?
T'attends qui ?	Où est-ce que tu es ?
Quand est-ce que tu corriges mes devoirs ?	Tu es au lit ?
Quand est-ce qu'on mange ?	Comment on met ces trucs ?
Est-ce que tu peux faire ma chambre ?	Tu as besoin de te coiffer ?
À quelle heure on va à l'école ?	Qui a dit cette sottise-là ?
Qu'est-ce que tu as à faire ?	Tu peux m'aider, s'il te plaît ?
Tu as fait ton lit ?	Qu'est-ce que je mets pour demain ?
Tu vas chercher le pain ?	Qu'est-ce que je peux mettre avec ce pantalon ?
Tu as bien travaillé à l'école ?	Pourrais-tu me prendre des séances chez le kiné ?

1.2. Analyse du corpus de questions et correspondances sémantiques

Avec les questions apportées par les élèves, l'enseignant constitue un dossier collectif (doc. n° 1) qui servira de support aux activités qui suivent.

Première étape : repérage de la marque graphique

L'enseignant demande aux élèves de repérer l'indice commun à toutes les phrases qui signale que ce sont des questions. Le point d'interrogation apparaît alors comme le premier « signal » permettant au lecteur de comprendre qu'il s'agit d'une question.

Deuxième étape : classement des questions

L'enseignant demande aux élèves de classer les questions du corpus en deux catégories : questions totales et questions partielles. On peut aider les élèves à différencier ces deux types de questions en leur faisant ajouter oralement et systématiquement « OUI ou NON ? » à la fin de chaque question pour vérifier s'il s'agit bien d'une question totale.

Troisième étape : inventaire des champs sémantiques de référence des questions partielles

Dans le cas de questions partielles, l'enseignant demande aux élèves de regrouper les questions portant sur le même domaine. Chacun des domaines répertoriés peut alors être identifié et caractérisé. Ce qu'on veut savoir porte sur :

- le temps,
- le lieu,
- ce ou celui dont on parle,
- ce qu'il fait ou ce qu'il est (ce qu'on en dit),

etc.

Quatrième étape : découverte du rôle du mot interrogatif

L'attention se porte alors sur le mot interrogatif. Il est identifié, son rôle est défini : il avertit l'interlocuteur du type d'information demandée.

N. B. : Dans l'anglais scolaire *(classroom English)*, une erreur fréquente consiste, pour les élèves, à produire des énoncés interrogatifs contenant à la fois le mot interrogatif et la réponse porteuse de l'information demandée qu'ils connaissaient (la situation scolaire est rarement une situation de dialogue authentique). On a ainsi, par exemple, des énoncés du type : **Where is he going to London ?* L'étude des questions en français peut permettre de montrer que l'un est exclusif de l'autre.

Ce premier travail de catégorisation constitue un premier pas vers l'abstraction, qui est loin d'aller de soi à cet âge pour tous les élèves.

1.3. Le système des questions en français

L'objectif est double :
• sensibiliser à la variété et à la complexité des structures interrogatives en français écrit et surtout oral ;
• repérer les différents types de structures utilisées pour former une question en français.

Si l'on parcourt les grammaires en usage dans le cycle primaire, on s'aperçoit que les schémas proposés pour l'analyse des phrases interrogatives en français ne tiennent pas compte de tous les énoncés possibles, et en particulier passent sous silence certaines formes interrogatives de la langue orale la plus courante. C'est pourquoi il convient de faire un premier travail sur les énoncés interrogatifs produits et recueillis en situation réelle.

Pourquoi privilégier les énoncés de la langue parlée ?

D'abord, parce que l'on postule que la variété de langue « maternelle » la mieux intégrée par les élèves est le français parlé ; ensuite, nous verrons que les structures de l'oral, très souples et assez complexes en français, diffèrent souvent de celles qu'ils devront maîtriser en langue étrangère. Ne pas en être conscient risque de nuire fortement à la production en langue étrangère. En outre, il n'est pas inutile de sensibiliser les élèves au fait que la langue orale a d'autres règles (en l'occurrence assez complexes) que celles de la langue écrite et que la grande majorité des Français utilise à l'oral l'ensemble de ces possibilités.

N. B. : Il va de soi cependant que nous n'excluons pas systématiquement les questions extraites de textes écrits et que le travail de comparaison langue orale/langue écrite peut se prolonger pendant la leçon de français.

Cette phase du travail d'observation conduit avec les élèves doit maintenant leur faire prendre conscience des différentes structures que le français oral utilise. On leur demande de repérer dans chaque question :

– ce (ou celui) dont on parle, le sujet (l'entourer)
– ce qu'on en dit, le verbe (le souligner),
et de constater dans quel ordre ils sont placés l'un par rapport à l'autre.

On aboutit alors aux schémas suivants dans lesquels :
S = sujet ; **V** = verbe ; **M.I.** = mot(s) interrogatif(s)

Document n° 2

Les principaux schémas de la question en français

Schéma n° 1 : (M.I.) - V - S **Indice de la question :** inversion du sujet (c'est-à-dire ordre inverse de celui de la phrase déclarative)
Lorsque le sujet est un pronom, l'inversion est « simple » : Peux-tu m'aider ? Que dis-tu ? Quelle heure est-il ? Lorsque le sujet est nominal, l'inversion est « complexe » : Pourquoi Marc n'est-il pas venu ?

Schéma n° 2 : (M.I.) « est-ce que » + S - V **Indice de la question :** est-ce que Est-ce que tu comprends ? Quand est-ce que vous partez ? Qu'est-ce qu'on mange ?
Remarque : Bien des questions partielles orales n'utilisent pas la forme « est-ce que… », mais « c'est que… » aboutissant à des formulations du type : Quand c'est qu'on mange ? Qui c'est qui te l'a dit ?

Schéma n° 3 **(M.I.) S - V + intonation montante** **S - V + (M.I.) + intonation montante** **Indice de la question :** ordre S - V d'une phrase déclarative, mais **intonation** différente. (Lorsqu'il y a un mot interrogatif, celui-ci est soit en tête, soit en fin d'énoncé.)
Tu viens ? Comment tu t'appelles ? Tu t'appelles comment ?

Les schémas précédents peuvent être repris avec les élèves sous la forme d'un tableau synthétique.

Document n° 3
Tableau récapitulatif construit avec les élèves

Inversion du sujet				
(M.I.)	V	S		Que dis-tu ? Viendrez-vous ce soir ?
	aux		V	Qu'as-tu dit ? As-tu fini ?

Présence de « Est-ce-que »						
(M.I.)	est-ce-que	S	GV			Qu'est-ce que tu dis ? Est-ce que tu peux venir ?
M.I.	est-ce-que		GV	S nominal		Qu'est-ce que fait Marc ?

Intonation montante. Pas d'inversion du sujet						
(M.I.)		S	GV			Tu as fini ? À quelle heure on part ?
		S	GV		M.I.	Tu pars quand ?

Présence du sujet nominal et du pronom personnel sujet						
(M.I.)		S nominal	V	pr. pers.		Ta mère est-elle d'accord ?
			aux		V	Pourquoi Luc a-t-il dit ça ?

Questions portant sur le sujet						
M.I.sujet			GV			Qui a fait ça ?
M.I.sujet	est-ce-que		GV			Qu'est-ce qui se passe ?

N. B. : Ce tableau ne tient pas compte des formes d'insistance, très fréquentes en langage familier (« C'est à quelle heure que vous partez ? », « C'est où que… », « C'est qui qui… », etc.).

D'autre part, lorsque le sujet est un nom ou un groupe nominal, la tendance à l'oral est de thématiser ce sujet et d'utiliser un pronom personnel redondant dans la question elle-même :

> Ta mère, elle travaille ?
> Il part quand, ton frère ?

La conclusion à laquelle aboutissent les élèves est la suivante :

Que la question soit totale ou partielle, il existe en français oral plusieurs façons de poser des questions :
1. par l'inversion du sujet et du verbe,
2. par l'utilisation de la locution « est-ce que »,
3. par l'intonation,
4. par l'ajout au sujet nominal d'un pronom personnel sujet de reprise.

Le choix de ces structures (ou leur combinaison) dépend du registre de langue, les structures 2 et 3 étant, de loin, les plus fréquemment utilisées. Dans son étude sur le français parlé, Françoise Gadet[26] constate que, la plupart du temps, on retrouve dans la phrase interrogative la structure de la phrase déclarative :

« Les locuteurs tendent à employer, en situation non surveillée, les formes conservant l'ordre des mots de la phrase assertive simple : *est-ce que* plutôt que la forme par inversion, l'intonation plutôt que *est-ce que* (pouvant lui-même être ressenti comme une inversion), l'intonation sans déplacement plutôt que le déplacement ».

La structure utilisant l'inversion sujet-verbe est sans doute davantage utilisée par les adultes et surtout dans des énoncés plutôt figés, tels que : « Comment allez-vous ? », « Comment vas-tu ? », « Quelle heure est-il ? », « Où vas-tu ? », mais ces formes sont en concurrence avec les autres formes analysées ci-dessus, à savoir : « Quelle heure il est ? » ou encore « Il est quelle heure ? ».
La tendance en français oral, ajoute F. Gadet, est à « la fixité de l'ordre des mots. Ce qui fait exception au schéma canonique de type S-V-O (sujet-verbe-objet) est fragilisé ».

Revenons maintenant au déroulement envisagé pour la séquence. À partir de l'observation du tableau, l'enseignant guide la réflexion des élèves sur les points suivants :

• **L'ordre des mots est-il toujours le même ?**
Si l'on prend le **verbe** comme point de repère, on observe :
– où est placé le **sujet** par rapport au verbe. Dans la très grande majorité des cas, il est placé avant le verbe à l'oral, à sa gauche à l'écrit.
– où est placé le **mot interrogatif** (souvent en fin de question).
– où est placée la locution « **est-ce que** » (elle peut se trouver après un mot interrogatif).

26. F. Gadet, *Le français ordinaire*, Armand Colin, 1989.

• Une question partielle commence-t-elle toujours par un seul mot interrogatif ?
Les élèves remarquent qu'on peut commencer une question partielle non seulement par un mot mais par un groupe de mots constituant une expression interrogative telle que : « À quelle heure… », « Combien de… », « Quel âge… », etc.

D'autre part, il est utile de faire prendre conscience que plusieurs mots ou expressions peuvent coexister sur la même aire sémantique (par exemple : « À quelle heure », « Quand », « À quel moment », etc.).

• Valeur de la locution « est-ce que »
Toujours placée soit en tête d'énoncé, soit juste après un mot interrogatif, c'est un indicateur de question, un indice, une marque, alors que la structure de la phrase est celle d'une assertion. Cette marque n'est en soi porteuse d'aucun sémantisme. On constate en outre qu'à l'écrit comme à l'oral, les enfants l'emploient spontanément dès lors qu'ils sont conscients d'être dans une situation où ils ont à poser une question (situation scolaire notamment, ou au cours de jeux).

• Valeur de l'expression « qu'est-ce que »
Souvent, les élèves ne distinguent pas nettement la différence d'emploi entre « est-ce que » et « qu'est-ce que » et il faut attirer leur attention sur la différence morphologique entre les deux expressions. (Il n'est pas évident pour eux que « qu'est-ce que » est formé d'un mot interrogatif (« que ») suivi de la locution « est-ce que ».)

• La notion de système
Enfin, il est important de faire remarquer que, même si les schémas des formes interrogatives sont complexes et variés (et ce, d'autant plus, rappelons-le encore une fois, que la langue est de type oral), toutes les questions réunies dans le corpus sont construites selon des règles précises.

Si l'on entend couramment :

> Quand c'est qu'on mange ?

ou encore :

> C'est quand qu'on mange ?

il n'est en revanche pas possible de bousculer l'ordre des mots de façon anarchique, et de dire, par exemple :

> *Quand qu'on c'est mange ?

Autrement dit, on ne parle pas n'importe comment : **tout énoncé attesté, quel que soit le registre de langue, obéit à des régularités.** La découverte par les enfants de ces régularités abstraites constitue, là encore, une manière non normative d'entrer dans le fonctionnement et la dynamique de la langue qu'eux et nous-mêmes parlons.

2. Découverte du système des questions en anglais

L'objectif est que chaque élève s'approprie le schéma interrogatif anglais afin de lutter contre la tendance à produire des énoncés calqués sur l'ordre des mots en français.

Cela est d'autant plus difficile que les premières phrases de type interrogatif que les élèves sont amenés à apprendre et à reproduire ont le même schéma qu'en français :

Où		est	John ?
Where		*is*	*John?*
Qui		es	tu ?
Who		*are*	*you?*
Quelle	heure	est	il ?
What	*time*	*is*	*it?*

De ce fait, il est facile pour les élèves d'imaginer que la question en anglais repose sur deux éléments (le verbe/le sujet). Or, il est essentiel de leur faire comprendre dès le départ qu'elle repose non pas sur deux mais sur **trois** éléments (l'auxiliaire/le sujet/le verbe), que l'auxiliaire y joue un rôle fondamental et qu'il est porteur des marques relatives à la personne.

C'est pourquoi on ne peut se contenter du seul verbe *Be* (qui a un statut à part). Il est nécessaire de faire également travailler les élèves sur des énoncés comportant :
– des modaux comme *can*,
– *have got, has got,*
– des verbes au présent simple, ce cas étant l'exemple le plus marquant du rôle de l'auxiliaire non porteur d'un sémantisme particulier *(do, does)* ; éventuellement, *Be* comme auxiliaire *(Be + V-ing)* et non plus seulement comme verbe-auxiliaire employé seul et assurant les deux fonctions.

Ce travail sur le questionnement en anglais se fait à un moment de la progression où les élèves maîtrisent globalement une série de questions apprises lors de situations communicatives.

On peut donc partir de ce que les élèves savent déjà produire pour recueillir le maximum de questions constituant un corpus sur lequel on travaille :

Where's (Mike)?
How old (are you)?
Is John (ten)?
Is he (in the garden)?
Do you like (cats)?
Can you (swim)?
Have you got (a pet)?
How much (is it)?

Première étape : découverte de l'ordre des mots de la question

Dans un premier temps, il est conseillé de laisser de côté, pour des raisons stratégiques, les questions comportant *Be* et de ne travailler que sur les questions comportant les auxiliaires *do/does, can, have/has.*

La démarche suggérée est alors la suivante :
a) On propose aux élèves de placer dans une colonne (qu'on met au milieu du tableau) tous les mots qui indiquent de qui ou de quoi l'on parle. On obtient ainsi une **colonne centrale** dans laquelle se trouvent tous les **sujets** (au sens grammatical du terme).

b) Puis on regarde le mot placé à **droite du sujet** et on constitue une nouvelle colonne, à droite de la précédente. On sollicite alors les élèves sur le sens des mots qui se trouvent dans cette colonne. Ils découvrent que ce sont tous des **verbes.**

c) On repère ensuite dans chaque question le mot placé immédiatement avant le sujet et, à gauche de la colonne sujet, on constitue encore une colonne avec les mots correspondants. De nouveau, on sollicite un examen minutieux de la part des élèves.
L'objectif est alors de leur faire saisir la notion d'**auxiliaire.** Or celle-ci ne se construit pas aisément pour des raisons diverses dont les principales nous paraissent être les suivantes :

• Pour un écolier français à ce niveau, la représentation de ce qu'est un auxiliaire est floue ou même totalement inexistante.

• La liste des auxiliaires (si toutefois il connaît ce terme) se limite à deux, « être » et « avoir », qu'il a appris à fréquenter essentiellement pour des raisons d'ordre orthographique.

• Dans le tableau mis en place à partir des questions qu'il connaît en anglais, la colonne des auxiliaires est hétérogène : certains de ces mots sont porteurs d'un sémantisme précis (*can*, en particulier), d'autres non *(do/does)*, en premier examen en tout cas. La perception immédiate de la diversité des cas dans le domaine sémantique est, pour l'enfant, difficilement compatible avec la recherche d'un rôle commun, celui d'auxiliaire, c'est-à-dire d'aide. Ce sont sans aucun doute les manipulations conduites lors des exercices (cf. l'activité 1 et surtout l'activité 2 de la phase 3) qui, au-delà de l'identification visuelle et verbale des différents auxiliaires, constitueront le moyen le plus efficace pour faciliter la mise en place de la notion même d'auxiliaire.

On peut se demander si, au cours de ce travail, il faut ou non proposer aux élèves ce terme grammatical précis (auxiliaire), du fait de la différence de conception en français et en langue étrangère. Il semble à vrai dire utile de le leur indiquer de façon à pouvoir l'utiliser par la suite, en insistant sur la nouveauté de cet élément indispensable à la question. On s'ouvre ainsi la possibilité d'évoquer plus tard d'autres fonctions de cette catégorie grammaticale essentielle, pivot du groupe verbal en anglais.

Mais, à ce stade, il sera sans doute important :

• de rassurer les élèves sur le nombre d'auxiliaires différents. En effet, ils les connaissent déjà presque tous ;

• d'évoquer la différence avec ce qu'on appelle auxiliaire en français.

Revenons maintenant au déroulement de la classe.
Il semble utile, avant de solliciter des remarques sur le tableau construit, de le compléter de façon que toutes les questions y soient portées dans leur intégralité. Les trois colonnes centrales (celles de l'auxiliaire, du sujet et du verbe) étant remplies, il reste en effet d'éventuels éléments à placer :

– les compléments, que l'on place en dehors des colonnes sur la droite ;
– les mots ou expressions interrogatifs que l'on place à gauche de la colonne de l'auxiliaire.

Le tableau constitué se présente alors de la façon suivante :

Document n° 4
Tableau élaboré avec les élèves

	Auxiliaire	Sujet	Verbe	
	Do	*you*	*like*	*chocolate?*
	Can	*he*	*swim?*	
	Have	*you*	*got*	*a pet?*
	Where	*do*	*you*	*live?*
How many cars	*have*	*you*	*got?*	

Rappelons que l'examen de ce tableau par les enfants doit les conduire à comprendre l'importance de l'agencement auxiliaire-sujet-verbe. Pour les rendre attentifs à ce qui est pertinent, on peut user du stratagème suivant : cacher la partie droite et la partie gauche, de façon à ne laisser apparaître que les trois colonnes centrales. On sollicite alors leurs remarques.

Les élèves constatent que dans toute question :
• il y a un auxiliaire
(N. B. : À ce stade, on n'aborde pas le cas où la question porte sur le sujet, par exemple : *Who likes chocolate?*) ;
• cet auxiliaire se place invariablement à gauche du sujet et par conséquent en premier dans la chaîne parlée. (Il ne peut être précédé que par des mots interrogatifs.) C'est lui qui indique à l'interlocuteur : « Attention ! Je te pose une question », information qui, dans la question en français, est le plus souvent fournie par l'intonation montante.
N. B. : Il est possible de trouver en anglais des questions totales utilisant une forme déclarative avec un schéma intonatif ascendant (exemple : *You're coming?*), mais avec un sens spécifique, limité à certaines situations : reprise, surprise, demande de confirmation. Il paraîtrait peu judicieux d'aborder ces cas particuliers à ce stade.

On découvre alors les parties cachées du tableau complet et on fait remarquer que la présence des autres éléments ne modifie pas l'ordre auxiliaire-sujet-verbe. Enfin, en regardant la gauche du tableau, on se rend compte que les mots interrogatifs proprement dits peuvent en fait être des expressions (*how many, how old, what colour*, etc.) et qu'ils commencent tous par *Wh* ou sont des composés formés avec *How*.

Deuxième étape : les questions avec *Be*

Dans une seconde étape, toutes les questions avec ***Be*** sont systématiquement reprises.

Dans le cas où *Be* est employé seul, il remplit une double fonction, celle d'auxiliaire-verbe. Il se place alors dans la colonne de l'auxiliaire tandis que la place du verbe reste vide : on symbolise cette absence par un Ø, qui sera exploité ultérieurement. On fait constater que *Be* est un cas particulier : il peut fonctionner sur deux colonnes alors que les autres verbes utilisent nécessairement les trois colonnes. Mais la colonne vide, Ø, est en réserve : lorsque le cas de *Be* + *V-ing* sera abordé, le « vrai » verbe, celui qui est chargé de sémantisme, aura ainsi la possibilité de se placer dans la colonne des verbes, à la droite du sujet.

Le nouveau tableau se présente sous la forme suivante :

Document n° 5
Schéma mettant en évidence les trois colonnes centrales

	Auxiliaire	Sujet	Verbe	
	Do	*you*	*like*	*chocolate?*
	Can	*he*	*swim?*	
	Have	*you*	*got*	*a pet?*
Where	*do*	*you*	*live?*	
How many cars	*have*	*you*	*got?*	
Where	*is*	*the cat?*	Ø	
How old	*is*	*she?*	Ø	
	Is	*John*	Ø	*ten?*
	Are	*you*	Ø	*Algerian?*
	Are	*they*	Ø	*at home?*

On conclut en sollicitant des enfants une dernière verbalisation sur ce qui, en anglais, permet à un interlocuteur de comprendre qu'on lui pose une question :

> **C'est la place respective des mots les uns par rapport aux autres qui compte (l'agencement des mots), ainsi que la présence d'un auxiliaire avant le sujet (ou à sa gauche, à l'écrit).**

D'autre part, si, à l'issue de ce double travail sur la langue maternelle et sur la langue étrangère, on suggère aux élèves de comparer le fonctionnement respectif de chacune des langues envisagées, ils déclarent volontiers qu'en anglais le système du questionnement est finalement plus simple qu'en français : il n'y a pas de choix possible entre différents agencements selon le registre de langue. L'ordre des mots est fixe et s'impose de façon obligatoire même dans la langue orale.

Mais seule la pratique intensive permettra de ne plus transposer en anglais les indices pertinents spécifiques du français (notamment l'intonation montante placée sur une phrase de structure assertive), dont ils sont familiers depuis leur enfance. **La prise de conscience de fonctionnements différents et la « prise de confiance » qui en découle favorisent les acquisitions et permettent contrôle et éventuellement autorectification, mais elles ne remplacent en aucun cas la pratique dans la langue.**

3. Entraînement à la nouvelle démarche pour opérer le bon choix

Activité 1

Objectif : identification des énoncés interrogatifs

À partir d'énoncés écrits ou oraux, les élèves doivent reconnaître s'il s'agit d'une assertion ou d'une question.

Matériel

Deux étiquettes par élève : un point et un point d'interrogation

Mise en œuvre

L'enseignant propose d'abord des énoncés **oraux** (enregistrés de préférence de façon à s'assurer de l'authenticité du modèle présenté aux élèves). Les élèves ont deux étiquettes de ponctuation : un point et un point d'interrogation. Ils doivent lever la bonne étiquette selon l'énoncé entendu.

On peut passer aux énoncés **écrits** : l'enseignant distribue une série de phrases (ou mieux un court récit), dont le point final ou le point d'interrogation disparaît sous une tache d'encre. Les élèves doivent retrouver la ponctuation adéquate en réinvestissant ce qu'ils ont appris sur la place des éléments dans un énoncé.

En un second temps, on demandera, pour chacune des activités, d'identifier d'abord l'auxiliaire seul puis l'auxiliaire et le mot interrogatif.

Activité 2

Objectif : Appropriation du schéma de la phrase interrogative

Faciliter, par une mise en place dynamique, l'appropriation de l'agencement des éléments essentiels de la question.

Matériel

Séries de grandes cartes (cf. mise en œuvre)

Mise en œuvre

On dispose sur le bureau trois paquets de grandes cartes. Divers éléments linguistiques ont été portés sur chacune de ces cartes :

– Le paquet n° 1 est constitué de cartes comportant chacune un groupe nominal plus ou moins complexe ou un pronom personnel, destinés à être utilisés en tant que sujets.

– Sur chacune des cartes du paquet n° 2 est porté un auxiliaire. (Il est utile de signaler le caractère particulier de *Be* par une couleur spécifique.)

– Enfin, le paquet n° 3 est celui des verbes. (N. B. : Il faut inclure dans ce paquet des cartes Ø en prévision des questions où *Be* est seul et joue le double rôle d'auxiliaire-verbe.)

Sur une table annexe, on aura placé un paquet de mots interrogatifs, un autre paquet de cartes sur lesquelles figurent des éléments linguistiques (noms, adjectifs…) appartenant aux champs référentiels déjà explorés (exemples : *in the garden ; English ; chocolate ; a pet*, etc.) et… des points d'interrogation.

L'enseignant demande : de qui va-t-on parler ? Un élève choisit alors une carte dans le paquet « sujet » et vient se placer au tableau face à ses camarades.

À cette occasion, l'enseignant peut faire observer qu'il n'est guère possible de prendre pour la première question un sujet sous forme de pronom à la troisième personne (uniquement) : il faut savoir de qui l'on parle avant d'utiliser ce type de pronom (dit de « reprise » ou anaphorique)[27].

On propose alors de poser une question relative au sujet choisi.

Les élèves se concertent deux à deux ; chaque groupe de deux décide de la question qu'ils souhaitent poser ensemble. L'un des deux élèves vient choisir, parmi les verbes, celui dont il a besoin pour la question. Ce choix implique la sélection d'un auxiliaire par l'autre élève. Ainsi est mis en évidence le nécessaire couplage auxiliaire-verbe. Les deux élèves viennent ensemble se placer face à la classe, de part et d'autre de l'élève qui avait sélectionné un sujet.

27. Cf. chapitre II dans la première partie du présent ouvrage : « Genre et pronoms personnels sujets : *he*, *she* ou *it*? ».

Les trois éléments : auxiliaire/sujet/verbe étant mis en place, les élèves des autres groupes peuvent éventuellement compléter la question par un mot interrogatif et/ou un complément. On ajoute l'indispensable point d'interrogation.

Une première question est formée. Elle se prête ensuite à toutes sortes de transformations par modification d'un de ses éléments, ce qui a presque toujours un retentissement sur l'ensemble de la question. Ainsi est mise en lumière de façon parfaitement perceptible toute la dynamique du fonctionnement de la langue en tant que système : le fait d'en modifier un élément en fonction de ce que l'on veut dire a généralement une incidence sur d'autres éléments de la chaîne syntagmatique.

Activité 3

Objectif : entraînement à la compréhension rapide de questions écrites et à l'appariement question-réponse

Il ne s'agit pas cette fois de construire des questions. Celles-ci ont déjà été formulées. Ce qui est en jeu, c'est essentiellement la vitesse à laquelle s'effectue la compréhension de ces questions.

Document n° 6
Exemples de paires proposées par l'enseignant

	Questions	Answers
1	Do you like chocolate ice-cream?	*Yes, I do.*
2	Are you English?	*No, we aren't.*
3	Am I invited too?	*Yes, you are.*
4	Have you got a pet?	*Yes, I have. I've got a cat.*
5	Is your birthday in June?	*No, it isn't. It's in May.*
6	Has she got a blue bike?	*No, she hasn't. Her bike is red.*
7	Can chickens fly?	*They've got wings, but… no, they can't.*
8	Are there seven days in a week?	*Yes, there are.*
9	Where is New York?	*It's in North America.*
10	When is Hallowe'en?	*It's on October 31st.*
11	Why are you at home?	*Because I've got the flu.*
12	How will you have your coffee? black or white?	*I'll have it black, please.*
13	How old is your sister?	*She's ten.*
14	Who is a mouse: Donald or Mickey?	*Mickey is.*
15	What can we watch on TV?	*We can watch a football match.*

4. Entraînement intensif dans la langue étrangère
Situations de communication simulée ou réelle favorisant le questionnement

Le travail formel proposé ci-dessus ne doit jamais être coupé de la pratique de la langue. C'est pourquoi il convient de prévoir, pendant ou après, des phases régulières d'entraînement dans la langue. Ce retour fréquent aux situations de communication donne du sens à l'ensemble de la séquence.

Une remarque liminaire nous a paru s'imposer : celui qui pose une question est dans une position où il a la maîtrise de la situation. Or, à ce stade et à cause du choix limité des thèmes qu'ils sont en mesure d'aborder eu égard à leurs connaissances linguistiques en langue étrangère, certains enfants peuvent ressentir le fait de poser des questions et surtout d'avoir à y répondre comme une agression liée au risque qu'on entre par là dans une intimité qu'ils peuvent ne pas souhaiter dévoiler. Certains sujets fréquemment évoqués sont en ce sens apparus délicats : les questions sur les parents par exemple peuvent mettre les enfants dans l'embarras et ces moments risquent alors d'être mal vécus, ce qu'il faut bien entendu absolument éviter.

Il est un moyen simple de pallier cet inconvénient : le recours à l'imaginaire. Il suffit de donner la possibilité ou même de suggérer à tous les élèves de s'inventer une famille fictive dont les caractéristiques sont spécifiées à l'avance (et par écrit) par l'élève lui-même et auxquelles il a l'obligation de se tenir dans le dialogue avec son interlocuteur (de façon à pouvoir contrôler l'exactitude de ce qu'il dit) pendant la durée de l'exercice.

Revenons maintenant aux situations où il est nécessaire de poser des questions. Elles sont nombreuses et nous n'en citerons que quelques-unes choisies parmi celles que nous avons expérimentées.

Activité 1 : se présenter

Dès le début de l'apprentissage, le dialogue en *pair-work* portant sur diverses caractéristiques (âge, ville où l'on habite, etc.) est possible et permet la mémorisation globale des questions et réponses correspondantes.
Une variante de ce jeu peut être introduite afin d'en renouveler l'intérêt… et surtout d'élargir l'appropriation des pronoms personnels. On convient explicitement que l'élève qui répond a le droit de tricher

et de fournir une information fausse. À chaque groupe de deux est alors affecté un troisième élève dont le rôle est de juger de la véracité de l'information fournie. Après avoir écouté le mini-dialogue instauré entre les deux interlocuteurs, il déclare que, selon lui, *he(she) is right* ou, au contraire, *(I think) he(she) is cheating*. Alors que le mini-dialogue exige que les deux interlocuteurs se parlent en *I* et *you*, le troisième élève, extérieur à ce dialogue et s'adressant à la classe, doit utiliser la troisième personne pour parler de l'un d'eux.

Activité 2 : jeu du portrait

Un élève incarne un personnage à découvrir. Il vient se placer devant la classe en tenant contre lui la photo du personnage choisi (collée sur un carton standard pour qu'il n'y ait pas identification immédiate). Les élèves posent toutes les questions qui leur permettent de découvrir ce personnage. Ils n'ont le droit de poser la question directe : *Are you X?* qu'après avoir posé des questions sur les caractéristiques du personnage en question et reçu des réponses positives.

Pour rendre l'approche possible dès les premières acquisitions de vocabulaire, et pour qu'il y ait véritablement recherche d'information et mise en œuvre concomitante d'opérations de déduction à partir de l'information obtenue en langue étrangère, on demande à l'élève censé incarner un personnage de choisir entre quatre personnages qui sont connus de tous les élèves et présentés préalablement, deux hommes et deux femmes, par exemple, et, dans chaque cas, l'un plutôt âgé et l'autre plutôt jeune. Les questions posées impliquent l'utilisation correcte de *he* ou *she* et conduisent l'élève à procéder par éliminations successives. On se rend compte, à l'expérimentation de ce jeu, qu'en dépit de sa simplicité apparente, l'insertion des informations fournies dans un raisonnement de type déductif suivie de la formulation de questions en langue étrangère reste extrêmement difficile pour beaucoup d'élèves de cet âge.

Activité 3 : jeu du cadeau à offrir

Christmas presents (cadeaux de Noël)

Le Père Noël descend par la cheminée et questionne les enfants dans le but de savoir quel cadeau il va leur offrir (questions avec *you*) ou de savoir ce qu'il pourrait apporter à la petite sœur (questions avec *she*), au petit frère (questions avec *he*), ou même aux parents (questions avec *they*), ce qui permet de travailler sur le pluriel. L'activité peut être précédée d'une phase d'entraînement, où l'enseignant joue le rôle du Père Noël et questionne les élèves. Les élèves sont ensuite mis en petits groupes où chacun assume le rôle du Père Noël. On peut ainsi obtenir un enchaînement logique de questions/réponses :

> *How old is he? Well, has he got a video game?*
> *How old is she? Oh! can she walk? Can she cycle?*
> *Do they like chocolate?*

***Birthday presents* (cadeaux d'anniversaire)**

Même démarche pour un cadeau d'anniversaire à offrir à quelqu'un. On peut ainsi dresser une fiche signalétique (caractéristiques : âge, goûts, objets possédés, etc.) pour chacun des membres d'une famille, qu'on pourra réutiliser dans d'autres jeux.

Activité 4 : dessiner un monstre

Autre exercice, qui n'est en fait qu'une variante d'un jeu en passe de devenir un grand classique des exercices de compréhension orale à ce niveau[28] : le professeur (ou un élève) a dessiné un monstre sur une feuille de papier qu'il cache aux élèves. Ceux-ci posent des questions au professeur afin de dessiner ce monstre au fur et à mesure des informations reçues (si les questions ne sont pas bien posées, le créateur du monstre ne fournit pas de réponse). On confronte à la fin toutes les réalisations et le modèle.

Ce jeu permet de faire travailler les questions sur les couleurs *(What colour is his hair? What colour are his eyes?)*, les nombres *(How many legs has he got?)*, les adjectifs évoquant grandeur et formes élémentaires (*small, long, round,* etc.), et, bien entendu, le lexique relatif au corps. Il doit rester simple et suscite en général beaucoup d'intérêt.

Activité 5 : interview du professeur

Les élèves posent au professeur le maximum de questions sur lui-même, sur sa famille, sur les animaux qu'il a chez lui, etc.

28. Pour notre part, c'est à C. Loret, IUFM de l'académie de Versailles, que nous devons cette idée.

Conclusion

Construire des questions constitue une activité puissamment mobilisatrice. Les élèves, totalement maîtres du choix des sujets qu'ils souhaitent aborder, s'engagent personnellement et, visiblement, s'impliquent fortement dans leurs énoncés.

La capacité à poser des questions constitue en effet un terrain privilégié plus fortement **lié au développement de l'autonomie de l'apprenant** que la capacité à produire des énoncés assertifs.
Certes les champs référentiels abordés (identité, goûts, localisation, possession notamment) sont en nombre restreint et les possibilités d'utilisation de la langue dans chaque champ restent réduites. En revanche, les enfants peuvent déployer habilement l'éventail de leurs savoir-faire – substitutions de type paradigmatique dans la plupart des cas et fonctionnement par analogie ou par association d'idées.

Chapitre VII

To be or not to be?
Être ou avoir, un choix risqué !

« avoir n'est rien autre qu'un «être à» inversé... »[29]

Telle est la formule choisie par Benveniste pour mettre en lumière l'étroite parenté qui existe entre « être » et « avoir ». Il ajoute que dans de nombreuses langues (en arabe et en hébreu par exemple), « avoir » n'existe pas. Ces deux verbes en effet expriment fondamentalement la même valeur, ils fonctionnent en miroir. Ainsi, en français, trouve-t-on des couples de type : avoir faim/être affamé, avoir un rhume/être enrhumé.

Souligner cette parenté entre « être » et « avoir », c'est remettre en question la catégorisation communément admise (verbe d'état/verbe d'action) selon laquelle « être » est un verbe d'état tandis qu'« avoir » n'en serait pas un. Malgré sa construction transitive, « avoir » n'est en fait qu'un « pseudo-transitif »[30]. En effet, il n'implique pas un agent déclencheur d'une action qui s'exerce sur un objet qu'elle modifie : « Dans aucun de ses emplois, avoir ne se réfère à un objet mais seulement au sujet. »[31] Il suffit de se référer aux exemples cités plus haut pour comprendre cette affirmation. De là vient l'impossibilité de mettre à la forme passive des phrases construites avec « avoir ».

En dépit des apparences, c'est exactement le même cas lorsqu'« avoir » a le sens de posséder : « ce qui rend un tel passif irrecevable est le fait que « posséder » affecte, non l'objet, mais le sujet. »[32]

C'est donc le sujet de l'énoncé qui en est l'élément central. « Être » et « avoir » ne jouent là qu'un rôle de relateur entre le sujet et le terme qui renvoie à ce qui le caractérise.

Légitimation didactique à court terme

L'objectif de ce travail est de faire découvrir aux élèves que « être » et « avoir » entretiennent des relations privilégiées, à la fois à l'intérieur

---

29. E. Benveniste, *Problèmes de linguistique générale*, tome 1, p. 197, Gallimard, coll. Tel, 1966.
30. ibid. p. 194.
31. ibid. p. 198.
32. ibid. p. 199.

d'une langue comme le français, et aussi de langue à langue (français, anglais, allemand). Quel que soit le verbe employé, il s'agit d'exprimer un état.

Pourquoi retenir ce point ? Un simple examen des manuels les plus couramment utilisés témoigne de la très grande fréquence du verbe « être » dans les énoncés proposés aux élèves. Ceux-ci sont aisément mémorisés tels quels, mais la difficulté apparaît au bout d'un certain temps dès lors qu'il s'agit de produire des énoncés de structure analogue avec des sujets différents et cette difficulté est accentuée quand ils découvrent *have*. C'est alors que, quoi qu'on fasse, la langue maternelle entre en jeu. Si le français utilise le verbe « être », son équivalent anglais *be* est utilisé par l'élève ; si au contraire, le français utilise le verbe « avoir » , là où l'anglais exige *be*, l'élève, lâché hors du cadre sécurisant de la situation initiale d'apprentissage (dialogue de la leçon, *pair-work* guidé, réponse à une question), a beaucoup de mal à retrouver la structure appropriée dans la langue étrangère : du coup réapparaissent les seuls repères qui lui sont familiers, ceux de sa langue maternelle. Ainsi, on a beau faire pratiquer l'expression de l'âge en anglais,

> *How old are you?*
> *I'm 11.*

on se rend compte incidemment, à l'occasion d'une production personnelle sans cadre servant de modèle ou sans guidage de l'enseignant, que l'élève occulte ce qu'il sait produire sans erreur ou, en tout cas, ne fait pas le rapprochement entre ce qu'il a utilisé sans erreur précédemment et ce dont il a besoin pour produire sa phrase. Tel élève, voulant donner l'âge de son père, commence vaillamment son énoncé : « *My father…* » puis s'interrompt, « mais on n'a pas appris à dire avoir… ».

Ce type de confusion s'accentue lorsqu'ils apprennent l'expression de la possession, *have got*. Il arrive parfois que cette nouvelle connaissance vienne déstabiliser la précédente, et surgissent alors des erreurs nouvelles : **I have cold, *I have hungry…*

Ces constatations nous amènent à formuler l'hypothèse suivante : **en aidant les élèves à prendre conscience du lien de parenté qu'entretient « avoir » avec « être » et du rôle qu'ils jouent tous les deux dans la phrase, on peut limiter, lors du passage à une langue étrangère, les risques d'erreur liés à des fonctionnements différents selon la langue.**

C'est à dessein que nous centrerons les activités dans la langue étrangère sur l'utilisation de *be*, laissant pour l'instant de côté les énoncés avec *have*. En effet, pour ce qui concerne les critères de choix entre *be* et *have*, la source d'erreurs tient davantage à l'éloignement entre langue maternelle et langue étrangère qu'à une difficulté épistémologique de la langue anglaise.

... et à plus long terme ?

Dans cette perspective, il est plus urgent de sensibiliser les élèves à la notion d'état, alors que la notion de possession, plus facile à appréhender, ne semble pas poser de problème particulier aux élèves. Ce travail ouvre surtout tout le champ des mesures en anglais :

> *The tower is 600 metres high.*
> *The dictionary is 10 centimetres thick.*

C'est la notion de système qui est en jeu.
De plus, cette façon d'appréhender « être » et « avoir » peut faciliter l'apprentissage ultérieur des adjectifs composés, structure très usitée en anglais, qui n'a pas d'équivalent au sens strict en français :

> *She has got dark hair/She is a dark-haired girl.*
> *This man has got long legs/He is a long-legged man.*

Ces structures parallèles montrent d'ailleurs que dans le cas d'attributs physiques, la valeur de possession s'efface au profit de la caractéristique du sujet. C'est pourquoi en première année d'anglais, en l'absence d'une frontière nette entre les deux valeurs, les élèves font tant d'erreurs lorsque l'on aborde la description physique. En voici parmi les plus courantes (dans le désordre) :

> **His hair yellow*
> **He is long black hair*
> **She is blue eyes*
> **She's got hair are brown*
> **I am no glasses*
> **My best friend is brown eyes and her hair is long and fair*
> **He isn't glasses*
> **She hair yellow*

Ces erreurs en apparence éclectiques ont une seule et même origine : *be* et *have* n'ont ici qu'un rôle de copule, de lien entre le sujet et ce que l'on en dit. Les élèves le sentent intuitivement à tel point que la copule est carrément omise dans certains énoncés.

À plus long terme, ce travail constitue un premier jalon fondamental dans la mise en place progressive du système aspecto-temporel de l'anglais. En effet, la réflexion sur la notion d'état est indispensable pour aborder le présent simple : un énoncé comme *he teaches English* peut se gloser par *he is an English teacher*. Les élèves, familiarisés avec la notion d'état, aborderont plus sereinement la valeur de caractéristique du sujet de l'énoncé propre au présent simple en anglais.

Stratégie d'enseignement

Ce dossier vise essentiellement et très concrètement à éviter aux élèves de se tromper dans les cas où l'anglais exige *be* alors que pour exprimer la même idée le français requiert « avoir ».

1. « Avoir » en français, be *en anglais expriment la même idée*

Ce qui précède montre **la nécessité dans un premier temps de mettre au jour de façon explicite le type de relation créé par « être » et « avoir » en français.** Pour cela, il importe de les associer en les guidant à une démarche de découverte de la parenté « être »/« avoir », de les convaincre qu'**on peut toujours remplacer un énoncé contenant « avoir » par une phrase équivalente avec « être »**[33]. Il nous paraît essentiel à ce stade de déboucher sur une réflexion menée en commun avec les élèves sur la notion d'**état.**

Après cette étape de redécouverte du fonctionnement de la langue maternelle, les élèves peuvent aborder le fonctionnement de l'anglais : à partir de leurs propres productions en anglais et d'une réflexion à leur propos (sur les formes et les valeurs), les élèves constatent qu'**en anglais, en dehors de l'expression de la possession, le verbe qui est privilégié c'est *be*.** Puis, sans perdre de temps, il faut passer à des activités axées sur la pratique de la langue afin de renforcer l'idée qu'il n'y a pas de correspondance terme à terme entre les deux langues.

Dans la perspective qui nous intéresse – *be* en anglais à la place d'« avoir » en français – et sans oublier que nous nous plaçons en tout début d'apprentissage, il est important de circonscrire les exemples que nous

33. Attention, équivalente ne signifie pas synonyme. Il est clair que lorsque les deux formes sont en concurrence, une analyse fine du sens des énoncés ferait émerger des différences : on ne peut pas mettre le signe = entre deux énoncés paraphrastiques mais plutôt ≃.

voulons traiter. Lors des activités en anglais qui suivront, l'enseignant laissera volontairement de côté l'expression de la possession, qui, du fait de son analogie avec le français, est rarement cause de confusion. En revanche, il insistera dans la pratique orale de la langue sur la production d'énoncés relatifs à l'expression d'un état, en particulier ceux qui permettent de caractériser une personne[34], en privilégiant les cas où le français utilise « avoir ».

2. Prérequis

Il est indispensable que les élèves aient déjà à leur disposition un petit stock d'expressions contenant *be* et *have got*. Cela ne pose généralement pas de problèmes, car en début d'apprentissage, quelle que soit la méthode utilisée, on aborde ces structures très tôt dans l'année. De toute façon, cette leçon sera l'occasion d'un enrichissement lexical obligé puisque *be* appelle obligatoirement une suite. À moins de se cantonner à l'expression de l'identité, la séquence peut en fonction de la demande du groupe s'avérer très ouverte. Il est souhaitable de se servir de l'image, de mimes, de mimiques… chaque fois que c'est possible.

Il paraît utile que les élèves manient sans trop de problèmes les – ou quelques – pronoms personnels sujets.

La séquence est conçue dans le but de permettre aux élèves de produire des énoncés simples. Même si la conjugaison du verbe *be* et l'agencement syntaxique des énoncés n'ont pas encore été abordés de façon systématique, le travail dans la langue pratiqué à l'occasion de cette séquence peut renforcer ou mettre en place ces éléments (entraînement aux questions, place de la négation, etc.).

---

34. Les élèves disposent déjà d'une bonne quantité de lexique dans ce domaine.

Tableau récapitulatif de la démarche

	Objectifs visés	Activités de l'élève	Savoirs et savoir-faire mis en lumière	Type d'organisation	Matériel nécessaire
1. Redécouverte du fonctionnement du français		Observation d'un corpus constitué à partir d'énoncés proposés par les élèves et l'enseignant	Les verbes pleins « être » et « avoir »	Groupe-classe	Doc. n° 1
	Repérage de la parenté entre « être » et « avoir »	Jeu des gloses sur les énoncés contenant le verbe « avoir » : Exprimer la même idée avec « être » (activité 1) *Comprendre, construire*	On peut toujours remplacer un énoncé contenant « avoir » par une phrase équivalente avec « être » : **« être » et « avoir » expriment la même valeur.**	Travail individuel	Doc. n° 2
	Découverte de la notion d'état	Examiner le corpus et dégager quelle information les phrases donnent sur le sujet (activité 2) *Observer, comprendre*	**« être » et « avoir » permettent de caractériser le sujet. Ils servent à exprimer un état.**	Groupe-classe	Doc. n° 3
		Comparer deux énoncés (activité 3) *Comparer, déduire*	Différenciation entre état permanent et état temporaire	Groupe-classe	
	Les différentes valeurs de « être » et « avoir »	Classer les énoncés en fonction de leur sens (activité 4) *Observer, analyser, discriminer* *Classer*	**« être » et « avoir » permettent d'exprimer des caractéristiques multiples du sujet.**		

	Objectifs visés	Activités de l'élève	Savoirs et savoir-faire mis en lumière	Type d'organisation	Matériel nécessaire
2. Réflexion sur l'anglais *be* ou *have got* ?	**Valeurs respectives de *be* et *have got***	Parler de soi : construire des énoncés avec *be* ou *have got* (activité 1) *Produire, parler*	Les énoncés que l'élève sait construire avec *be* et *have*	Chaque élève à tour de rôle	
		Comparer les champs de référence selon que les énoncés utilisent *be* ou *have got* (activité 2) *Observer, comprendre*	En anglais, on utilise *have got* pour parler de ce que possède le sujet de l'énoncé ; on utilise *be* pour les autres cas.	Groupe-classe	Doc. n° 4
	Valeurs de *be* : de la propriété définitoire à l'expression d'un état passager	Classer les énoncés en fonction de leur sens Différencier état permanent et état temporaire (activité 3) *Observer, analyser, discriminer* *Classer*	Différenciation entre **caractéristique définitoire** *(I'm French)* et **état transitoire** *(I'm happy)*	Groupe-classe	Doc. n° 5
3. Entraînement dans la langue étrangère	**Automatisation des procédures de contrôle**	**Retour aux situations de communication** Jeu des associations (activité 1) Jeu du mime (activité 2) Jeu des contraires (activité 3) *Pair-work* (activité 4)	**Mise en relation du sujet et de sa caractéristique dans différentes situations**	Groupe-classe Groupe-classe Groupe-classe Groupe-classe	Images et figurines

Mise en œuvre de la séquence d'enseignement

1. Réflexion sur le français

Réalisation d'un corpus d'énoncés

L'enseignant demande aux élèves de recueillir ou de constituer un corpus d'une dizaine d'énoncés avec des sujets différents à chaque fois – cinq avec « avoir », cinq avec « être » – où ceux-ci seront verbes pleins et non auxiliaires, conjugués au présent.

Il dépouille ces corpus et prélève un éventail représentatif des différents champs référentiels abordés. Il ajoutera les exemples pertinents négligés, en particulier ceux qui nous intéresseront directement pour l'anglais. On n'écartera pas en français les tournures complexes. En revanche, l'éventail sera nécessairement limité lorsqu'on travaillera en anglais.

L'enseignant distribue aux élèves un tableau dans lequel les énoncés retenus sont écrits sur deux colonnes, une pour « être », une pour « avoir », en prenant soin de ne jamais mettre deux énoncés l'un en face de l'autre.

Document n° 1
Exemple de corpus

Être	Avoir
	Ma sœur a les cheveux blonds
	J'ai dix ans
	J'ai deux chats
	Le bébé a sommeil
	Le voisin a une super voiture
	Les enfants ont eu très peur
	On a soif
	J'ai du travail
	On a faim
	Tu as de la chance
	Le professeur a toujours raison
	Tu as tort
	Ma petite sœur a un rhume
	Il y a des rats dans le grenier
	Cet immeuble a cinquante mètres de haut
	J'ai envie d'aller au cinéma
	Il y a des nuages dans le ciel

Être	Avoir
Maman est secrétaire	
Il est en colère	
Il est en retard	
Cette montre est en or	
Papa est gentil	
Ma sœur est un peu râleuse	
Adva est un bébé	
Il est sans travail	
Ma voiture est dans le parking	
Mon père est pompier	

Analyse du corpus et correspondances sémantiques

Activité 1 : découverte de la relation entre « être » et « avoir »

Mise en œuvre

L'enseignant demande aux élèves de trouver pour chacun des énoncés contenant « avoir » une glose avec « être ». Précisons ce que l'on attend par glose : ce n'est pas forcément un énoncé qu'ils produiraient spontanément, ce sont même parfois des énoncés non attestés (non utilisés) mais qui restent grammaticalement corrects et compréhensibles ; d'ailleurs un même énoncé pourra avoir plusieurs gloses.

Il est clair que l'on ne parlera pas de glose aux élèves. L'exercice peut faire l'objet d'un jeu présenté de cette façon :

« Supposons que vous n'ayez pas à votre disposition le verbe avoir, comment feriez-vous pour exprimer la même idée avec le verbe être ? »[35]

Les gloses du tableau qui suit (doc. n° 2) ont été proposées par des élèves. Nous n'en avons gardé qu'une par énoncé mais l'activité a donné lieu à des réponses multiples, originales et judicieuses.

35. Prendre garde à ne pas proposer l'inverse, car « être » et « avoir » ne sont pas exactement symétriques l'un de l'autre.

Document n° 2
Exemples de gloses

Être	Avoir
Les cheveux de ma sœur sont blonds	Ma sœur a les cheveux blonds
Je suis âgé de dix ans	J'ai dix ans
Deux chats sont à moi	J'ai deux chats
Le bébé est fatigué	Le bébé a sommeil
La voiture du voisin est super	Le voisin a une super voiture
Les enfants ont été effrayés	Les enfants ont eu très peur
On est assoiffés	On a soif
Je suis occupé	J'ai du travail
On est affamés	On a faim
Tu es chanceux	Tu as de la chance
Le professeur est toujours dans le vrai	Le professeur a toujours raison
Tu es dans l'erreur/dans le faux	Tu as tort
Ma petite sœur est enrhumée	Ma petite sœur a un rhume
Des rats sont dans le grenier	Il y a des rats dans le grenier
Cet immeuble est haut de cinquante mètres	Cet immeuble a cinquante mètres de haut
Mon envie est d'aller au cinéma	J'ai envie d'aller au cinéma
Des nuages sont dans le ciel	Il y a des nuages dans le ciel

À l'issue de ce travail, on sollicite les remarques des élèves. Ils expriment à leur façon le constat suivant : on peut remplacer « avoir » par « être » et la phrase dit à peu près la même chose. On peut justifier la démarche, en leur expliquant que dans certaines langues, « avoir » n'existe pas. Si des élèves ont une langue d'origine différente du français, peut-être diront-ils comment cela se passe dans leur langue.

Activité 2 : découverte de la valeur de caractéristique du sujet ; mise en lumière de la notion d'état

Il convient alors de revenir sur l'ensemble des énoncés du corpus (colonne « être » et « avoir ») qu'on aura préalablement numérotés. Tous ces énoncés, apparemment très éclectiques, présentent un point commun : ils permettent de caractériser le sujet de l'énoncé. C'est le premier pas pour amener progressivement les élèves à se familiariser avec la notion d'état.

Document n° 3
Tableau distribué aux élèves

	Être	Avoir	De qui de quoi parle-t-on ?
1		Ma sœur a les cheveux blonds	
2		J'ai dix ans	
3		J'ai deux chats	
4		Le bébé a sommeil	
5		Le voisin a une super voiture	
6		Les enfants ont eu très peur	
7		On a soif	
8		J'ai du travail	
9		On a faim	
10		Tu as de la chance	
11		Le professeur a toujours raison	
12		Tu as tort	
13		Ma petite sœur a un rhume	
14		Il y a des rats dans le grenier	
15		Cet immeuble a cinquante mètres de haut	
16		J'ai envie d'aller au cinéma	
17		Il y a des nuages dans le ciel	
18	Maman est secrétaire		
19	Il est en colère		
20	Il est en retard		
21	Cette montre est en or		
22	Papa est gentil		
23	Ma sœur est un peu râleuse		
24	Adva est un bébé		
25	Il est sans travail		
26	Ma voiture est dans le parking		
27	Mon père est pompier		

Mise en œuvre

L'enseignant distribue le tableau aux élèves et leur demande de remplir la colonne de droite. Il guide les élèves par des questions :

• Dans ces phrases, de quoi, de qui parle-t-on ?

Une fois le tableau rempli, on constate que les réponses correspondent aux **sujets** des phrases du tableau.

• Est-ce qu'il y a dans ces phrases une information sur ce que **fait** le sujet de l'énoncé ?
Les élèves répondent que non. On aboutit dans un premier temps à une sorte de définition en creux de ce que ce n'est pas. Les élèves concluent sans difficulté que **ce n'est pas une action.**

• Qu'exprime la phrase alors ?
Elle indique non pas ce que fait le sujet mais ce qu'il est, comment il est, ce qu'il a… en bref, une **caractéristique du sujet de l'énoncé.** On serait plutôt du côté de l'expression d'un état.

Activité 3 : différenciation entre état permanent et état temporaire

Il importe de faire prendre conscience aux élèves que cet état peut être permanent ou temporaire, en les faisant réfléchir sur des énoncés sans ambiguïté.

Mise en œuvre

L'enseignant choisit alors deux énoncés qui, à première vue, semblent très éloignés l'un de l'autre d'un point de vue sémantique. Par exemple :

> Le rectangle est un parallélogramme.
> Le bébé a faim.

• Existe-t-il un rapport entre ces deux énoncés ?
Tous deux expriment un **état** du sujet de l'énoncé (dans un cas il s'agit d'une propriété définitoire, dans l'autre d'un état réversible[36]). Ils illustrent bien l'étendue de la notion d'état et par la même occasion le parallélisme entre « être » et « avoir ».

On peut poursuivre la réflexion en leur soumettant deux énoncés plus ambigus. En effet, sortis de leur contexte, certains énoncés ne permettent pas de savoir si l'état dont il est question est permanent ou temporaire : ainsi, « il est grincheux » peut vouloir dire « il est grincheux ce matin » ou « c'est un râleur ».

Activité 4 : les différentes valeurs de « être » et « avoir »

On peut maintenant affiner la notion d'état en invitant les élèves à faire des regroupements en fonction du sens des énoncés.

Mise en œuvre

L'enseignant demande aux élèves de classer les états et d'opérer des

36. Il suffit de nourrir le bébé !

regroupements en fonction du sens. Il exploite ensuite les suggestions des élèves pour définir différents champs de référence. À titre d'exemple, on peut envisager les catégories suivantes :

– ce qui permet d'identifier, c'est-à-dire les caractéristiques et traits distinctifs du sujet de l'énoncé (identité, origine, âge, métier, propriété, etc.).
– ce qui permet de localiser dans l'espace le sujet de l'énoncé.
– ce qui permet de parler de ce qui appartient au sujet de l'énoncé.

Ce travail sur la langue maternelle aura permis de bousculer les représentations figées des élèves relatives aux différences supposées entre « être » et « avoir », au profit d'une fonction identique : **lien entre le sujet de l'énoncé et ce que l'on en dit.**

C'est ce résultat essentiel qui va nous permettre d'aborder maintenant le problème en anglais.

2. Réflexion sur l'anglais : be *et* have *ne sont pas le calque de « être » et « avoir »*

Qu'expriment les énoncés contenant *be* et *have* ?

En première année d'apprentissage, les élèves disposent très tôt d'un stock d'expressions leur permettant de parler d'eux. Or, la plus grande partie de ces expressions – pour ne pas dire toutes – utilise *be* et *have got.* Voici à titre d'exemple le déroulement possible d'une séquence qui a pour but d'amener les élèves à découvrir eux-mêmes la valeur centrale d'énoncés contenant *be.*

Partons de ce qu'ils connaissent déjà, pour mener avec eux une réflexion métalinguistique sur leurs propres productions en langue étrangère. Rappelons que notre objectif principal dans ce dossier est de mettre en lumière la logique d'un système qui apparaît à première vue comme arbitraire aux élèves (en anglais on dit « je suis dix ans ! »). Il convient donc dans un premier temps de leur remettre en mémoire le maximum d'items lexicaux, d'expressions contenant *be* et *have got.*

Activité 1 : production d'énoncés authentiques contenant *be* et *have got*

Mise en œuvre

L'enseignant demande aux élèves de donner une information les concernant. Attention : chaque élève prend la parole à tour de rôle pour faire une phrase en anglais, mais il ne doit pas réutiliser la même expression que le camarade qui l'a précédé. Par exemple si un élève donne son nom, le suivant doit trouver autre chose à dire sur lui-même. Cette contrainte a l'avantage de balayer le plus grand nombre possible d'expressions connues. Afin de permettre à tous de s'exprimer, il serait judicieux d'interroger les élèves plus faibles ou plus timides en priorité.

C'est l'occasion de réactiver les structures apprises globalement, en situation, au cours de l'année (ou des années) précédente(s). Selon la période où la séquence aura lieu, les élèves proposeront surtout des énoncés commençant par le pronom *I* (à l'exception peut-être de l'incontournable *my name's...*).

> *I'm Andrew*
> *I'm French*
> *I'm from Algeria*
> *I'm ten*
> *I'm at school*
> *I've got two sisters*
> *I've got a cat*
> ...

Activité 2 : mise en lumière des valeurs de *be* et *have*

Mise en œuvre

L'enseignant récapitule sous forme écrite les énoncés produits par les élèves de façon à obtenir un échantillonnage des différents champs de référence connus à ce stade (doc. n° 4).

Document n° 4
Exemple de corpus proposé à la réflexion des élèves

1	*I'm Andrew*
2	*I'm French*
3	*I'm from Algeria*
4	*I'm ten*
5	*I'm at school*
6	*I've got two sisters*
7	*I've got a cat*
8	*I'm tall*
9	*I've got brown eyes*
10	*I've got short hair*

Il demande aux élèves d'observer attentivement les énoncés. Puis, en les guidant par des questions, il amène les élèves à décortiquer l'énoncé en prenant garde de ne jamais séparer la morphosyntaxe du sens. Les parenthèses reprennent des formulations correctes d'élèves après tâtonnements et discussions souvent passionnées. Le professeur n'intervient que pour recentrer le débat (car c'en est un !) et valoriser les réflexions intéressantes.

– De qui parle-t-on dans chacune de ces phrases ?
(de moi)
– Qu'est-ce qui dans la phrase indique de qui je parle ?
(I)
– Qu'est-ce que j'en dis ?
(mon nom, mon âge, mon origine, ma nationalité, etc.)
– Où se trouve ce que je dis à propos de moi ?
(à la fin de l'énoncé)
– Qu'y a-t-il entre ce dont je parle *(I)* et ce que j'en dis ?
('m, 've got)
– Savez-vous ce que c'est ?
(« être » et « avoir »)
– Est-ce que cela correspond à ce que l'on dirait en français ?
(oui, sauf pour l'âge)
– Est-ce que cela vous paraît bizarre ?
(non)
– Pourquoi ?
(On a remarqué en français que les phrases contenant « avoir » pouvaient se paraphraser avec des phrases équivalentes contenant « être ». De la même façon, certaines phrases avec « avoir » en français se retrouveront avec *be* en anglais.)
– Examinez à nouveau les énoncés au tableau. Quand doit-on utiliser *be* et *have got?*
On arrive alors à la conclusion suivante :

> **En anglais, on réserve *have got* pour parler de ce que « possède » le sujet de l'énoncé. Pour toutes ses autres caractéristiques, on utilise *be*.**

À propos des caractéristiques du sujet : de la propriété définitoire à l'expression d'un état passager

Activité 3 : différenciation caractéristique permanente/état transitoire

On peut maintenant affiner la réflexion en introduisant des phrases nouvelles (si elles n'ont pas été proposées par les élèves au cours de la première activité). Il s'agit d'élargir le champ référentiel des élèves pour qu'ils n'associent pas systématiquement l'idée de caractéristique à celle de propriété définitoire (nom, nationalité, etc.).

Document n° 5
Exemple de corpus de *be*

1	*I'm Andrew*
2	*I'm French*
3	*I'm from Algeria*
4	*I'm ten*
5	*I'm at school*
6	*I'm happy*
7	*I'm cold*
8	*I'm tall*
9	*I'm tired*
10	*I'm fine*

L'enseignant demande aux élèves de réfléchir sur une paire d'énoncés (par exemple le 1 et le 7). Les élèves découvrent rapidement que certaines propriétés du sujet sont permanentes (le nom, la nationalité) alors que d'autres sont transitoires (les sentiments ou sensations que l'on éprouve…).

3. Entraînement dans la langue étrangère : mise en relation du sujet et de sa caractéristique

C'est le moment de mettre en place et de faire pratiquer des items lexicaux nouveaux, usuels, utiles en situation de communication. Il est très important aussi que les élèves se rendent compte que le sujet de la phrase, ce n'est pas toujours *I*, car on ne peut pas passer son temps à parler de soi-même.

Activité 1 : jeu des associations

Objectif : production de phrases affirmatives

Matériel

Figurines, images

Mise en œuvre

À l'aide de figurines ou de mimes, l'enseignant introduit des adjectifs caractérisant des personnages. Il prononce l'adjectif plusieurs fois, puis un élève fait une phrase pour décrire l'état en associant au sujet ce que l'on veut en dire.

Exemples :

> *elephant/big* → *The elephant's big.*
> *lesson/difficult* → *The lesson's difficult.*

On insistera tout particulièrement sur les constructions qui exigent *be* alors que le français utilise « avoir ». C'est l'occasion d'introduire des adjectifs comme *hungry, thirsty, afraid, sleepy, cold, hot, right, wrong*, etc.

Activité 2 : jeu des mimes

Objectif : production de *yes/no questions*

Mise en œuvre

L'enseignant mime un état que les élèves doivent découvrir en posant des questions du type : *Are you cold, tired...?*

L'élève qui a trouvé le premier mime à son tour un état que ses camarades doivent découvrir.

Activité 3 : jeu des contraires

Objectif : production de phrases négatives

Mise en œuvre

On divise la classe en deux équipes. Chaque fois qu'un élève exprime un état, un élève de l'équipe adverse doit immédiatement réagir en disant le contraire. L'équipe marque un point si l'élève a simplement rajouté *not* à la phrase précédente → *I'm not cold.* Elle en marque deux s'il a trouvé l'adjectif opposé *(I'm hot).*

Selon le niveau et l'enthousiasme de la classe, on peut varier les paires d'adjectifs. En voici quelques-unes à titre d'exemple : *small/big, tall/short, nice/horrible, cold/hot, right/wrong, old/young, happy/sad, fine/tired, furious/pleased, lucky/unlucky,* etc.

Activité 4 : *pair-work*

Objectif : production orale semi-guidée

Mise en œuvre

L'enseignant donne le cadre du mini-dialogue à produire : « Votre camarade vous dit comment il se sent. Vous vous étonnez. À votre tour vous lui dites comment vous vous sentez. »
Exemple :
Élève A : *I'm cold.*
Élève B : *Are you ? I'm very hot.*

Conclusion

Grâce à ce type d'approche – où la réflexion sur la pratique langagière permet une régulation –, nous espérons progressivement convaincre les élèves que contrairement aux apparences, au-delà des différences de surface, les langues ne sont pas le règne de l'arbitraire. On peut en comprendre les logiques internes.

Chapitre VIII

Quand un égale deux : les deux présents

Introduction

L'apprentissage des deux présents en anglais est source de difficultés notoires chez les apprenants francophones, difficultés qui perdurent pendant de longues années. Anne Trévise, dont la thèse[37] remarquable nous a servi de cadre de référence pour la partie théorique, a une formule choc à propos de la forme en *be + ing* : c'est, selon elle, « un défi lancé aux didacticiens », car il est extrêmement difficile de trouver une valeur centrale aisément transmissible aux apprenants.

Faut-il pour autant différer son apprentissage et priver les élèves de tout un champ de possibilités d'expression dont on peut difficilement faire l'économie ? Faut-il l'enseigner en occultant – comme c'est souvent le cas en début d'apprentissage – les problèmes particuliers qu'il pose ? Nous proposons la démarche inverse : **initier une réflexion sur le système de la langue maternelle pour aborder celui de l'anglais muni d'outils, de repères, de concepts qui pourront faciliter l'apprentissage ultérieur.**

Légitimation linguistique

Rappelons qu'il n'y a pas de rapport bi-univoque entre marqueurs (formes) et valeurs (sens). De façon générale, les formes linguistiques, c'est-à-dire les mots et les marques (marqueurs de type terminaisons, etc.) ont presque toujours plusieurs valeurs. Réciproquement, chaque valeur peut être exprimée par plusieurs marqueurs.

Dans le cas du présent, les formes verbales n'ont pas une valeur et une seule ; d'où la nécessité du contexte pour déterminer parmi toutes les valeurs possibles la valeur pertinente. Le sujet énonciateur construit cette valeur en fonction du contexte. C'est aussi grâce au contexte que l'auditeur la reconnaît.

---

37. A. TRÉVISE, *Le prétérit, ce passé pas si simple*, p. 397, Érasme, 1990.

1. Le présent en français

Les formes linguistiques ont plusieurs valeurs et chaque valeur peut être exprimée par différents marqueurs, avec des nuances de sens plus ou moins grandes. En français, le présent permet de renvoyer à de l'actuel, du passé (présent de narration), de l'avenir, il permet aussi d'exprimer des valeurs d'hypothétique. On regroupe ces valeurs en deux grands groupes : celles qui renvoient au temporel, celles qui renvoient au modal. Ainsi, un énoncé au présent simple peut « tremper » dans un bain de supposition (valeur modale) : la présence de « imagine… » devant un paragraphe au présent (« tu vois une fée… ») déclenchera aussitôt l'interprétation d'une valeur modale, celle de la rupture avec le réel. Dans ce cas, la valeur temporelle n'est plus pertinente.

Pour ce qui concerne les valeurs temporelles, le présent permet de parler non seulement d'une action en cours, mais aussi passée ou future, ou hors du temps. Retenons, pour simplifier, les valeurs temporelles de base suivantes :
- renvoi à l'actuel (processus en déroulement au moment où l'on parle),
- itération,
- généralité,
- renvoi à l'avenir,
- renvoi au passé.

2. Le présent en anglais

Pour exprimer toutes ces valeurs, la langue anglaise dispose de deux présents, le présent simple et le présent *be + ing*, et non d'un seul comme le français.

Avec le présent simple, l'énonciateur présente ce qu'il dit comme une vérité en soi, indépendante de tout point de vue particulier, un constat général. On parle de valeur générique :

> *He plays the piano.*

En fait, cet énoncé ne renvoie pas à un moment particulier où on entendrait du piano ; en d'autres termes, il ne décrit aucune occurrence particulière de l'action *play*. Il exprime davantage un état, une propriété que l'on attribue au sujet. C'est pourquoi le présent simple s'utilise pour des habitudes, des actions répétées, des vérités d'ordre général[38]...

Le présent *be + ing* véhicule des valeurs de base assez diversifiées mais nous nous intéresserons uniquement à sa valeur aspectuelle d'inaccompli ; par rapport au moment où l'on parle (qui sert de repère), l'action n'a pas encore atteint son terme :

> *They are sleeping.*
> (Ils ne sont pas réveillés : ils dorment.)

Sur le plan pédagogique, nous retiendrons l'opposition entre ces deux valeurs essentielles :

- celle de **propriété attribuée au sujet de l'énoncé** :

> *He plays the piano.*

- celle d'**inaccompli** :

> *They are sleeping.*

Légitimation didactique

La dimension aspecto-temporelle illustrée par les « deux présents » de l'anglais est trop complexe pour que les élèves puissent l'inférer avec exactitude même dans le cas d'une pratique intensive de la langue dans le cadre de la classe.

Comment l'élève, pour qui la représentation d'une langue reste souvent un calque pur et simple de sa langue maternelle à la langue étrangère, pourrait-il imaginer que deux formes en anglais correspondent à une seule en français ? La non-correspondance quantitative frappe beaucoup les enfants. Ils l'acceptent assez volontiers sur des items lexicaux, homophones ou homonymes ; ils comprennent alors, grâce à leur expérience, que certains mots sortis de leur contexte puissent être ambigus. Il leur est beaucoup plus difficile de se rendre compte de l'ambiguïté de toute une phrase si le contexte ne permet pas de construire correctement la référence.

Par exemple, « Ma mère, elle fait ses courses à Carrefour » peut être interprété selon le contexte comme « En ce moment elle est à Carrefour et fait ses courses » ou bien comme « C'est à Carrefour qu'elle fait généralement ses courses et pas ailleurs ».

38. Nous laissons volontairement de côté la valeur spécifique du présent simple, du type *here comes the bus*, car c'est la valeur générique qu'il nous importe d'introduire en début d'apprentissage.

Comment, dès lors, comprendre qu'en anglais, grâce au choix qu'effectue le locuteur entre deux formes, cette ambiguïté est totalement levée ? Et comment opérer le bon choix lorsque l'on est francophone ?

Évoquant ce fait de langue précis lors d'un entretien publié dans *Forum*[39], Wilga Rivers affirme :
« After all, there is no way in which learners of English are going to guess the existence of a way of expressing continuousness in time relationships as in the present progressive ».
(Après tout, comment les apprenants d'anglais pourraient-ils deviner qu'il existe une forme verbale comme le présent progressif pour exprimer l'aspect inaccompli ?[40])

L'évolution des manuels de 6e depuis quatre ou cinq décennies témoigne des hésitations dans la stratégie à adopter pour traiter cet obstacle. En effet, après une longue période où, dans les textes proposés, le présent simple était privilégié, on assiste à la disparition quasi-totale de ce dernier (pendant la première année d'apprentissage) au profit du *present continuous*, à la faveur de la grande diffusion d'un manuel[41] dans lequel ce choix avait été fait, eu égard à la nature des textes et des illustrations proposés. Les manuels récents, au contraire, n'opèrent pas de choix : ils présentent les deux formes en fonction des situations de référence retenues. Cependant ces formulations « figées » ne préparent guère les enfants à distinguer quels sont les critères opérationnels pour effectuer un choix plutôt qu'un autre.

La question est certes extrêmement complexe, mais sans doute est-ce là une raison de plus pour fournir à l'enfant quelques repères utiles, même si ces derniers n'épuisent pas la diversité des cas que nous propose la langue. En l'absence de ces repères clairement identifiés, que peut faire l'apprenant sinon procéder au hasard ou se construire des critères qui, comme une recherche nous en a fourni de nombreux exemples, s'avèrent souvent totalement erronés[42] ? Ces représentations précoces risquent alors d'être particulièrement difficiles à faire disparaître et peuvent entraver le développement ultérieur de l'apprentissage.

---

39. W. RIVERS, *Reflections on Language Learning and Teaching*, English Teaching Forum, The American Embassy, Vol XXIX, number 1, January 1991.

40. Notre traduction.

41. P.-M. RICHARD et W. HALL, *L'anglais par l'illustration*, Hachette, 1972.

42. Ceux-ci sont issus de la recherche « Articulation École-Collège », INRP. Cf. *Teaching and learning, lehren und lernen, les langues vivantes en 6e*, INRP, 1988.

En fait, on se trouve en face d'une double problématique, dont l'aspect contradictoire n'est qu'apparent : d'une part on peut faire l'hypothèse que la connaissance d'un certain nombre d'éléments du système aspecto-temporel de la langue maternelle peut servir de cadre de référence lors de l'apprentissage des moyens dont dispose l'anglais pour exprimer les mêmes valeurs : **une meilleure connaissance du système verbal du français peut aider à mieux entrer dans celui de l'anglais.** Mais en même temps il s'agit de montrer que **les deux systèmes ont un fonctionnement autonome**, et que l'on ne peut donc pas plaquer l'un sur l'autre, ou déduire l'un à partir de l'autre.

Les élèves sont en général imprégnés depuis leur petite enfance du système français. Il importe de leur faire saisir que la langue « re-présente » la réalité, elle la « re-construit ». Or diverses constructions sont possibles et la catégorisation qu'opère le français n'a rien d'universel. L'anglais et le français sont deux systèmes différents, non superposables. En français, les phénomènes aspectuels se manifestent peu dans les formes verbales alors qu'en anglais, le choix des marques verbales en fonction de l'aspect permet d'identifier immédiatement le sens précis que le locuteur entend donner à son énoncé. Pour entrer dans le fonctionnement de l'anglais, il faut donc accepter cette autre vision du monde, où l'« intention de signifier » de l'énonciateur est essentielle.

De plus, les élèves ont du mal à distinguer la langue de la réalité : pour référer à un événement extralinguistique et le représenter, celui qui parle est obligé d'utiliser la langue. Il est donc tenu d'utiliser un verbe existant dans cette langue et de combiner son intention de signifier avec toutes les contraintes sémantiques, morphosyntaxiques, aspecto-temporelles de la langue choisie. Aborder des notions fondamentales telles que le repérage temporel (actuel/révolu/avenir) et l'opposition processus/état — qui peut faire écho au travail sur « être » et « avoir » – est à la fois directement utile dans l'étude qui nous intéresse ici, mais peut servir aussi plus tard lors de l'apprentissage de formes verbales plus complexes.

Cette prise de conscience préalable peut faciliter la compréhension des deux présents en anglais en illustrant la diversité des moyens qu'emploient les langues pour assurer une même fonction. Dans ce cas, il est justifié d'écrire :

1 = 2

puisqu'**un seul temps (en français) égale deux temps (en anglais).**

Tableau récapitulatif de la démarche

	Objectifs visés	Activités de l'élève	Savoirs et savoir-faire mis en lumière	Type d'organisation	Matériel nécessaire
1. Découverte du fonctionnementdu français	**Image claire du fonctionnement du français**	**Réflexion collective sur les valeurs du présent en français** • Constitution d'un corpus de phrases comportant des verbes d'action au présent	En français, le temps présent peut renvoyer à : – des moments différents (futur et passé inclus) – des vérités générales – l'expression d'un état, d'une caractéristique – des actions qui se répètent	Travail individuel à la maison	
	Mise en lumière de deux concepts de portée générale	• Classement des phrases selon leur sens *Trier, classer, catégoriser, verbaliser* • Reconnaissance de la valeur associée au présent	***1. Il n'y a pas toujours de correspondance entre le temps réel (extralinguistique) et le temps grammatical (présent).*** ***2. À une forme peuvent correspondre plusieurs valeurs.***	Travail collectif en classe Travail individuel	Doc. n° 1 Doc. n° 2
2. Découverte du fonctionnement de l'anglais	**Image claire du fonctionnement de l'anglais**	**Découverte des deux formes de présent et de leur valeur respective** Repérer les marqueurs précis correspondant à chaque valeur	• **En anglais, il y a deux présents :** – le présent simple pour parler d'une caractéristique du sujet – le présent en *ing* **La négation ne change pas la valeur de la forme verbale.**	Groupe-classe	Doc. n° 3 « La maison de l'anglais » Doc. n° 4
	Mise en lumière d'un concept de portée générale	Repérer le marqueur de négation dans un énoncé *Observer, déduire*	***Il n'y a pas de correspondance terme à terme entre deux langues.***		

	Objectifs visés	Activités de l'élève	Savoirs et savoir-faire mis en lumière	Type d'organisation	Matériel nécessaire
3. Entraînement à la nouvelle démarche pour opérer le bon choix	**Identification de l'obstacle**	Savoir associer chaque forme à la situation d'énonciation correspondante (activité 1) *Visualiser, différencier, déduire*	**Mise en place d'un nouveau système de repérage**	Travail individuel	Doc. n° 5 & n° 6
	Identification de la valeur des deux présents	Savoir reconnaître la valeur en situation (activité 2) *Écouter, comprendre, identifier, justifier*		Groupe-classe	Cartons rouges et verts Figurines de métiers
		Repérer les contradictions (activité 3 : *Who is mad?*) *Lire, comprendre, identifier*	**Différencier les caractéristiques intrinsèques du sujet d'un énoncé et les actions en cours**	Travail individuel	Doc. n° 7
4. Entraînement intensif dans la langue étrangère	**Automatisation des procédures de contrôle**	**Retour aux situations de communication** Produire des énoncés contrastés avec les deux présents (activité 4) *Imaginer, produire, mimer*	**Développer des compétences communicatives par la pratique langagière** **Appropriation des deux présents et de leur valeur respective :** • action en cours • caractéristique du sujet	*Pair-work*	Images d'animaux Liste de verbes d'action

Mise en œuvre de la séquence d'enseignement

1. Découverte du fonctionnement du français : plusieurs valeurs, une seule forme

Cette première phase, directement en prise sur le fonctionnement du français, trouve sa place en dehors du cours de langue. Elle s'insère parfaitement dans une séquence de français sur les valeurs temporelles.

Recueil d'un corpus de phrases au présent

La première étape s'articule autour d'un corpus d'énoncés produits par les élèves. La consigne donnée par l'enseignant pour constituer ce corpus est la suivante : « Écrivez quatre phrases en utilisant des verbes d'**action**[43] **au présent.** »

Cette consigne utilise volontairement un vocabulaire relativement flou qui donne matière à discussion et réflexion avec les élèves. Est-ce que tel verbe est un verbe d'action ? Qu'est-ce qu'une action ? Qu'est-ce qu'un état[44] ? Quels sont les rapports entre langue et réalité ?...

L'enseignant recense les phrases produites par les élèves. Il peut éventuellement en ajouter de façon à obtenir un éventail aussi complet que possible des valeurs de base du présent français[45].

Réflexion collective sur les valeurs du présent en français

Il demande ensuite aux élèves de classer ces phrases d'après leur sens général. Après discussion, on aboutit à une classification de ce type :

1. on parle de quelque chose qui se passe en ce moment
2. on parle de quelque chose qui se répète
3. on parle de quelque chose qui était vrai dans le passé, qui est vrai maintenant, qui sera vrai dans l'avenir
4. on parle de quelque chose qui va arriver, qui va avoir lieu plus tard
5. on parle de quelque chose qui a eu lieu dans le passé
6. on parle de quelque chose qui n'est pas réel

Le classement ci-dessus reprend les termes proposés par les élèves au cours de la discussion. Les quatre premières valeurs sont en général trouvées sans difficulté même si la démarcation n'est pas toujours claire

43. Cette précision est essentielle pour la suite du travail, lorsque se posera le problème du choix entre les deux présents en anglais.
44. Pour plus de détails sur la notion d'état, on pourra se reporter au au chapitre VII de cette partie.
45. Cf. le sous-chapitre « Légitimation linguistique » du présent chapitre.

entre habitude (qui réfère plutôt à un sujet grammatical animé humain) et itération (où le sujet de l'énoncé peut être inanimé).

La référence au passé, en revanche, ne leur apparaît pas d'emblée. L'enseignant leur soumet alors des énoncés de son cru pour susciter le débat. En effet, tout le monde n'est pas du même avis :

« Le train part à l'instant » peut, suivant la situation d'énonciation, être interprété comme coïncidant avec le moment où l'on parle, ou référer à un moment déjà révolu, même s'il est à peine dissocié du moment où l'on parle.

De même pour :

> Le film commence à l'instant.
> J'arrive tout juste.

Si la classe est friande de cette activité, on peut aller un peu plus loin et proposer par exemple :

> Hier, je **rentre** chez moi, la maison était sens dessus dessous...

Il s'agit là d'un présent de narration, autre valeur du présent en français. À partir de ce dernier exemple, il importe de dégager avec les élèves les contraintes discursives qui autorisent ou non des énoncés de ce type : d'abord il faut qu'il y ait une volonté de narration, ces énoncés doivent être insérés dans un discours dont ils constituent le premier énoncé – ce pourrait être la suite de « Tu sais pas ce qui m'est arrivé ?... Hier, je rentre chez moi... ».

L'enseignant peut ensuite reprendre au tableau les différentes valeurs trouvées par les élèves, en dissociant ce qui est de l'ordre de la linguistique (le temps grammatical) de ce qui est de l'ordre de l'extralinguistique :

Document n° 1
Les différentes valeurs du présent en français

Langue française	Réalité
Présent	1. action qui se passe en ce moment
	2. action qui se répète dans le passé, le présent et l'avenir
	3. action vraie dans le passé, le présent et l'avenir
	4. action à venir
	5. action passée
	6. action imaginée, hors de la réalité

Une fois ces valeurs bien dégagées, commentées et comprises, on peut passer à un exercice portant sur la reconnaissance de la valeur associée au présent suivant le contexte.

Reconnaissance de la valeur associée au présent simple

L'enseignant propose aux élèves une série de phrases au présent simple avec en regard les valeurs possibles en colonnes. On se contentera des valeurs 1, 2, 3 et 4, à savoir la référence à l'actuel, à l'habitude, à la propriété et à l'avenir, en ayant soin de choisir des énoncés non ambigus.

Document n° 2
Exemple de corpus corrigé

Consigne : « Pour chacun de ces énoncés au présent, cochez la valeur qui convient. »

	Valeurs de ces présents français	bientôt	au moment où je parle	habituellement
1	Regarde l'avion qui décolle.		+	
2	Mon père fume beaucoup.			+
3	Ma mère travaille à Paris.			+
4	J'habite à Paris.			+
5	En août je pars au bord de la mer.	+		
6	Est-ce que tu regardes la télé le mardi soir ?			+
7	Qu'est-ce que tu fais demain ?	+		
8	Hé ! Qu'est-ce que tu fais ?		+	
9	Je ne vais jamais à Paris.			+
10	Je vais à Paris demain.	+		
11	Tu es encore en train de jouer !		+	
12	Chut ! Je travaille !		+	
13	Elle arrive toujours en retard.			+
14	Quand fais-tu tes devoirs ?			+
15	Je ne peux pas venir. Je fais mes devoirs.		+	
16	Tu m'écoutes, dis ?		+	
17	Je fais du volley le mercredi après-midi.			+
18	Mercredi, je ne vais pas à la piscine.	+		
19	Les Anglais boivent beaucoup de thé.			+
20	Qu'est-ce que tu dis ?		+	
21	Qu'est-ce que tu prends au petit-déjeuner ?			+
22	Samedi, on fait une fête.	+		
23	Je lis surtout des bandes dessinées.			+
24	J'arrive !		+	
25	Je n'aime pas les épinards.			+

La correspondance entre le présent et les valeurs qui lui sont associées ne pose en général pas de problème aux élèves, dans la mesure où les énoncés proposés sont non ambigus.

Mise en lumière du rôle du contexte

Il importe de faire suivre immédiatement cet exercice d'un autre du même genre, mais en ayant soin cette fois de glisser dans le nouveau corpus[46] des énoncés ambigus, c'est-à-dire sans contexte suffisamment explicite pour décider de la valeur à lui attribuer. On propose un énoncé comme :

> Je fais de la musique.

S'ensuit une discussion guidée par l'enseignant :

• **Question de l'enseignant :** Pourquoi cet énoncé est-il ambigu ?
La discussion collective aboutit en général assez rapidement. Les raisons avancées tournent autour de l'absence de contextualisation : la situation dans laquelle cette phrase a été prononcée n'est pas explicite. Hors contexte, rien ne permet de choisir entre les valeurs 1 (actuel) et les valeurs 2 ou 3 (vrai dans le passé, le présent, le futur).

• **Question de l'enseignant :** Que faudrait-il ajouter à cet énoncé pour être en mesure de choisir l'une des deux valeurs ?
De nombreuses propositions sont avancées par les élèves, toutes pertinentes, par exemple :
A : « Arrête ton tintamarre ! »
B : « Mais je fais de la musique ! »

• **Question de l'enseignant** : Quelle valeur peut-on maintenant associer à l'énoncé ?
La valeur 1, car l'action est en cours, elle se passe **en ce moment**, elle n'est pas terminée au moment où l'on parle.

• **Question de l'enseignant** : Je garde la même phrase de départ et j'ajoute : « tous les dimanches ». Est-ce que le temps de mon verbe a changé ?
Réponse : Non.

• **Question de l'enseignant :** Est-ce que la valeur associée à l'énoncé est la même ?
Réponse : Non. C'est la valeur 2 ou 3 qui est en cause.

46. Celui-ci pourra être plus court, environ une dizaine de phrases.

Cette fois, les jalons sont posés pour aborder la notion de **caractéristique du sujet de l'énoncé**, essentielle pour comprendre le fonctionnement du présent en anglais.

2. Découverte du fonctionnement de l'anglais : deux valeurs, deux formes

« La maison de l'anglais »

La métaphore de la « maison » peut aider les élèves à visualiser la différence de fonctionnement entre le français et l'anglais.

Dans la maison du français, le présent est une grande pièce qui peut accueillir à la fois les valeurs d'actuel et de caractéristique du sujet. En revanche, dans la maison de l'anglais, cette grande pièce est partagée en son milieu par une cloison. Suivant ce que l'on veut dire, on va d'un côté ou de l'autre. Selon que l'on veut parler de ce qui se passe en ce moment ou d'une caractéristique, il faudra emprunter une direction différente.

À ce stade de l'apprentissage, les élèves connaissent déjà un certain nombre de verbes d'action courants. L'enseignant en choisira un dans ce stock pour montrer la différence entre langue française et langue anglaise. Il dessine au tableau le schéma suivant :

Document n° 3
« La maison de l'anglais »

Je parle d'une caractéristique du sujet de l'énoncé (présent simple)	**Je parle de ce qui se passe en ce moment** (présent *BE* + *ing*)
I Ø play (football) **2 mots**	*I am playing (football)* **3 mots**
Pronom personnel + Verbe	Pronom personnel + aux. *BE* + Verbe

L'enseignant ne manquera pas d'attirer l'attention des élèves sur la forme de chacun des énoncés. Il insistera en particulier sur la nécessité des trois mots à droite. Il peut déjà nommer ce présent : présent *BE + ing* par opposition au présent simple.

Rappelons que notre objectif immédiat n'est pas la production de n'importe quel énoncé, mais bien la mise en place de la relation entre des marqueurs précis (les formes grammaticales des deux présents) et leurs valeurs (leur sens). C'est pourquoi, afin de ne pas se disperser, on se bornera dans un premier temps à présenter la première personne du singulier à la forme affirmative, à l'exclusion des autres. Les élèves peuvent ainsi identifier la différence avec le fonctionnement du français. Ils l'expriment ainsi :

> **En anglais il existe deux présents (au lieu d'un seul en français) pour exprimer deux valeurs différentes.**

Remarque : et la négation ?

Malgré la complexité des formes de surface, liée à l'emploi de deux auxiliaires différents, nous ne pouvons laisser de côté les problèmes d'introduction d'une négation dans les deux cas. Encore une fois, il s'agit surtout d'effleurer ces questions non pas dans une perspective de production d'énoncés, mais plutôt de compréhension, en donnant aux élèves le moyen de repérer le marqueur de négation.

Aborder la négation nous paraît important pour la raison suivante : les élèves ont tendance à penser que lorsqu'il y a deux possibilités — comme c'est le cas d'après le schéma en deux parties — l'introduction d'une négation dans un énoncé nous fait automatiquement glisser de l'autre côté. En fait, ils ne saisissent pas toujours la portée de la négation : elle ne change pas la valeur de la forme verbale, elle porte simplement sur l'activité.

Document n° 4 La négation

	Je parle d'une caractéristique du sujet de l'énoncé		**Je parle de ce qui se passe en ce moment**
+	I Ø *play tennis*	+	*I'm working*
–	*I don't play the piano*	–	*I'm not playing*

3. Entraînement à la nouvelle démarche pour opérer le bon choix

Ces quelques prémisses étant posées, l'enseignant procède immédiatement à des activités centrées sur l'association des marqueurs aux valeurs correspondantes. Ces exercices de reconnaissance du lien entre une forme et sa valeur sont indispensables. Ils aideront l'élève à se construire dans la langue étrangère un nouveau système de repérages qui lui permettra d'opérer de plus en plus rapidement les bons choix.

Activité 1

Objectif : identification de la valeur des deux présents

Matériel

Photocopies des documents n° 5 et n° 6

Mise en œuvre

Il s'agit d'un exercice individuel, dont le support est volontairement de l'écrit, afin de permettre à chaque enfant de visualiser chacune des deux formes et de lui laisser le temps qu'il faut pour associer chacune à la situation d'énonciation correspondante. Le vocabulaire nécessaire aura été élucidé au préalable. L'enseignant pourra adapter cet exercice ou y ajouter des énoncés permettant de rebrasser des verbes d'action déjà rencontrés.

Document n° 5 Action en cours ou caractéristique du sujet ?

Consigne : «Voici quatre séries de deux phrases. Recopie chacune d'entre elles sous la bande dessinée qui convient (document n° 6). »

1	*I paint houses.* *I'm painting my house.*
2	*I repair machines.* *I'm repairing my car.*
3	*I hunt animals.* *I'm hunting a lion.*
4	*I write books.* *I'm writing a letter.*

Correction de l'exercice :

1. *I hunt animals.* **2.** *I'm hunting a lion.* **3.** *I repair machines.* **4.** *I'm repairing my car.* **5.** *I write books.* **6.** *I'm writing a letter.* **7.** *I paint houses.* **8.** *I'm painting my house.*

Document n° 6
À distribuer aux élèves avec le document n° 5

1. ....

2. ....

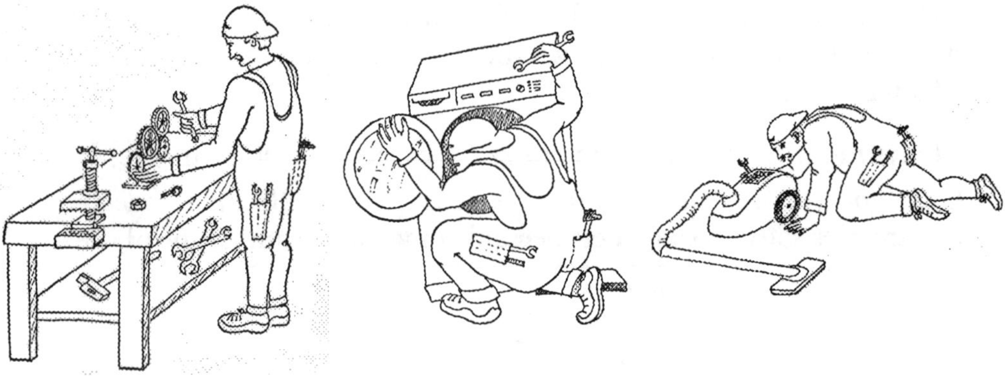

3. ....

4. ....

Document n° 6 (page 2)

1. ....

2. ....

3. ....

4. ....

Activité 2

Objectif : identification de la valeur en situation

Matériel

– un petit carton rouge et un vert (pour chaque élève)
– figurines représentant des métiers *(taxi-driver, singer, teacher, cook, gardener,* etc.)

Mise en œuvre

Le choix du métier présente un grand intérêt pédagogique, car le métier fait partie des **caractéristiques intrinsèques** du sujet. Cela aide considérablement les élèves à comprendre ce qui est en question lorsque l'on utilise le présent simple.

Chaque élève a sur la table devant lui deux petits cartons, l'un vert, l'autre rouge.

Consigne de l'enseignant : « Je vais mimer une action simple et dire quelque chose à propos de moi (ou plutôt du personnage que je suis censé être). Si ce que je dis est vrai, levez le carton vert, si c'est faux, levez le carton rouge. »

L'enseignant lève une figurine représentant un personnage ayant un métier caractéristique (chauffeur de taxi, peintre en bâtiment, chanteur, cuisinier, policier, professeur, laveur de carreaux, etc.). Il se présente : *I'm a window-cleaner.* Il mime une action, par exemple « conduire une voiture ». Il dit :

– *I'm smoking :* les élèves doivent lever un carton rouge.
ou
– *I clean windows :* les élèves doivent lever un carton vert.
ou
– *I'm cleaning windows :* les élèves doivent lever un carton rouge.

Si le niveau du groupe le permet, on peut introduire des phrases négatives comme *I'm not cleaning windows :* les élèves doivent lever un carton vert.

Voici à titre d'exemples quelques phrases possibles : *I drive a taxi, I'm eating, I'm smoking, I arrest gangsters, I sing songs, ...*

À chaque fois les élèves doivent justifier leur choix. Les discussions qui s'ensuivent sont souvent passionnées et éclairent progressivement les valeurs associées aux formes.

Activité 3

Objectif : reconnaissance portant sur l'association de deux énoncés (l'un pouvant comporter une négation)

Matériel

Photocopie du document n° 7 (distribué à chaque élève)

Mise en œuvre

Travail écrit individuel, corrigé collectivement dans la foulée. L'enseignant pourra ajouter d'autres énoncés sur le même modèle.

Document n° 7 Who is mad?

Consigne : « Voici une liste de personnages qui parlent d'eux-mêmes. Certains de ces personnages sont fous : ils disent deux choses qui ne peuvent pas être vraies en même temps. Retrouvez les fous et barrez ce qu'ils disent.

ATTENTION : vous ne les voyez pas au moment où ils parlent, donc vous ne savez pas ce qu'ils sont en train de faire ! »

1. *Peter : I'm smoking. I don't smoke.*
2. *Jane : I eat apples. I'm eating an orange.*
3. *John : I don't play the piano. I'm playing the piano very well.*
4. *Mary : I speak English. I'm speaking English.*

Cet exercice difficile malgré les apparences, corrigé collectivement, donne lieu à une réflexion affinée des phénomènes. En principe les personnages « fous » sont Peter et John, mais les élèves se plaisent à imaginer des situations d'énonciation extrêmes où deux énoncés improbables seraient possibles.

4. Entraînement intensif dans la langue étrangère

Activité 4

Objectif : production d'énoncés contrastifs (présent simple, présent *Be + ing*)

Matériel

Images d'animaux

Mise en œuvre

Il s'agit d'un jeu de devinettes à effectuer en *pair-work*. À partir de deux phrases, chacune correspondant à une valeur du présent (caractéristique ou action en cours), le partenaire doit trouver le nom de l'animal présenté.

L'enseignant distribue à chaque élève une image, parmi un choix d'images d'animaux qu'ils connaissent bien. Cette image doit rester secrète. Au tableau est inscrite une liste de verbes d'action connus (complétée éventuellement par d'autres qui pourraient s'avérer utiles pour l'activité).

Consignes de l'enseignant :
« Imaginez que vous êtes maintenant l'animal dont vous avez l'image. Votre camarade devra découvrir de quel animal il s'agit.
1. Trouvez d'abord une action qui caractérise votre comportement habituel (courir vite, manger des feuilles, boire du lait, etc.). Faites la phrase correspondante en anglais avec le verbe d'action correspondant.
Exemple : *I eat mice.*
Votre partenaire peut proposer une solution.

2. Imaginez ensuite une autre action (caractéristique de l'animal) et, cette fois, mimez-la en disant à votre partenaire ce que vous faites.
Exemple : *Now I'm drinking milk.*
Votre camarade doit découvrir le nom de l'animal. »

Autre exemple :

> *I sleep in the garden.*
> *Now I'm playing with a ball.*

→ *a dog*

Conclusion

Tout au long de cette séquence – qui peut prendre plusieurs séances selon le temps que l'on y consacre et le degré d'approfondissement que l'on veut atteindre –, il est important de garder clairement à l'esprit les objectifs que l'on s'est assignés :
– d'une part montrer aux élèves, sur un exemple précis, que le français et l'anglais n'ont pas des fonctionnements parallèles,

– d'autre part mettre en place des jalons pour qu'ils puissent retrouver, au moment où ils auront à construire des énoncés personnels, une démarche qui leur évite des erreurs ou leur permette du moins de les corriger de façon plus autonome.

Deuxième Partie

Prolongements pédagogiques et didactiques

Chapitre I

Activités complémentaires pour la classe

1. Les jours de la semaine en anglais

Introduction

La première partie de l'ouvrage s'ouvrait sur une approche multilingue des jours de la semaine. Nous avons fait le choix, qui peut sembler paradoxal, d'introduire la notion de système dans toute sa complexité et sa richesse, à partir d'un contenu très simple, les jours de la semaine. **Une fois que cette notion a été présentée, une fois que quelques principes de base ont été décrits et illustrés à travers différentes langues, le travail sur un système spécifique donné prend beaucoup plus de sens. C'est pourquoi nous proposons ici un dossier pédagogique portant sur l'appropriation et l'exploitation des jours de la semaine en anglais.**

En effet, au-delà de l'apprentissage d'ordre lexical apparemment simple (réduit le plus souvent à l'apprentissage des formes phoniques et graphiques), **les jours de la semaine peuvent maintenant être abordés dans le cadre d'une approche raisonnée et d'une sensibilisation à la dimension culturelle du langage.** Les élèves ont été entraînés à des savoir-faire méthodologiques (écoute, observation, classement, etc.). Parallèlement, ils ont découvert la richesse culturelle de mots jusqu'alors considérés simplement comme des outils langagiers.

Il paraît indispensable de montrer au moins une fois comment les savoirs/savoir-faire s'organisent entre eux, quels liens les unissent, quelle est la cohérence de l'ensemble. Grâce à la simplicité du contenu, quels que soient les choix retenus par l'enseignant parmi les multiples pistes proposées, l'élève pourra entrer de plain-pied, sans inquiétude, dans ce nouvel univers. Il pourra très vite découvrir que les mots ont une histoire, les associer pour construire ses premiers énoncés, s'essayer à parler et à écrire en adoptant de nouvelles règles.

Les diverses activités proposées dans les pages qui suivent sont ordonnées et répondent à des objectifs linguistiques précis, en particulier :
– l'apprentissage/la mémorisation du lexique (de la forme phonique des mots à leur forme graphique, en vérifiant à chaque étape que forme et sens sont associés) ;
– l'introduction de références culturelles destinées à aider l'élève à mémoriser le sens d'un mot et sa forme graphique.

Toute la démarche à visée strictement linguistique peut être transférée à l'apprentissage d'autres mini-systèmes (mois de l'année, nombres). Les premières connaissances présentées pourront être réinvesties à l'occasion d'autres apprentissages. En outre, nous avons souhaité présenter une grande variété d'activités pédagogiques, la plupart aisément transférables à d'autres domaines lexicaux.

Les différentes activités et fiches proposées ne le sont qu'à titre indicatif. À l'enseignant d'y puiser au fil de l'année ce qui lui paraît utile et motivant pour l'élève.

Tableau récapitulatif de la démarche

		Objectifs visés	Activités de l'élève	Savoirs et savoir-faire mis en lumière	Type d'organisation	Matériel nécessaire
1. Objectif linguistique	1.1. Compréhension	Reconnaissance auditive de la série ordonnée des jours (forme phonique)	Associer forme phonique et mot écrit (activités 1 à 3) *Écouter, reconnaître, mémoriser, classer*	La série des jours de la semaine suivant l'ordre du calendrier anglais	Groupe-classe	Une série de sept *flashcards* (mots écrits) par élève + une série pour la classe
		Repérage des régularités	Associer forme phonique/sens : /dei/ (activité 4) *Discriminer, analyser*	La forme /dei/ qui se répète à chaque fois a un sens	Groupe-classe	Une série de sept *flashcards* (initiales de chaque mot)
		Apprentissage du lexique en associant forme et sens	Dire l'équivalent français du mot entendu (activité 5) *Écouter, comprendre, transférer*	Correspondance avec le français	Groupe-classe	
	1.2. Production	Justesse des phonèmes et repérage de l'accent	Production orale de la liste complète et ordonnée des jours (activités 1 et 2) *Écouter, repérer, répéter*	**En anglais, tous les noms ont une syllabe accentuée**	Groupe-classe	La série de *flashcards* (jours écrits) pour la classe
	1.3 Entraînement	Mémorisation ordonnée de la liste des jours et automatisation	Activités 1 et 2 *Écouter, parler*		Deux équipes	Deux séries de noms de jours sur des papiers pliés

	Objectifs visés	Activités de l'élève	Savoirs et savoir-faire mis en lumière	Type d'organisation	Matériel nécessaire
2. Objectif linguistique et culturel	**Mise en lumière de l'histoire des mots**	Connaissances culturelles (activité 1) *Écouter*	Découverte des légendes vikings	Groupe-classe	Série de *flashcards* (dessins ou symboles associés aux jours de la semaine)
		Associer les symboles (références) et les mots qui désignent les jours de la semaine (activité 2) *Lire, associer*	L'histoire des mots en éclaire la graphie	Travail individuel	Doc. n° 1 & n° 2 (tableau à compléter)
		Associer forme phonique, graphique et référence culturelle (activité 3) *Écouter, lire, associer, mémoriser*	L'histoire des mots aide à mémoriser leur graphie	Groupe-classe	Série de *flashcards* (jours écrits en entier)
3. Repérage temporel	**Les jours de la semaine et les déictiques**	Calculer le jour à partir d'un repère mobile *Écouter, déduire*	*Yesterday/Today/Tomorrow*	Groupe-classe Travail individuel	Doc. n° 3
4/5. Pratique de la langue	**Appropriation et transferts**	Jeux communicatifs et entraînement à l'écrit *Construire et comprendre des énoncés simples, tester ses connaissances*	Compétences communicatives (de compréhension et d'expression)	Différent selon les activités choisies	Fiches d'activités écrites pour les élèves

Mise en œuvre de la séquence d'enseignement

1. Objectif linguistique : réactivation du lexique

Si la première partie du dossier a été mise en œuvre, les élèves ont déjà entendu (et mémorisé pour certains) les jours de la semaine en anglais. Le travail qui suit pourra alors être accéléré.

1.1. Compréhension orale de la forme phonique des mots et association à leur forme graphique

Matériel

– Pour l'enseignant : une série de sept étiquettes[1]. Sur chacune est inscrit un jour de la semaine (on peut garder la graphie utilisée précédemment évitant les lettres à risque).
– Pour chaque élève : la même série dans une enveloppe.

Activité 1 (activité collective)

Les élèves n'ont pas encore le matériel écrit à leur disposition.
Consigne : L'enseignant demande aux élèves de se concentrer sur la suite de mots qu'ils vont entendre. Puis il dit les jours de la semaine en anglais, en suivant l'ordre du calendrier anglais. Il commence ainsi par *Sunday*. Un élève volontaire affiche au tableau les sept étiquettes dans l'ordre. La classe réagit, corrige. Cette activité est rapide car les élèves ont déjà entendu ces mots à l'occasion du travail comparatif interlangue.

Activité 2 (même activité à titre individuel)

L'enseignant retire le modèle du tableau. Il fait sortir les étiquettes individuelles et demande aux élèves de les placer dans l'ordre qu'ils entendent.

Activité 3 : repérage de chacun des mots hors de la série

L'enseignant lance un mot. Au signal, les élèves doivent lever l'étiquette correspondante. Cet exercice doit être mené très rapidement. On peut partager la classe en deux et compter les points.

---

1. Afin de préparer les activités ultérieures (cf. page 268, chapitre II de cette partie : comptine alliant les jours et les couleurs ayant le même son), la couleur des *flashcards* peut être choisie en fonction du son de la voyelle de la syllabe accentuée : *Sunday - Honey, Monday - Russet, Tuesday - Blue, Wednesday - Red, Thursday - Purple, Friday - White, Saturday - Black*. Le même matériel pourra alors être utilisé pour mémoriser la comptine.

Activité 4 : repérage des régularités et des variations (rappel)

On peut reprendre rapidement ou adapter les activités de la première partie : qu'est-ce qui revient de façon systématique ? /dei/. À quoi cette forme correspond-elle ? (= jour).

Activité 5 : vérification de la relation entre la forme phonique et le sens

Il est souhaitable à ce stade de vérifier que tous les élèves associent correctement le mot entendu à son équivalent français. L'enseignant dit un jour de la semaine en anglais, les élèves doivent donner à tour de rôle le plus rapidement possible son équivalent français. Ce passage par le français pour vérifier le sens reste, à ce stade, le moyen le plus direct, dans la mesure où les élèves n'ont encore que très peu d'éléments à leur disposition. Le risque d'interférence reste minime puisqu'il s'agit d'un ensemble bijectif, où chaque mot de la langue A a son exact homologue dans la langue B.

1.2. Production (mise en place de la prononciation)

Jusqu'à présent, seul l'enseignant a prononcé les mots renvoyant aux sept jours de la semaine.

Il est temps maintenant de passer à la mise en place d'une prononciation correcte de la part des élèves. Cette deuxième étape, incontournable, préalable à tout travail (des élèves) autour de l'écrit, repose sur écoute, répétition et mise au point phonologique (phonèmes et accents de mots).

Matériel

La même série de sept étiquettes

Activité 1 : mise en place des phonèmes

Répétition ordonnée et collective avec modèle donné à voix haute, puis avec une amorce muette : l'enseignant prononce alors le mot silencieusement en pointant l'étiquette correspondante.

Activité 2 : repérage de l'accent tonique

Répétition collective de la liste en frappant dans les mains sur la syllabe qu'on entend le plus (syllabe accentuée).
On découvre que tous ces noms ont une syllabe accentuée.

1.3. Entraînement

▒ Activité 1 : mémorisation de la liste ordonnée

L'enseignant lance *Sunday* et le fait répéter à un élève. Les élèves suivants, désignés du doigt au hasard – ce qui les oblige à une constante vigilance –, doivent donner le nom du jour qui suit sans aucune hésitation.

▒ Activité 2 : entraînement en vue de la mise en place d'automatismes

Matériel

Deux séries d'étiquettes (on peut garder la graphie utilisée précédemment évitant les lettres à risque).

Mise en œuvre

Le groupe-classe est divisé en deux équipes, A et B. Un élève est désigné dans chaque équipe pour commencer. L'enseignant place les étiquettes à l'envers : les mots ne sont pas visibles. Le premier joueur de l'équipe A retourne l'une des étiquettes et lit le mot. Son voisin de droite doit enchaîner et ainsi de suite. En cas d'erreur (de mot ou de prononciation) ou en cas d'hésitation, c'est l'équipe B qui prend le relais, corrige l'erreur et continue ainsi jusqu'au dernier joueur.
Dès que tous les joueurs d'une équipe ont parlé d'affilée sans erreur, l'équipe marque un point et elle tire une nouvelle étiquette.
Il importe que ce jeu soit conduit rapidement de façon à mettre en place un automatisme, mais il faut aussi veiller très soigneusement à la correction phonologique de ce que disent les élèves.

2. Objectif linguistique et culturel : aborder la graphie à travers les références culturelles

▒ Activité 1 : les mots ont une histoire (présence du passé dans les mots)

Matériel

Une série de *flashcards* (étiquettes) comportant les symboles associés aux jours de la semaine : soleil ✷ *(Sunday)*, lune ◗ *(Monday)*, guerre *(Tuesday)*, casque de viking *(Wednesday)*, éclair ϟ+ bang ! *(Thursday)*, amour ❤ *(Friday)*, Saturne *(Saturday)*.

Mise en œuvre : l'enseignant conte des histoires

L'enseignant installe au tableau les symboles et laisse les élèves s'exprimer sur leur sens : le soleil, la lune et Saturne ne nécessitent pas d'explication particulière, l'image suffit. En revanche, les symboles relatifs aux dieux vikings appellent quelques développements. L'enseignant peut apporter quelques éléments se rattachant aux légendes vikings concernant ces dieux ou conter ces légendes en français. Les élèves en sont très friands[2]:

– Tyr : dieu de la guerre
– Woden : dieu des dieux, connu aussi sous le nom d'Odin. Dieu de la sagesse qui a la science de toutes choses.
– Thor : ennemi des géants et des trolls
– Freya : déesse de l'amour

Activité 2 : découverte de la graphie et association du symbole (référence) au jour de la semaine qui lui correspond

Les élèves, sensibilisés à la question de l'origine des jours de la semaine, grâce au travail préalable en français, ne seront pas étonnés des nouvelles relations qu'on leur présente. En anglais aussi, les jours de la semaine ne sont pas une création arbitraire, chaque mot a une histoire qui est singulière même si elle recoupe parfois celle des mots français.

Rappelons que jusqu'à présent les élèves n'ont pas encore vu les mots dans leur graphie complète puisque les lettres dites à risque ont été évitées sur les étiquettes. L'enseignant distribue aux élèves le tableau qui suit (graphie complétée) et leur demande de le remplir en suivant les consignes (document n° 1).

Document n° 1 Tableau distribué aux élèves

Consigne : Voici dans la troisième colonne les jours de la semaine tels qu'ils doivent être écrits en anglais.

1. Place les noms qui suivent dans la case qui convient : *Saturn, Thor, the Sun, Freya, the Moon, Tyr, Woden*. Souligne les lettres du jour de la semaine qui t'ont servi d'indice.

2. Dessine le symbole ou l'emblème qui correspond à chaque origine.

2. A. Boucher, *Contes et légendes des Vikings*, Pocket Junior Mythologies, 2000. L. Haraldson, *Contes et légendes Vikings*, Pleine Lune Contes et légendes, Nathan, 2002.

Il est clair que l'intitulé des colonnes fait apparaître des mots anglais qui risquent d'être lus mentalement à la française. Il sera utile que l'enseignant lise le tableau à haute voix afin de minimiser ce risque.

The days of the week			
Symbols, Emblems	Elements of the solar system	The days of the week	Viking gods
		SUNDAY	
		MONDAY	
		TUESDAY	
		WEDNESDAY	
		THURSDAY	
		FRIDAY	
		SATURDAY	

Document n° 2 Tableau complété

The days of the week			
Symbols, Emblems[3]	Elements of the solar system	The days of the week	Viking gods
✷ the Sun	the SUN →	SUNDAY	
◗ the Moon	the MOON →	MONDAY	
War		TUESDAY	← TYR
King of gods		WEDNESDAY	← WODEN
↯ Thunder		THURSDAY	← THOR
♥ Love and fertility		FRIDAY	← FREYA
	SATURN →	SATURDAY	

Activité 3 : association forme phonique/forme graphique à partir du symbole

Matériel

Une série de *flashcards* où sont inscrits les jours de la semaine en anglais

Mise en œuvre

L'enseignant place au tableau les symboles et sur son bureau les flashcards. Il dit un nom de jour en anglais. Un élève désigné vient

3. Il est entendu que les élèves dessinent simplement le symbole.

choisir le mot écrit correspondant au mot entendu et le placer à côté de son symbole.

3. Se repérer dans le temps : Yesterday/Today/Tomorrow

Rappelons que le repérage dans le temps fait partie des apprentissages fondamentaux : mettre en relation les déictiques (hier, aujourd'hui, demain) avec un repère donné n'est pas forcément facile pour tous les élèves, surtout dans la langue étrangère. Cet entraînement est nécessaire pour faciliter le repérage temporel. Il peut prendre une forme ludique (jeu par équipes…).

L'enseignant affiche les symboles représentant « hier », « aujourd'hui » et « demain ». Il énonce deux phrases correspondant au jour réel et laisse les élèves deviner la réponse :
Ex. : *Yesterday was Sunday. Today is Monday. Tomorrow will be…*
Utilisés dans cette situation, *was* et *will be* ne posent pas de problème de compréhension. Certains élèves s'en souviendront lorsqu'ils les rencontreront à nouveau lors d'un conte par exemple.

L'exercice peut être repris ultérieurement sous forme écrite et utilisé comme exercice d'entraînement ou test d'évaluation (document n° 3).

Document n° 3

Complete this grid.

yesterday	today	tomorrow
Sunday	Monday	
	Saturday	
		Friday
	Wednesday	
Thursday		
Friday		
		Saturday

4. Jeux communicatifs : insertion des mots renvoyant aux jours de la semaine dans des situations communicatives

Un exemple : le jeu du calendrier de rendez-vous

Matériel pour chaque élève

Un jeu d'étiquettes où sont inscrits les jours de la semaine en langue étrangère.
Un jeu d'étiquettes où sont inscrits au verso les noms des membres de la famille *(father, sister...)*, des professions *(doctor, dentist, mecanic...)*, et des lieux *(cinema, restaurant, zoo, stadium, park)*, avec les images correspondantes au recto.

Chaque enfant doit établir le calendrier des rendez-vous conformément aux indications données par le professeur.

Déroulement du jeu

On prend comme repère le jour où a lieu le travail.
Le professeur dit par exemple : « Nous allons supposer que nous sommes en Angleterre. Qu'est-ce qui serait marqué aujourd'hui sur un calendrier anglais ? »
Chaque élève pose alors l'étiquette correspondante devant lui : *Monday.*

Le professeur va indiquer ensuite les différents rendez-vous. Il dit par exemple :

> *I'm going to the dentist's in 3 days' time.*

Au signal, les élèves doivent prendre l'étiquette *Thursday* et la montrer.
Le jeu continue :

> *I'm going to Mary's in 2 days' time.*
> *I'm going to London in 4 days' time.*

Après chaque énoncé, les élèves montrent l'étiquette du jour indiqué.

Une variante de ce jeu, que l'on peut introduire ultérieurement, consiste à leur demander de mettre côte à côte d'une part l'étiquette « jour de la semaine », d'autre part l'étiquette « lieu » (ou « personne visitée »).

N. B. : Il est clair que ce jeu ne peut être introduit que lorsque les élèves connaissent les premiers nombres. Pour faire comprendre les noms de professions, l'enseignant peut s'aider de gestes et de figurines.

5. *Activités écrites récréatives*

Les fiches qui suivent peuvent avoir des fonctions diverses : travail individuel qui a l'avantage de faire tomber l'excitation après une activité orale collective, test d'évaluation des connaissances, devoir à la maison, outil à la disposition des élèves pour faire patienter ceux qui ont fini leur travail avant les autres, etc.

The days of the week and the letters of the alphabet

Game 1: Take the odd one out!

Which letter is not part of the group?

W W S S T T F M

Game 2: Finish the words!

Here are the vowels of the alphabet. Each one is part of the stressed syllable of a name of a day of the week.

- Find the letters before and after these vowels and write them in red.
- Complete the names in blue.

.... a ....

.... e ....

.... i ....

.... o ....

.... u ....

Solutions

Game 1

Un W est en trop, les sept autres lettres correspondant aux jours de la semaine.

Game 2 (le rouge est représenté en italique, le bleu est souligné)

S A *T* URDAY
W E *D* NESDAY
F *R* I *D* AY
M O *N* DAY
S U *N* DAY

Game 3: Colour the letters of the alphabet with the colour of their pronunciation. Colour the days with the coloured letters.

A H J and K are GREY / ei /

B C D E G P T and V are GREEN / i: /

Q U and W are BLUE / u: /

F M S and Z are RED / e /

L N and X are YELLOW / e /

I and Y are WHITE / ai /

O is GOLDEN / əʊ /

The "lonely rider" R is PU R PLE, B R OWN or O R ANGE.

SUNDAY

TUESDAY

wednesday

Saturday

Thursday

FRIDAY

MONDAY

Game 4: Write the names of the days of the week in the alphabetical order.

1. ....
2. ....
3. ....
4. ....
5. ....
6. ....
7. ....

Game 5: Copy and classify the names of the days of the week according to the number of letters.

6 letters

7 letters

8 letters

Game 6: Copy and classify them according to the origin of the name.

The solar system

The Viking gods

Games on the days of the week

Game 1: Can you count fast?

How many words can you see along the line?

Game 2: Copy the words.

....

....

Game 3: Where can Monday come before Sunday?

....

Solutions

1. There are 9 words.

2. The words are, from left to right:

1. *Saturday* 2. *day* 3. *Wednesday* 4. *Friday*
5. *Thursday* 6. *Tuesday* 7. *Monday* 8. *sun* 9. *Sunday*

3. Where can Monday come before Sunday?

Monday can come before Sunday… in the dictionary!!!

Prolongements et liens possibles

1. Les jours de la semaine et la date

Les jours de la semaine sont revus en classe à chaque séance au cours du rituel de mise en route du cours : *What's today's date?* Mais si l'on ne pense pas à réactiver les autres noms des jours de la semaine, les élèves finissent par ne savoir que ceux correspondant aux cours d'anglais.

C'est d'ailleurs souvent aux mêmes élèves, ceux qui savent et qui osent, qu'incombe le rôle de « tampon dateur ». Les autres, ceux qui n'arrivent jamais à dire la date, se cachent derrière eux, et c'est pourquoi, malgré ces « réactivations » régulières, on retrouve en 4e/3e des élèves qui ne connaissent toujours ni les noms des jours, ni la date.

La simple observation de la date dite et écrite chaque jour révèle plusieurs différences entre l'anglais et le français :

- l'ordre des mots différent à l'écrit et à l'oral,
- la présence de la virgule à l'écrit,
- les majuscules aux noms des jours et des mois,
- l'utilisation des adjectifs numéraux ordinaux.

Les indications qui suivent peuvent aider l'enseignant à répondre aux questions des élèves si l'occasion se présente ou si le besoin s'en fait sentir.

Pour mieux dire, écrire et comprendre la date

Elle s'écrit ainsi : *Monday, November 1st,* mais se lit : *Monday the first of November.*
On entend d'abord le nom du jour, l'article défini, un adjectif numéral ordinal, la préposition *of* introduisant un complément du nom et le nom du mois. Si, en plus, on ajoute l'année, il faut savoir dire les quatre chiffres en les regroupant deux par deux[4].
Pour l'écrire, il ne faut oublier ni les majuscules, ni la virgule. Il faut aussi comprendre à quoi correspondent les deux petites lettres situées à droite (en exposant ou non) du numéro du jour.
Ce nombre s'écrit après le nom du mois, alors qu'on le dit avant ! Un vrai casse-tête, d'autant plus que l'on trouve de plus en plus de dates écrites différemment (notamment aux USA, où le nombre précède le mois et n'est pas suivi de l'exposant).

Autre variante fréquente aux USA : lorsqu'on écrit la date en chiffres, on place le mois en premier : 10 / 09 / 2003 → *The ninth of October, two thousand and three.*

Entraînement à l'expression orale

La date écrite traditionnellement à l'anglaise peut constituer un excellent exercice d'entraînement à l'oral :

- repérage des syllabes accentuées et des formes faibles ; on entend les mots qui portent un message : *Monday, first, November.*

4. C'est important sur le plan communicatif, car cela permet de comprendre l'année de naissance de quelqu'un et de dire la sienne ou celle d'un autre.

• les deux petits mots grammaticaux, qui servent de liant, ne sont là que pour « accrocher les wagons », on ne les entend presque pas, mais ils ne disparaissent pas pour autant !

• repérage des deux prononciations de l'article *the*, /ðə/ devant consonne et /ðɪ/ devant voyelle (les élèves remarquent facilement le /ðɪ/ parce qu'ils sont habitués à entendre /ðə/).

Traduction

La date permet de montrer qu'en passant de l'anglais au français, on ne traduit pas mot à mot ! On peut cependant noter qu'en français aussi on utilise un numéral ordinal : « Mardi **premier** juin » ...et que l'anglais est beaucoup plus logique en n'utilisant que des nombres ordinaux.

L'appropriation des nombres ordinaux n'est pas facile et demande du temps. L'exploitation systématique de la date est un bon terrain d'entraînement puisqu'elle varie chaque jour.

Réflexion sur la langue : l'élision

La date est aussi source de réflexions intéressantes sur le groupe nominal et la notion de détermination. Elle constitue par exemple la première rencontre avec un groupe nominal où le nom déterminé disparaît :

Monday, October 1st → *Monday, the first* ***(day)*** *of October*

Day est le nom sous-entendu : étant unique à occuper le premier rang du mois d'octobre, il est déterminé et précédé de l'article défini *the* qui introduit le groupe nominal complet. Le mot *day* vient d'ailleurs d'être entendu puisqu'il fait partie du nom du jour. Il serait donc effectivement redondant. L'élément déterminant, *October*, apparaît sous forme de complément du nom introduit par la préposition *of*.

Lorsque d'autres exemples d'élision se présenteront *(Levi's, McDonald's...)*, l'enseignant pourra rappeler ce cas de « disparition de mot » : le déterminé disparaît parce qu'il est trop évident ; tout le monde sait de quoi on parle.

La date est aussi une occasion de repérer un type d'abréviations particulières *(1st, 2nd, 3rd, 4th)* : celles qui ne laissent apparaître que les dernières lettres du mot. En fait il y a ici transcription du mot en chiffres et en lettres. Ce type d'abbréviations se rapproche de *Mr (Mister)* et *Ms (Mrs* et *Miss).*

La date en anglais, en français et en américain…

(On notera au passage l'absence ou la présence de l'article défini devant les noms de pays.[5])

In France	In the United Kingdom	In the USA
mardi 1 janvier 2002	Tuesday, January 1st «the first of…»	01 01 2002
samedi 8 août 1954	Saturday, August 8th «the eighth of…»	08 08 1954
mercredi 3 mai	Wednesday, May 3rd «the third of…»	05 03
dimanche 2 décembre	Sunday, December 2nd «the second of…»	12 02
vendredi 12 mars	Friday, March 12th «the twelfth of…»	Friday 12 March
lundi 5 juillet	Monday, July 5th «the fifth of…»	Monday 05 July
jeudi 20 février	Thursday, February 20th «the twentieth of…»	Thursday 20 February
mardi 11 mai	Tuesday, May 11th «the eleventh of…»	Tuesday 11 May
vendredi 31 avril	Friday, April 31st «the thirty-first of…»	Friday 31 April
dimanche 15 octobre	Sunday, October 15th «the fifteenth of…»	Sunday 15 October

2. Grammaire et jours de la semaine

Ces mots que les élèves aiment à mémoriser, à réciter en litanie et qui reviendront souvent au fil des cours d'anglais – lorsqu'il faut dire la date entre autres – sont aussi une belle illustration des spécificités de la détermination en anglais. Pourquoi ne pas s'en servir lors d'activités de réflexion sur la langue ?

Le développement qui suit s'adresse à l'enseignant qui veut approfondir sa compréhension du système de l'anglais. Peut-être ces réflexions lui permettront-elles de mieux répondre aux questions souvent imprévisibles, (im)pertinentes, que posent les élèves.

L'ordre des mots dans le groupe nominal

Nous y pensons rarement mais les jours de la semaine nous offrent une combinaison variée et savoureuse de mots composés *(Sunday, Thursday).*

5. Cf. dossier suivant sur la carte du Royaume-Uni.

Les mots composés

Le travail autour des références culturelles a mis en lumière la composition des noms de jours en anglais.
Les élèves ont repéré *day* à la fin de chaque jour : quel que soit le nom du jour, le mot noyau, *day*, se place et s'entend en dernier. On peut aller plus loin et aboutir à une verbalisation plus générale :

> **Dans un groupe nominal,**
> **le dernier mot qu'on entend est le mot le plus important.**

On peut réfléchir à la nature de l'élément qui apporte un renseignement : nom commun comme *sun*, ou nom propre (déformé). Il faudra aussi faire repérer que c'est ce nom qui porte la syllabe accentuée.
Sur le modèle de *Sunday* et *Saturday* (*Monday* étant moins directement évident à cause du « o » manquant), on peut faire retrouver aux élèves d'autres mots composés qu'ils connaissent, notamment en chantonnant l'air de *« Happy birthday to you! »*. Avec notre aide, ils arrivent à deviner collectivement le sens du mot isolé *birth* (N).
Selon l'intérêt manifesté par ces repérages, on peut s'appuyer sur d'autres mots comme *holiday* (certains connaissent la revue *« Holiday on ice »*). On observera comment est formé ce mot composé avec un adjectif qui sert de « déterminant-renseigneur » : *holy*.
À la suite de ces observations, l'enseignant pourra essayer de faire produire aux élèves des mots qu'ils n'ont jamais rencontrés auparavant. Par exemple (s'ils possèdent le mot *school*), il peut leur demander : « Comment diriez-vous, en anglais, les jours de la semaine scolaire ? » Il est fort réjouissant d'entendre jaillir *« schooldays »*.

Ainsi dès le premier stade de l'observation et de la reconnaissance, l'enseignant peut favoriser l'appropriation de règles d'agencement simples en incitant immédiatement les élèves à s'en emparer.

Le génitif

Qu'est-ce qui se cache derrière *Tuesday, Wednesday* et *Thursday* ? Peu de gens pensent au génitif. Pourtant il serait dommage de ne pas profiter de cette « rencontre » pour isoler le *« s »* et réfléchir à son rôle. Il met en relation *« day »* avec le nom du personnage auquel le jour est consacré :

Tuesday	*Tyr's day*
Wednesday	*Woden's day*
Thursday	*Thor's day*

Comme pour les mots composés, on peut aider les élèves à rapprocher ce « *s* » – bien qu'il soit amalgamé à l'intérieur d'un mot – d'un autre qu'ils connaissent tous déjà sans le savoir, pour l'avoir rencontré dans divers mots présents dans leur environnement :

Kellogg	*'s*	*cornflakes*
Levi	*'s*	*(jeans)*
McDonald	*'s*	*(fast food restaurant)*

Ils peuvent trouver la place du mot-noyau, et même en détecter la présence lorsque celui-ci est sous-entendu, surtout si leur attention est centrée sur la nature du mot qui précède le « *'s* » : un nom propre, représentant une personne.

Grammaire, lexique et traduction

Le travail sur le mot « *cornflakes* » permet une petite mise en garde concernant la traduction : au petit-déjeuner, on ne mange pas Monsieur Kellogg mais du maïs… et ce maïs ne se présente ni sous forme d'épi, ni sous forme de grains, mais en flocons, mot qu'il serait bon d'introduire pour lutter contre la traduction impropre du commerce, « pétales ».

La collecte des mots composés est très appréciée des élèves : elle leur permet d'augmenter leur stock de vocabulaire sans avoir à fournir trop d'efforts de mémorisation.
Par exemple, à partir des trois mots, *Sunday, Monday, birthday*, ils peuvent disposer d'un « avoir global » de sept mots, soit les trois de départ plus *birth, day, moon, sun.*
Pour ce type d'acquisition, un simple travail de traduction terme à terme offre déjà l'intérêt de sensibiliser les élèves au fait qu'**on ne passe pas d'une langue à l'autre en se référant à deux systèmes identiques : chacun a sa logique interne, ses propres valeurs, et c'est un vrai voyage que l'on entreprend lorsqu'on part à la découverte d'une langue.**

Deux exemples

Happy birthday!

Si « *birthday* » met l'accent sur le jour de la naissance, le mot « anniversaire » en français fait référence à la récurrence annuelle. Lorsque quelques mois de l'année ont été rencontrés et travaillés, on peut aider les élèves à prendre conscience de cette différence en leur faisant repérer les deux éléments présents dans les mots, *birthday* et *birth date* : *What's your **birth date**? ≠ When is your **birthday**?*

Bon week-end !

Ce mot est une parfaite illustration de l'ordre des mots dans les mots composés. De très nombreux élèves qui connaissent le terme sont persuadés de savoir ce que les mots signifient. Pourtant, lorsqu'on leur demande de traduire « semaine » en anglais, ils restent muets. Ils découvrent alors avec surprise qu'en fait *week-end* est formé de deux mots et qu'ils en connaissent un, *« end »*, pour l'avoir déjà vu à la fin des films.

2. Le groupe nominal en anglais

La carte du Royaume-Uni

Introduction

La carte du Royaume-Uni fait partie des documents que tout enseignant d'anglais estime indispensable de présenter en début d'année. Elle fait en général l'objet d'un rapide repérage (régions, quelques villes et mers importantes…) et sert d'entrée dans l'apprentissage de la langue. Elle a surtout une fonction introductive, permet dessin ou coloriage. D'une certaine façon, elle légitime aux yeux des élèves la nécessité d'apprendre l'anglais.

Pourtant, au-delà de ces fonctions premières, la carte de géographie recèle bien des trésors pour qui veut l'exploiter comme outil pédagogique.

La séquence proposée vise des objectifs précis, à la fois disciplinaires mais aussi pluridisciplinaires et transdisciplinaires. Ces objectifs recouvrent essentiellement trois domaines :

• **Méthodologique :**
– repérer et classer des noms propres,
– les regrouper par catégories,
– apprendre à lire une carte ;

• **Culturel :**
Découvrir le pays dont on apprend la langue (informations géographiques et historiques) ;

• **Linguistique et phonologique :**
– utiliser les mots trouvés sur la carte du Royaume-Uni pour amorcer un travail – ou réactiver les acquis – sur les différences entre graphie et phonie (orthographe et prononciation),
– repérer la syllabe accentuée à l'intérieur d'un mot,
– découvrir le sens de mots qu'on ne connaît pas à partir d'indices linguistiques (observation de la formation des mots et de leur composition),
– réflexion sur la nature des mots.

Ce travail s'appuie entièrement sur un document écrit mais cette démarche se justifie par la nature même du support, une carte de géographie. **C'est un support que les élèves de ce niveau sont amenés à utiliser de plus en plus régulièrement, qu'ils doivent apprendre à déchiffrer.** Que les noms soient en anglais ne change rien à la démarche, cela permet de donner une plus grande cohérence aux apprentissages : on peut faire de la géographie en anglais et apprendre de l'anglais en se servant d'une carte géographique. Encore faut-il le dire explicitement aux élèves pour qu'ils acceptent de nous suivre.

Mise en œuvre de la séquence intitulée :
The UNITED KINGDOM of GREAT BRITAIN
and NORTHERN IRELAND
(UK = GB + N. Ireland)

L'enseignant photocopie et distribue une carte du Royaume-Uni aux élèves. Celle-ci sera plus ou moins détaillée selon le niveau des élèves, mais elle devra être authentique et comporter toutes les caractéristiques d'une vraie carte de géographie : rose des vents, échelle, etc.

Étape 1 : apprendre à lire une carte de géographie

Cette première étape n'est pas nécessairement incluse dans le cours de langue. Elle aurait toute sa place lors d'une séquence de géographie. Les contenus dont on vise l'appropriation doivent pouvoir être transférés ensuite sur n'importe quelle autre carte.

Activité 1 : observation des divers signes et typographies

– Contours terre/mer
– Frontières
– Points pour les villes

– Tracés des fleuves les plus importants
– Représentations du relief
– Illustrations relatives aux activités humaines selon les régions
– La rose des vents

Tous ces codages doivent être identifiés par les élèves car ce sont autant d'indices qui éclairent les éléments écrits, les noms sur lesquels porte la suite de notre observation. En outre, ils permettent d'introduire une notion fondamentale, la notion de contexte.

Activité 2 : observation des différents types d'écriture et de polices

– Mot entier écrit en majuscules
– Initiale du mot en majuscule
– Majuscules en italique
– Caractères droits
– Caractères en italique

Étape 2 : classer les mots trouvés sur la carte pour mieux les comprendre

Maintenant que les élèves ont travaillé sur le code, sur la forme extérieure des mots, ils sont prêts à entrer dans la langue.

Activité 1 : identifier les noms propres en fonction de rubriques géographiques données

Les élèves doivent surligner les noms de la carte en respectant les consignes. Celles-ci sont données en anglais (une à la fois).

1. *Underline the names of the towns in yellow.*
2. *Highlight the names of the rivers in blue.*
3. *Highlight the names of the nations and countries in pink.*
4. *Highlight the natural sites in green.*
5. *Circle the seas in pencil.*

• Les verbes *(underline, highlight, circle)* font l'objet d'une explication.
• Introduction ou révision des couleurs de base, choisies par commodité : *green, yellow, blue, red* (ou *pink*).
• Introduction du vocabulaire géographique : *towns, rivers, seas, natural sites.*
• Rappel ou découverte de la marque du pluriel en anglais : en général,

les noms prennent un « s » au pluriel. À la différence du français, ce « s » s'entend en anglais. Il a plusieurs prononciations ; ici /z/ *(towns, rivers, seas, countries)* ou /s/ (sites). Orthographe : si, au singulier, le nom se termine par « y », au pluriel le « y » se transforme en « ies » :
Country → *Countries*
• Remarque : l'adjectif reste invariable *(natural Ø sites).*

Activité 2 : copie et classement des noms propres

Grâce aux activités précédentes qui ont mis en lumière indices typographiques et catégories géographiques, les élèves peuvent maintenant trier les mots sans avoir à se préoccuper du sens, sans appréhension. Afin de leur faciliter la tâche de copie, on leur distribue un tableau qu'ils compléteront.

La consigne est d'abord donnée oralement :
« Observez d'abord le document. Regardez-le bien. Puis copiez tous les noms écrits que vous voyez en les classant dans les rubriques du tableau. »

Document n° 1 Modèle de tableau distribué aux élèves

Lire, observer, copier les noms dans les colonnes correspondantes.

Nations and countries	Seas	Towns	Rivers	Natural sites

Variante

Lors de l'expérimentation, une enseignante avait choisi de donner une consigne beaucoup plus vague de façon à laisser les élèves libres d'organiser leur classement en fonction de leurs propres rubriques.

Un élève a proposé le classement alphabétique, mais l'a finalement abandonné car trop fastidieux, et suscitant peu de possibilités d'exploitation ultérieure. D'autres ont essayé le découpage dans l'espace : ils ont essayé de découper l'espace en quatre, guidés sans doute par la rose des vents située en haut à gauche de la carte. Ce faisant, il semble que les différences de typographie leur soient apparues, remettant leur premier choix en question.

Le plus grand nombre s'est appuyé sur les différences typographiques pour classer les noms par rubriques géographiques : pays, villes, mers, rivières. Il restait quelques noms difficiles à regrouper : *Loch Ness, Ben Nevis, Lake District* et *Snowdon*… C'est le professeur de géographie qui a proposé le terme de « sites naturels » retenu dans notre classification.

Document n° 2 Tableau complété

Nations and countries	Seas	Towns	Rivers	Natural sites
GREAT BRITAIN	*NORTH SEA*	London		
THE UNITED KINGDOM				
ENGLAND	*ENGLISH*	Newcastle	Thames	Lake District
		York Leeds Blackpool Manchester Liverpool Sheffield Birmingham Cambridge Oxford Bristol Brighton Folkestone Plymouth	Tyne Severn	
SCOTLAND		Edinburgh Glasgow Aberdeen	Clyde	Loch Ness Ben Nevis
WALES		Cardiff		Snowdon
NORTHERN IRELAND	*IRISH SEA*	Belfast		
REPUBLIC OF IRELAND		Dublin	Shannon	
FRANCE				

Activité 3 : orthographe et prononciation

Cette activité de copie prendra autant que possible la forme de l'autodictée : après avoir bien regardé un mot et un seul, les élèves ferment les yeux ; ils se le remémorent puis écrivent le mot au crayon. Ils le vérifient ensuite et le corrigent éventuellement. Le soin apporté au travail est preuve de concentration et l'observation approfondie est un premier pas vers la familiarisation avec une orthographe inhabituelle.

Il n'est pas aisé de travailler simultanément forme écrite et prononciation dans un premier stade. Cependant, parallèlement à l'observation et à la manipulation des mots sous leur forme écrite, il conviendra de présenter les mots oralement par une lecture collective, à voix haute. C'est un moyen d'éviter que les élèves se créent mentalement une prononciation fondée sur la manière dont les lettres de l'alphabet se prononcent en français. L'expérimentation a montré la difficulté de nombreux élèves à prononcer des noms comme *Wales*[6], *Ireland* ou *Plymouth*. On peut donc envisager de lire ensemble tous les noms propres de la carte avant de les donner à copier ou de les travailler oralement tout de suite après la copie.

Cet entraînement oral peut prendre une forme ludique. L'enseignant lance le nom d'une région *(Scotland)* et d'une rubrique *(towns)*, les élèves proposent à tour de rôle des noms correspondant à la demande. Ils marquent un point chaque fois que le nom est correct et bien prononcé.

Il est important de veiller d'emblée non seulement à la réalisation correcte des sons mais aussi au repérage de la syllabe accentuée. Les syllabes fortes sont indiquées par des points :

The United Kingdom of Great Britain and Northern Ireland
• • • • • •

Ce nom à rallonge peut être scandé de la main, du pied, du corps, on le récite en marchant, comme une litanie, on peut même lui donner une intonation montante, le théâtraliser…

La prononciation du son voyelle de la syllabe accentuée pourra faire l'objet d'une autre forme de regroupement : les diverses prononciations d'une même écriture.

6. Orthographe et lettres « cousines ». On peut montrer sur certains mots que les différences ne sont pas si grandes. Ainsi la lettre < W > en anglais devient < G > en français : *Wales* = Pays de Galles (cf. *William* et Guillaume, et plus tard la transformation de *go* en *went*).

Par exemple, à partir du titre du document *The United Kingdom of Great Britain and Northern Ireland*, on peut lancer un petit jeu de repérage des différentes prononciations d'une même lettre :

• La lettre < i > se prononce /ai/ dans *United* et *Ireland*. Elle se prononce /i/ dans *Kingdom* et *Britain*.
• Les consonnes < th > peuvent se prononcent /ð/ comme dans *The* et *Northern*, ou /θ/ comme dans *North Sea*.

Étape 3 : derrière les mots

Avant toute traduction, on prend l'habitude de regarder les mots et de les faire « parler », c'est-à-dire de rassembler tous les indices qu'ils recèlent : indices morphologiques (leur forme), syntaxiques (leur place) et sémantiques (leur sens). Certains noms propres portent parfois de façon tangible des traces du passé historique, Manchester par exemple (cf. document n° 3). Ce type de travail en profondeur peut être amorcé dès le cycle 3, poursuivi en 6e et consolidé dans les classes suivantes.

À partir des noms propres de la carte, on peut faire apparaître des mots : *land, sea, bridge, ford, mouth, pool, lake, castle, new*, qui pourront être l'objet de rapprochements, de recherches d'indices. Nous en donnons quelques exemples :

– *Kingdom*

Les élèves reconnaissent le mot *king* qu'ils ont déjà rencontré dans les noms propres *King Kong* et *The Lion King* ; certains connaissent même parfois le surnom d'Elvis Presley « Le King ». On peut aussi leur demander quelle est la lettre associée au roi dans un paquet de cartes. Si la réponse jaillit, c'est le moment d'introduire l'initiale < Q > pour *Queen*. On ne s'attardera pas sur le suffixe « -dom ». On peut néanmoins écrire une formule simple :

N + dom = N

On pourra se servir de ces nouveaux acquis pour apporter des informations culturelles, et même pour commencer à construire des énoncés complets :

Elizabeth II is the Queen of the United Kingdom of Great Britain and Northern Ireland.

On peut aussi opposer *Kingdom* et *Republic (Republic of Ireland)* et demander si certains savent quelque chose sur les régimes politiques de ces pays.

– *United*
Tous les fans de football connaissent le club *Manchester United*, ce qui est fort utile pour la mise en place de la prononciation (ils la possèdent déjà).
Mais pour aller plus loin il convient de se poser la question de la nature du mot : on peut les aider à trouver que c'est un adjectif en faisant apparaître le mot noyau, *club*, élidé dans l'expression « *Manchester United* », l'expression complète étant *Manchester United Football Club*.

– *Northern*
À rapprocher d'un mot connu, *Western*. L'observation de la rose des vents *(compass card)* et des quatre points cardinaux permet de déduire la règle qui transforme un nom en adjectif :

> **N + ern = Adj**

Ils l'appliquent immédiatement pour trouver les deux autres adjectifs :

> *Eastern* et *Southern*.
> /ʌ/

Certains élèves remarquent que le mot « Ouest » en français et *West* en anglais se prononcent de la même façon mais que l'orthographe est différente. Voilà encore une illustration des différences de rapport phonie/graphie selon les langues.

Étape 4 : noms propres et groupe nominal

À partir de quelques exemples, voici comment il est possible de réactiver des contenus mis en lumière lors du travail sur l'agencement du groupe nominal.

Activité 1 : identification des noms composés (travail individuel)

On demande aux élèves de relever sur la carte les noms composés de deux mots. Afin dans un premier temps de faciliter ce repérage, on précise qu'il s'agit de mots composés qui comportent un espace entre les deux éléments.

On leur demande de souligner le mot noyau et de préciser à côté de quoi il s'agit. Est-il question d'une mer, d'un océan, etc. ?

Puis on leur demande de repérer la nature du mot qui sert à qualifier, à déterminer le mot noyau. On écrit sa nature en dessous : adjectif (Adj.), nom propre (NP), nom commun (NC). Pour les noms, on peut faire suivre les mentions NP et NC de gén. (génitif).

Activité 2 : de la syntaxe au sens (activité collective)

L'enseignant dit alors un mot. Les élèves, interrogés à tour de rôle, doivent d'abord donner un nom composé comportant ce mot, puis énoncer la nature du mot qui sert à le qualifier et enfin traduire le nom composé.

– Sea
Irish Sea (Adj. + NC), *North Sea* (NC + NC)

– Channel
English Channel (Adj. + NC), *North Channel* (NC + NC), *Bristol Channel* (NP + NC), *St George's Channel* (NP gén. + NC)

– Islands
Shetland Islands (NP + NC), *Channel Islands* (NC + NC), *Orkney Islands* (NP + NC)

On peut leur montrer ensuite que parfois, avec un peu d'astuce, on peut trouver des noms composés inattendus. La chasse aux mots cachés est ouverte.

– Wall
Hadrian's Wall (NP gén. + NC), *Cornwall*

– Land
Les élèves découvrent avec un grand plaisir le mot commun à :

- *Ireland = the land of Eire* (mot d'origine gaélique)
- *Scotland = the land of the Scots*
- *England = the land of the Anglo-Saxons*

Certains constatent qu'on le retrouve même en français : Hollande, Groenland, Islande, les Landes, la lande, etc.
Dans l'annexe qui suit (doc. n° 3), l'enseignant trouvera des informations concernant l'origine de certains noms qui pourront à l'occasion s'avérer utiles, ne serait-ce que pour répondre aux questions parfois pointues de certains enfants !

Document n° 3 Annexe destinée à l'enseignant

Nations and countries		
Names	**Nouns**	**Notes**
	N → North	Adj. : Northern
	E → East	Adj. : Eastern
	S → South	Adj. : Southern
	W → West	Adj. : Western
	The 4 cardinal points	
	A compass card	
Scotland	The land of the Scots	Adj. : Scottish
England	The land of the Anglo-Saxons	Adj. : English
Wales		Adj. : Welsh
Northern Ireland	North The land of EIRE (Gaelic word)	Adj. : Northern Adj. : Irish
The Republic of Ireland		Adj. : Irish
France		Adj. : French

Towns		
Names	**Nouns**	**Notes**
Aberdeen	Aber (Gaelic) = mouth (English)	The mouth of the river Deen
Plymouth		The mouth of the river Ply
Edinburgh		-burgh (English) = bourg (French)
Glasgow		
Newcastle	castle	Adj. : new ≠ old
York		Jorvik Viking city
Blackpool	pool	Adj. : black
Liverpool	liver	
Leeds		
Manchester		Chester = Roman fortified place
Sheffield	field	
Birmingham		
Cambridge	bridge	The bridge over the river Cam
Oxford	ox/oxen ford	The shallow place where cows could cross the river
London		From the Roman town « Londinium »
Bristol		

Towns		
Names	**Nouns**	**Notes**
Cardiff		
Brighton	town	The bright (very white) town could be seen from far Adj. : bright
Folkestone	folk	= people (folklore)
Belfast		
Dublin		(in old Danish: dark waters, just like Blackpool, across the Irish Sea)

Seas		
Names	**Nouns**	**Notes**
Irish Sea	Sea	Adj. : Irish
North Sea		
English Channel		Adj. : English

Rivers		
Names	**Nouns**	**Notes**
Clyde		
Tyne		
Severn		
Thames		
Shannon		

Natural sites		
Names	**Nouns**	**Notes**
Loch Ness	Loch (Gaelic) = Lake (English)	lake
The Lake District		district = region, area
Ben Nevis	Ben = mountain Nivis (latin) = snow	
Snowdon	Don = mountain	

Les abréviations

Une autre approche de l'agencement du groupe nominal en anglais

Introduction

Malgré leur omniprésence dans notre quotidien, les abréviations ne font pas l'objet d'une attention particulière pour l'apprentissage d'une langue étrangère. Pourtant leur richesse et leur variété méritent qu'on s'y arrête. La multiplication des sigles peut être interprétée comme un signe de l'accélération de la vie « moderne » et du monde de la consommation. En tout cas, c'est une illustration du dynamisme de la langue, de son évolution, une preuve qu'elle est bien vivante.

Leur aspect ludique n'échappe pas aux élèves : les adultes ont « joué » à concentrer des données en utilisant des lettres au lieu de mots. Les Américains entre autres, qui aiment particulièrement gagner du temps, semblent y prendre un grand plaisir. Ces abréviations qui touchent à de nombreux domaines (culturel, politique, économique, vie quotidienne, etc.) permettent d'ouvrir les élèves à des aspects plus culturels et participent de la découverte du monde.

L'intérêt proprement culturel des abréviations se double d'un intérêt plus linguistique qui en fait un matériau extrêmement riche pour un travail pédagogique. En effet, si l'on se penche sur l'agencement et la signification des mots représentés par les lettres, les abréviations illustrent parfaitement les différences dans la constitution du GN en anglais et en français.

Propositions pédagogiques

L'enseignant demande aux élèves de noter sur des petits cartons toutes les abréviations anglaises qu'ils connaissent et de recueillir régulièrement celles qu'ils rencontrent dans la vie quotidienne. Ces petits cartons, après vérification de l'enseignant, sont déposés au fur et à mesure dans la « boîte des abréviations ».

En classe

Les repérages avec les élèves peuvent être faits au hasard des rencontres, lors de recherches dans le dictionnaire, ou lors d'observations de noms de marques, de cartes de géographie et de documents divers.

Au fur et à mesure, les abréviations trouvées peuvent être placées dans une boîte, d'où elles seront régulièrement extraites pour être réactivées afin d'en renforcer l'appropriation. Elles pourront aussi servir de support à d'autres apprentissages comme dans l'activité proposée ci-dessous.

1. Abréviations et ordre des mots

Objectif

Mettre en évidence l'organisation du groupe nominal en anglais par rapport à celle du français :

> **En anglais, dans un groupe nominal les déterminants se placent avant le déterminé.**

Mise en œuvre

Pour préparer sa séquence d'enseignement, l'enseignant récupère les abréviations recueillies par les élèves (il en ajoute éventuellement s'il ne trouve pas celles dont il a besoin), les trie et en isole certaines, celles qui sont le mieux adaptées à l'objectif visé. Afin de mettre en évidence une différence de fonctionnement entre les deux langues, dans un premier temps, l'enseignant peut retenir des groupes nominaux dont les abréviations comportent le même nombre de lettres mais dans un ordre différent.

Document n° 1 Tableau distribué aux élèves

	Français		English	
1	OVNI	**Objets** volants non identifiés	*UFO*	*Unidentified Flying* ***Objects***
2	RU	**Royaume**-Uni	*UK*	*United* ***Kingdom***
3	JO	**Jeux** Olympiques	*OG*	*Olympic* ***Games***
4	QG	**Quartier** Général	*HQ*	*Headquarters*
5	UE	**Union** Européenne	*EU*	*European* ***Union***
6	QI	**Quotient** d'Intelligence	*IQ*	*Intelligence* ***Quotient***
7	CIO	**Comité** International Olympique	*IOC*	*International Olympic* ***Committee***

Cette liste, bilingue, met clairement en évidence la différence de fonctionnement des deux langues. Afin de faciliter la découverte des régularités, on pourra commencer par observer et comparer des couples d'abréviations simples comme :

JO (Jeux Olympiques)/*OG (Olympic Games)*

Réflexion sur le français (partie gauche du tableau)

L'enseignant instaure un débat collectif dans la classe. Il guide la réflexion des élèves par des questions simples :
« À quoi correspondent les lettres ?
– À des mots.
– Ces mots sont-ils tous pareils ?
– Non, il y a des noms, des adjectifs, des articles…
– L'ensemble de ces mots s'appelle un groupe nominal. Où se trouve le mot important, le noyau du groupe nominal ?
– Au début. »

Les élèves doivent ensuite souligner le noyau du groupe nominal en français.

Réflexion sur l'anglais (partie droite du tableau)

On reprend la même démarche sur les abréviations en anglais. On aboutit aux constats suivants, verbalisés par les élèves :

> **En anglais, le nom important est à la fin.**
> **Les déterminants se placent avant le déterminé.**

Si les élèves ont été motivés par l'activité, on peut leur fournir ensuite d'autres équivalences, où les mots et leur agencement sont plus variés. Ils peuvent alors jouer aux devinettes : retrouver la nature des mots, reconnaître les abréviations anglo-saxonnes utilisées telles quelles en français…

Document n° 2 Tableau distribué aux élèves (certaines colonnes peuvent être vidées)

	Français		English	
1	GB	Grande-Bretagne	*GB*	*Great Britain*
2	ONG	Organisation Non Gouvernementale	*NGO*	*Non-governmental Organisation*
3	A	Apprenti (à l'arrière d'un véhicule)	*L*	*Learner*
4	TVA	Taxe à la Valeur Ajoutée	*VAT*	*Value Added Tax*
5	ONU	Organisation des Nations Unies	*UN*	*United Nations*
6	PDG	Président-directeur Général	*MD*	*Managing Director*
8	SIDA	Syndrome immunodéficitaire acquis	*AIDS*	*Acquired Immune Deficiency Syndrom*
9	OVNI	Objets volants non identifiés	*UFO*	*Unidentified Flying Objects*
10	VIP	Very Important Person	*VIP*	*Very Important Person*

2. Quelques suggestions d'exploitation pédagogique autour des abréviations

Mis à part ces activités de réflexion sur la langue, les abréviations peuvent être le support de nombreuses activités ludiques visant la compréhension de l'oral, l'entraînement phonologique, l'acquisition du lexique, une réflexion sur la nature des mots, etc.

Nous nous bornerons à en proposer quelques exemples.

Matériel

– Cartes de bristol, plastifiées, grand format (6 cm/12 cm) : les abréviations y sont inscrites et pourront être vues de loin. Les acronymes pourront comporter un signe distinctif (•) pour faciliter leur reconnaissance et leur lecture puisqu'ils sont lus comme des mots. Ces cartes pourront être distribuées individuellement aux élèves au fur et à mesure des réponses correctes énoncées.
– Aimants
– Languettes correspondant aux cartons et comportant les abréviations développées (écrites en entier)

2.1. Réactivation de l'alphabet

▒ Activité 1 : reconnaissance phonique

Faire enregistrer une série d'abréviations par un anglophone.
Les grands cartons (une douzaine) sont placés sur le bureau, côté écrit visible. Un élève est appelé ; il écoute trois abréviations et doit retrouver les trois cartons qui leur correspondent. Il les affiche dans l'ordre entendu. La classe corrige.

▒ Activité 2 : entraînement à la reconnaissance phonique des lettres sources de confusion

Lors de l'apprentissage de l'alphabet, on peut utiliser les abréviations pour entraîner les élèves à différencier des lettres qu'ils ont tendance à confondre (A, E, I, J, G).

On leur demande d'écrire certains sigles sous la dictée[7]. Exemple :

USA	*LA*	A → /ei/
CEE		E → /i:/

7. Le développement et le sens de ces sigles se trouvent pages 231 et 232.

FBI	*GI*	*VIP*	I → /ai/
DJ			J → /dʒei/
GB			G → /dʒi:/

Activité 3 : production orale (lecture des abréviations à voix haute)

L'alphabet doit être maîtrisé ou en voie de l'être.
Un élève tire un carton et doit lire l'abréviation inscrite, à haute voix, sans erreur. Faire repérer le signe (•) pour que les élèves lisent bien les acronymes comme des mots et qu'ils ne les épellent pas.

2.2. Des lettres aux mots

Activité 1 : reconnaissance auditive

Les languettes sont distribuées (4 ou 5 par élève). Les élèves les observent en silence, puis les retournent contre la table.

L'enseignant dit une abréviation, l'élève qui a l'étiquette correspondante lève la main et dit *« I've got it ! »*, puis il essaie de redire la formule complète avant de la retourner pour vérifier. Si le résultat est correct, il gagne un point.

Variante

L'enseignant dicte les mots entiers d'une abréviation. Les élèves écrivent les abréviations correspondantes.
Exemple :
New York → NY

Activité 2 : travail écrit individuel

À faire à la maison en début de travail ou comme test en classe lorsque les élèves se sont bien familiarisés avec les abréviations.
Lorsque le groupe classe a récolté un bon nombre d'abréviations et que les élèves se sont bien familiarisés avec elles, on peut confier une lettre à chaque élève et lui demander de retrouver les abréviations contenant la lettre en question, puis d'écrire les mots qui commencent par cette lettre : le travail écrit sera minime, mais ils seront tenus de passer tous les mots en revue avant de copier celui qui les concerne.

Consigne : Parmi les abréviations que nous avons réunies ensemble, retrouvez et relevez tous les mots qui correspondent à votre lettre.

À partir des travaux des élèves corrigés l'enseignant propose un tableau récapitulatif.

Document n° 3

A	Anno – American – Airlines – Acquired – Angeles – Air – Agency – Association
B	Britain – British – Bureau – Before – Broadcasting – Basket – Bed – Breakfast
C	Christ – Citizen – Central
D	
E	
F	Fund – Federation – Federal
G	
H	
I	Intelligence – Investigation – Independent – Immune – Irish – Identity
J	
K	
L	
M	
N	Nations – National – New – News
O	Organisation – Old – Object – Olympic
P	
Q	
R	Royal – Radio – Radiation
S	Space – Society – Ship – Service – States
T	Television – Treaty – Turn – Time
U	United – Union – Unidentified – Unaccompanied – You
V	
W	Water – West – Western – Wildlife – World – Web – Wide – Wrestling – War
X	
Y	
Z	

Activité 3 : travail de groupe sur la nature des mots

Objectif

Introduire la catégorisation des mots en fonction de leur nature grammaticale et les classer (nom, verbe, adjectif…)

Mise en œuvre

L'enseignant divise la classe en groupes de trois à cinq élèves. Il donne à chaque groupe une consigne de classement. On peut faire travailler deux groupes en parallèle sur le même classement afin de susciter le débat et d'introduire un enjeu.
Exemples de consignes : « Dans les mots du tableau, relève tous les noms/verbes/adjectifs/les mots qui sont tantôt des verbes, tantôt des noms… »

Ainsi, les mots relevés pour une même lettre feront parfois apparaître clairement qu'ils appartiennent à une même catégorie grammaticale (cf. la lettre S dans le tableau ci-dessus).

On peut aussi introduire un exercice d'ordre sémantique et leur faire relever les mots qui appartiennent à la même famille sémantique *(New/News, Union/United, Nation/National…)*. Ils découvriront ainsi que certains mots relèvent tantôt d'une catégorie grammaticale, tantôt d'une autre.

Activité 4 : exercice de restitution (du mot à la lettre)

Cette activité demande une bonne maîtrise de la prise de parole de la part de l'enseignant car l'enthousiasme est souvent facteur de brouhaha.

Mise en œuvre

L'enseignant dit un mot. Les élèves doivent retrouver le maximum d'abréviations contenant ce mot. Ils les écrivent sur une ardoise. Quand l'enseignant frappe dans ses mains, les élèves lèvent leur ardoise et épellent leur abréviation correctement lorsqu'ils sont interrogés.

Document n° 4

World	WWF – WWW
Royal	RAF - RSPCA - HRH
Ship	HMS - SOS
Broadcasting	BBC - ABC
United	USA - UK - UN - UNESCO - UNICEF
Fund	WWF - UNICEF
News	CNN
New	NY - NZ

Activité 5 : réactivation du lexique des abréviations *(a memory game)*

Matériel

Des jeux de cartes petit format à distribuer aux élèves (un jeu pour deux) sur lesquelles sont inscrites les abréviations usuelles, celles qui ont servi de support aux activités précédentes. (Avoir des cartes de couleur différente permet d'éviter les mélanges et perturbations lors du rangement en fin d'activité.)

Mise en œuvre

On divise la classe en groupes de deux à quatre joueurs. Les élèves disposent d'un jeu de cartes (une couleur différente par groupe). Ils étalent les cartes sur la table, face inscrite cachée. Chacun à son tour découvre deux cartes. Si elles comportent au moins une même lettre et que le « découvreur » sait énoncer la formule complète des abréviations, il remporte les deux cartes.

Activité 6 : travail à la maison

Document n° 5 Tableau à distribuer aux élèves
Acronyms/Abbreviations

Find the words behind the letters. Some you already know. Some are easy. Some are tricky.
Do not hesitate: ask help from people around you or look up the words in a dictionary.

	Abbreviation	Meaning	Where would you find them?
1	50 AD		
2	50 BC		
3	AA		
4	AIDS		
5	DJ		
6	EEC		
7	FBI		
8	GB		
9	ITV		
10	LA		

	Abbreviation	Meaning	Where would you find them?
11	NY		
12	OG		
13	PO		
14	RAF		
15	UK		
16	UFO		
17	UM		
18	UN		
19	WWF		
20	WC		

Document n° 6
Correction

	Abbreviation	Meaning	Where would you find them?
1	50 AD	50 Anno Domini	in a history book
2	50 BC	50 Before Christ	in a history book
3	AA	Alcoholic Anonymous	in ads, in newspaper articles
4	AIDS	Acquired Immune Deficiency Syndrome	in a newspaper (condition in which the body's white cells lose their ability to protect against infections.)
5	DJ	Disc Jockey	in a disco
6	EEC	The European Economic Community	in a newspaper, in a history book
7	FBI	Federal Bureau of Investigation	in newspapers, books and films (an agency of the American Justice Department investigating violations of federal laws)
8	GB	Great Britain	on the number plate of cars, in newspapers, etc.
9	ITV	Independent Television	on TV or in a TV magazine
10	LA	Los Angeles	in films, songs, maps, etc.

	Abbreviation	Meaning	Where would you find them?
11	NY	New York	on a map
12	OG	Olympic Games	
13	PO	Post Office	in the street, on PO vans
14	RAF	Royal Air Force	Military Aviation in GB
15	UK	The United Kingdom (of Great Britain and Northern Ireland)	in newspapers and geography books
16	UFO	Unidentified Flying Object	in a magazine or a science fiction novel
17	UM	Unaccompanied Minor	in an airport : children carry a plastic pocket around their neck
18	UN	The United Nations	(in New York and Geneva)
19	WWF	World Wildlife Fund	on a saving bank in a public place (It often has a panda on it.)
20	WC	Water Closet	in a public place

Annexe : informations linguistiques et culturelles destinées à l'enseignant

Classement systématique des abréviations

La multiplicité des domaines, des types d'abréviations, leur aspect parfois caduc et très contextualisé rendent difficile leur exploitation pédagogique. C'est pourquoi nous proposons une classification selon différentes entrées qui devrait permettre à l'enseignant d'y voir plus clair et de poursuivre, s'il le souhaite, ce redoutable mais passionnant recueil de données. Bien entendu, ce recueil dépasse largement le cadre restreint des abréviations susceptibles d'être exploitées dans l'approche du groupe nominal. Il est destiné à fournir des éléments culturels souvent difficiles d'accès pour des non-anglophones et à ouvrir des pistes de réflexion fructueuses.

Quelques définitions et remarques préalables

Sigle : lettre initiale ou groupe de lettres initiales constituant l'abréviation de mots fréquemment employés (USA).
Logo : élément graphique caractéristique d'une marque commerciale.

Acronyme : abréviation constituée par les premières lettres des mots qui composent une expression complexe (AIDS, UNESCO).

Certaines abréviations anglo-saxonnes sont connues et utilisées dans la vie de tous les jours en français. Leur prononciation est imposée par l'usage qui tantôt privilégie la prononciation « à la française », tantôt « à l'anglaise ». De plus, certaines abréviations se lisent comme des mots (acronymes), d'autres s'épellent.

Quelques exemples

Abréviations prononcées à la française :

USA NASA CIA C & A H & M KO

Abréviations prononcées à l'anglaise :

FBI BBC ITV CNN OK

Les différents types d'abréviations : classifications possibles

1. Classement selon la façon dont elles sont constituées

Abréviations uniquement constituées par les initiales des mots

GB → *Great Britain*
UK → *(The) United Kingdom (of Great Britain and Northern Ireland)*
TM → *Trademarks*
@ → *at (computer)*
® → *Registered*
$[8] → *dollar (more a symbol than an abbreviation)*
£ → *Pound* (Livre Sterling)

Abréviations constituées par les premières lettres du mot

Cent → *century, centime*
Co. → *company*
ESC → *escape (on the computer keyboard)*
Eng. → *England*
Hi Fi → *High Fidelity*
min. → *minute*
Sitcom → *Situation Comedy*

8. De l'allemand « taler ».

Abréviations constituées par l'initiale et quelques consonnes

Gvt. → *Government*
Cpt. → *Captain*
Ltd. → *limited*

Abréviations constituées par l'initiale et la dernière lettre

yr → *year*
wk → *week*

Acronymes, prononcés comme des mots

LASER → *Light Amplification by Stimulated Emission of Radiation*
RADAR → *Radio Detection and Ranging*
MODEM → *Modulator and Demodulator*
SCUBA → *Self-Contained Underwater Breathing Apparatus*
NATO → *North Atlantic Treaty Organisation*
NASA → *National Aeronautics and Space Administration*
UNESCO → *United Nations Educational, Scientific and Cultural Organisation*
IRA → *Irish Republican Army*

Abréviations issues du latin communes à l'anglais et au français

CV → *curriculum vitæ*
P.S. → *post-scriptum*
i.e. → *id est (that's to say*/c'est-à-dire)
etc. → *et cetera (and so forth*/ainsi de suite)
N. B. → *nota bene (note*/remarque*)*
min. → *minimum*
max. → *maximum*

Abréviations anglaises issues du latin

£ → *libra (pound*/livre sterling)
lb → *libra (pound/half a kilo)*
a.m. → *ante meridiem (before noon)*
p.m. → *post meridiem (after noon)*
AD → *anno domini (after Christ)*
BC → *before Christ*
R → *Elizabeth Regina (Queen Elizabeth)*
vs. → *versus*
e.g. → *exempli gratia (for example)*

2. Classement selon les domaines de la vie *(realia)* auxquelles elles font référence

People and characters	
ET → *Extraterrestrial*	*JFK* → *John Fitzgerald Kennedy*
T. Rex → *Tyrannosaurus Rex*	*WB* (au début des films) → *Warner Brothers*
Musical Bands	
AC/DC → *Alternate Current/ Direct Current*	*U2* → *You too*
Music	
R'n B → *Rhythm and Blues*	
Lyrics	
YMCA → *Young Men's Christian Association*	
Films	
MIB → *Men in black*	*AI* → *Artificial Intelligence*
TRADEMARKS	
TM ® *(registered)*	*wt (weight)* (sur les emballages)
Services (Stations services)	
BP → *British Petroleum*	*ESSO* = *(SO)* → *Standard Oil*
Travel Companies	
AA → *American Airlines*	*TWA* → *Trans-World Airlines*
BA → *British Airlines*	*P & O* → *Peninsular and Oriental Steam Navigation Company*

3. *English words used in French* (abréviations utilisées telles quelles en français)

BBC	CB	CD	CIA	DJ	DVD	FBI
GB	GI Joe	Hi Fi	IRA	KO	OK	LA
Modem	NASA	NY	RAF	SF	SOS	
USA	VIP	WC	Orly W			

4. Classement par thèmes

Noms de pays abrégés figurant sur les plaques d'immatriculation *(Number plates)*

(Attention ! D sur les voitures allemandes, pour *Deutschland* en allemand)
Savoir repérer les pays d'origine de certaines marques :

SEAT → Sociedad Espanola de Automobiles de Turismo
FIAT → Fabbrica Italiana Automobili Torino
BMW → Bayerische Motorwerke
VW → Volkswagen : la voiture du peuple (en allemand)

Étant donné l'intérêt des enfants pour les marques, celles des automobiles entre autres, ces remarques, même faites en passant, auront des chances d'atteindre leur objectif : faire comprendre que le terrain de jeu de l'étude ne se situe pas uniquement entre les murs de l'école…

Radios et télévisions (différencier les britanniques des américaines)

ABC → *American Broadcasting Corporation*
BBC → *British Broadcasting Corporation*
CBS → *Columbia Broadcasting System*
CNN → *Cable News Network*
IT → *Independent Television*

Abréviations des adresses

Bd. → *boulevard*
St. → *street*
Av. → *avenue*
Sq. → *square*
Dr. → *drive (// Macdrive)*

Là également, il est possible de faire trouver de nombreux éléments aux élèves si l'on parvient à éveiller leur sens de l'observation pendant qu'ils regardent leurs sempiternels feuilletons télévisés…

Les points cardinaux et leurs composés

N → *North NE NW*
E → *East*
W → *West*
S → *South SE SW*

Remarque pédagogique

On peut faire remarquer que les quatre lettres précédentes constituent le mot « NEWS »[9], qu'ils connaissent souvent grâce au journal télévisé, et jouer sur l'association entre les informations « fraîches » et les origines « tous azimuts » de ces informations qui nous parviennent « des quatre coins du monde... », i.e. les quatre points cardinaux. (Ils se souviendront peut-être mieux des cinq mots...)

Pays et régimes politiques

RAF → *Royal Air Force*
HMS → *Her Majesty's ship*
UK → *United* Kingdom
ER → *Elizabeth* **Regina**

Remarque pédagogique

Repérage des éléments mentionnant la monarchie sur des documents authentiques ou à l'occasion d'un séjour en Grande-Bretagne (par exemple ER ou GR sur les boîtes à lettres anglaises permettent d'en connaître la date...)

Classification des genres de film

Utilisation pédagogique

Pour les observations des sigles, utiliser si possible les jaquettes de cassettes et de DVD en version originale.

A	*Action, Adventure Epic*	*PG*	*Parental guidance*
CH	*Children*	*SF*	*Science Fiction*
CO	*Comedy*	*SH*	*Shakespeare*
D	*Drama*	*TH*	*Thriller*
DOC	*Documentary*	*TV*	*TV films*
F	*Fitness*	*W*	*Westerns*
M	*Musical*	*X*	*X rated*

9 N'oublions pas que le mot news est trompeur : en dépit du « s » final, il est indénombrable, donc singulier ; *today's news is good.*

Chapitre II

Dossier phonologique pour l'enseignant : accentuation, neutralisation, quelques aspects du rythme de l'anglais

ou comment améliorer sa propre prononciation en même temps que celle des élèves

Introduction

Dans l'ensemble de cet ouvrage, les aspects phonologiques de l'anglais n'ont fait l'objet que de mentions occasionnelles. Pourtant la prononciation de l'anglais constitue dès le début de l'apprentissage un problème de taille, à la fois en compréhension et en production, que nous ne pouvions passer sous silence.

Acquérir une bonne prononciation de l'anglais n'est pas chose facile quand on n'a pas été élevé dans un environnement bilingue. Cependant, entre ce qu'on appelle parfois l'anglais d'aéroport toujours très marqué par la langue d'origine (et qui peut être totalement incompréhensible pour des anglophones non habitués à cet environnement langagier spécifique) et les exigences extrêmement fortes, de type *near native*, qui, dès les années soixante, ont accompagné la mise en place des méthodologies audiovisuelles, une prononciation de qualité correcte est attendue de la part des enseignants aussi bien que des élèves.

Sans doute ces derniers sont-ils aidés par les modèles fournis sur tous les outils dont on peut disposer (cassettes audio, vidéo, DVD, CD-ROM, etc.) et dont il faut user sans modération. Mais on peut aussi faire mieux et à la fois améliorer sa prononciation tout en veillant sur celle des élèves : cette double visée suppose de la part de l'enseignant un niveau de vigilance élevé sur quelques aspects extrêmement importants de la prononciation de l'anglais.

Les pages qui suivent, loin d'être exhaustives dans le domaine, ont donc pour objectif d'attirer l'attention d'enseignants non spécialistes sur deux ou trois points essentiels du système phonologique propre à la langue anglaise, qui constituent des obstacles notables pour les francophones et dont, curieusement, on parle en général assez peu.

Connaître ces quelques caractéristiques, tenter de les repérer dans l'anglais oral authentique qu'on a l'occasion d'entendre – en classe et en dehors de la classe – pour se les approprier, cela nous semble constituer une démarche non seulement utile mais indispensable : c'est le prix à payer pour que ce que nous enseignons et faisons dire à nos élèves soit tout simplement de l'anglais, c'est-à-dire une langue orale immédiatement reconnaissable et compréhensible par un anglophone.

Quelques applications de cette visée ont été placées à la fin de ce chapitre afin d'illustrer une mise en œuvre pédagogique possible sur un des thèmes traité précédemment, les jours de la semaine. Les diverses activités proposées sont ordonnées et répondent à des objectifs phonologiques précis : repérer l'accent des mots, découvrir les relations entre phonie et graphie... Ces propositions ainsi que les documents qui les accompagnent sont aisément réutilisables sur d'autres contenus.

1. L'anglais oral : quelques principes de base

Un système phonologique tout à fait spécifique

Les sons de l'anglais et du français ne sont pas identiques

Les systèmes phonologiques de l'anglais et du français sont très différents. Il faut d'abord rappeler qu'aucun des phonèmes anglais (sons vocaliques et même consonantiques) ne recouvre parfaitement celui qui, plus ou moins, lui correspond en français. Les sons de l'anglais et du français ne sont pas identiques.

Certains éléments sont bien connus : ainsi les phonèmes anglais /ð/ et /θ/ correspondant à la graphie < th > n'existent pas en français et se familiariser avec ces deux réalisations fait partie de l'apprentissage. La prononciation du < r > anglais est toujours difficile à acquérir d'autant que sa prononciation varie en fonction de sa place et de son environnement dans le mot ou dans la phrase.

D'autres phonèmes sont plus traîtres : un /ɪ/ anglais, par exemple, ne se prononce pas comme le /i/ français, même s'il s'en approche et que la différence ne « saute pas aux oreilles » de tous ; un /p/ ou un /t/ anglais ne sont pas des /p/ ou des /t/ français, même si eux aussi se ressemblent : le léger claquement qui accompagne /p/, /t/, /k/ en anglais n'est pas toujours perceptible par une oreille française non avertie.

Ajoutons une difficulté de taille pour un apprenant francophone : d'un mot à l'autre, une même voyelle peut avoir plusieurs prononciations très différentes. Le cas du < a > est « un record ! »[10] :

cat	*date*	*star*	*many*	*parents*	*village*	*what*	*Walter*	*about*
/æ/	/ei/	/a:/	/e/	/eə/	/ɪ/	/ɒ/	/ɔ:/	/ə/

Mais la prononciation anglaise recèle encore une particularité remarquable : selon sa place dans un énoncé, un même mot peut avoir des prononciations différentes. Ainsi, *at* peut se prononcer tantôt

• /æ/ comme dans *What are you looking at?*

tantôt

• /ə/ comme dans *Look at the traffic!*

Ce phénomène est extrêmement fréquent. C'est l'objet central de ce dossier.

Le rythme de l'anglais : une alternance régulière de temps forts/temps faibles

En effet, le type de phénomène qui nous étonne le plus, une fois qu'on l'a identifié, tient au rythme de la langue : il concerne l'existence de formes faibles, inaccentuées, parfois même totalement neutralisées, qui, grâce à la présence à leur côté de formes pleines, accentuées, créent une alternance régulière de temps faibles/temps forts et impriment aux énoncés oraux une sorte de mouvement de balancier. Ce mouvement caractéristique de l'anglais oral, où le temps fort revient de manière régulière, n'existe pas du tout en français.

Exemples :

> *Tell me please, what time is it?*
> ● • ● • ● • •
> *That is extraordinary!*
> ● • ● • • •
> *Where are you going?*
> ● • • ●•
> *He's on his way to school.*
> ● • • ● • ●

Légende : ● = temps fort ; • = temps faible

10. Cf M. Quivy M. & C. Tardieu, *Glossaire de didactique de l'anglais*, p. 31, Ellipses, 1995.

Quel que soit l'énoncé, les syllabes accentuées *(stressed)*, donc les temps forts, reviennent à intervalles de temps assez réguliers. Cette régularité dans le temps est importante. Notons immédiatement qu'elle n'apparaît pas à l'écrit, ce qui est déconcertant puisqu'**il y a rarement concordance entre la longueur des mots écrits et le temps qu'on met pour les prononcer. Ceci signifie qu'un anglophone dit – ou lit – très rapidement certains mots tandis qu'il peut donner l'impression de s'attarder sur la syllabe accentuée d'autres.** Heureusement pour nous francophones, les mots accentués sont ceux que nous ressentons tous comme essentiels pour la compréhension : noms, adjectifs et verbes.

Mais il ne faudrait pas voir dans la régularité décrite une alternance mécanique qui serait toujours composée d'un temps fort suivi d'un temps faible. En effet, plusieurs formes non accentuées, faibles ou neutralisées, peuvent se suivre, c'est même très souvent le cas :

> *Look! A spider on the floor!*
> ● • ●• • • ●

Elles sont alors très rapidement prononcées, deviennent parfois quasi imperceptibles et, conséquence directe pour les non-anglophones, la difficulté pour les identifier (à l'écoute) et les comprendre est fortement accrue. Notons qu'il peut aussi arriver que deux formes accentuées se suivent, le débit est alors ralenti et une légère coupure introduite entre les deux. C'est plus facile pour nous francophones… mais beaucoup plus rare.

Même si la partie didactique de ce dossier traite tout particulièrement des temps faibles d'un énoncé (ceux qui, par définition, ne sont pas accentués), sans doute faut-il en toute logique commencer par parler des temps forts qui, eux, sont accentués.

Ces temps forts sont dus à l'emploi sur certaines syllabes de la forme pleine du phonème correspondant, renforcée par un accent. De ce fait, la syllabe en question est prononcée intelligiblement, avec une certaine énergie (mais non martelée) et sans hâte (les anglophones donnent même parfois l'impression de s'y reposer). La voix ne monte pas nécessairement, mais, en tout état de cause, sa qualité sonore est de premier ordre.
Quatre points sont extrêmement importants.

1. Une règle générale d'abord

Les temps forts tombent sur ce qu'on peut appeler des mots à sens plein (par opposition à ceux qu'on appelle les « mots-outils »).

Ces mots à sens plein sont nombreux et faciles à repérer : ce sont ceux auxquels on pense tout de suite quand on parle de lexique, ceux dont la référence est immédiate à l'esprit. Ils entrent presque tous dans les quatre énormes catégories grammaticales suivantes : noms, adjectifs, verbes à sens plein, adverbes.

Compte tenu de la fréquence de ces mots dans tout énoncé, la fréquence des syllabes accentuées est elle aussi très forte. C'est ce qui donne sa structure à la langue orale. C'est ce qu'un étranger arrive à percevoir quand bien même il ne comprend pas le reste.

2. Une précision

Le temps fort, accentué, qu'on appelle accent de mot (ou accent tonique), porte sur une syllabe, jamais sur le mot entier (quoique ce soit un peu plus compliqué pour les noms composés), sauf dans le cas de monosyllabes. Ainsi dans *remember*, c'est uniquement la deuxième syllabe qui est accentuée :

Remember (la syllabe accentuée est en gras)
• ● •

Ici on note l'alternance suivante : une syllabe faible, une syllabe accentuée, une syllabe faible. Dans *children*, en revanche, c'est uniquement la première syllabe qui est accentuée :

children
● •

Dans ce cas, l'alternance est la suivante : une syllabe accentuée, une syllabe faible.

3. Une question : et que se passe-t-il avec les mots monosyllabiques ?

C'est très simple : à partir du moment où le mot monosyllabique fait partie de ces « mots à sens plein » et relève des quatre catégories grammaticales mentionnées ci-dessus, il se comporte comme les mots polysyllabiques : il prend le **temps fort** et sa syllabe est donc pleine et sonore :

cat *(to) live* *blue*
● ● ●

4. Remarque relative aux polysyllabiques à sens plein

Pour un mot donné, l'accent de mot est intangible. Dans les mots longs, un deuxième accent de mot, accent secondaire moins marqué, vient parfois se placer à deux syllabes de distance de l'accent principal.

Au niveau qui nous occupe, cela concerne peu de mots.

Par exemple :

information *communication* *(to) represent*

• • ●• • • •●• • • ●

(la syllabe soulignée est celle qui porte l'accent secondaire)

Dans le cas général, que deviennent les autres syllabes, celles qui ne sont pas accentuées ? En fait, pour que le balancement fort/faible puisse s'instaurer, il faut qu'elles soient réduites à des **formes faibles :**

giraffe *interesting* *listen* *repeat*

• ● ● • • ●• • ●

weather *surprised* *comfortable* *geography*

● • • ● • ● • • •● • •

Savoir où se place l'accent de mot est aussi important que de connaître le mot lui-même, puisque c'est ce qui permet l'identification sonore du mot. Mais comment le savoir ?

En fait, c'est un « donné » qui obéit à des règles de distribution forgées avec le temps, dans le détail desquelles nous ne pouvons entrer ici. Indiquons simplement que la plupart des polysyllabiques portent leur accent sur la syllabe qui contient ou commence le radical du mot. Ainsi dans *remember*, l'accent porte-t-il sur ***mem*** (mémoire, mémoriser...). Cette syllabe est souvent la première. L'accent est alors aux antipodes de ce que fait naturellement un francophone : ***elephant, crocodile, beautiful, Saturday, Christopher, chocolate, hamburger, orange***, etc.

Pourtant, ce n'est pas toujours le cas, notamment lorsqu'il y a un préfixe *(begin, dislike, discover...)*, mais encore : *cassette, banana, potato, Samantha, behind, computer*, etc.

Il est facile de trouver – ou de vérifier – dans le dictionnaire[11] où se place l'accent tonique d'un mot, accent qui, rappelons-le, est inhérent à ce mot et ne se déplace pas[12]. À côté du mot écrit figure soit une transcription phonétique, soit une indication permettant de repérer où se trouve la syllabe accentuée. Les phonèmes des syllabes accentuées en accent principal gardent bien entendu leur forme pleine. Les phonèmes correspondant aux accents secondaires (quand il y en a

---

11. Cf. en particulier : J.-C. WELLS, *Pronunciation dictionary*, Longman, 1990.

12. Dans certains cas où noms et verbes ont la même graphie, c'est la nature grammaticale du mot qui détermine la place de la syllabe accentuée (*to record/a record*, par exemple).

pour les mots de trois syllabes et plus) sont indiqués. La transcription des phonèmes vocaliques correspondant aux syllabes non accentuées montre l'affaiblissement, voire la neutralisation de ces syllabes.

2. Le français oral : un système bien différent

Les Français, les francophones en général, sont-ils plus mal lotis que les autres non-anglophones pour se « convertir » au rythme particulier de la langue anglaise ? Il est probable que oui.

Lors d'un colloque sur l'enseignement des langues à l'école élémentaire[13], le professeur Éric Hawkins de l'université de York (GB) disait ceci :

> « L'anglais est l'exemple type des langues qui obéissent au rythme de l'accent tonique [...] *(stress-timed languages).* Le français est l'exemple de l'autre catégorie, les langues qui obéissent au rythme de la syllabe *(syllable-timed).* »

En français, en effet, c'est le rythme de la syllabe qui est de loin prépondérant. Qu'est-ce que cela veut dire ? Nous nous référons à ce qu'a écrit G. Faure[14] :

– Dans le cas des mots isolés, « toutes les syllabes sont articulées avec une énergie sensiblement égale, la dernière portant seule un léger accent de durée... »
– Dans le cas qui nous intéresse davantage, celui des énoncés, « chaque groupe rythmique peut être considéré comme un mot unique, [...] le dernier mot du groupe [...], seul, porte un léger accent sur la dernière syllabe. »

Nous, francophones, avons appris au berceau à entendre toutes les syllabes puisque celles-ci frappaient notre oreille avec sensiblement la même force. Nous sommes donc habitués à les prononcer avec la même intensité, dans leur forme pleine. Il est certain qu'il nous arrive très fréquemment de contracter des phonèmes consonantiques en faisant disparaître certains sons.

Par exemple, le son /ə/ dans « j(e) peux v(e)nir ? », le /l/ dans « i(l) vient demain », le /y/ dans « t'es là ? ». De même, nous arrive-t-il de

---

13. Cf. C. Luc (éd.), *Les langues vivantes à l'école élémentaire.* Actes de colloque, p.101, INRP, 1991.
14. Cf. G. Faure, *Manuel pratique d'anglais parlé,* p.84, coll. Faire le point Classiques, Hachette, 1975.

déformer en les amalgamant certains phonèmes consonantiques, au point de faire disparaître certains mots : « Je ne sais pas » prononcé /ʃepa/.

Il reste cependant que nous avons tendance à accorder le même temps et la même force à chaque syllabe prononcée et à les juxtaposer calmement. Par exemple, « intéressant » a quatre syllabes en français qui sont toutes prononcées de manière intelligible et avec la même force, alors que /ɪntrɪstɪŋ/ n'a que trois syllabes en tout et que seule la première est accentuée.

Nous ne pourrons pratiquement jamais nous défaire des habitudes phonologiques acquises dès le plus jeune âge, qui sont inhérentes à notre personnalité. Nous tenons d'ailleurs à notre façon de parler : en prononçant correctement, ne rendons-nous pas les mots parfaitement intelligibles ? Intelligibles en français, certes, mais pas pour un anglophone qui, lui, a baigné dès le berceau dans un environnement langagier totalement différent, fait de temps forts et de temps faibles, et qui, peu à peu, a appris à identifier les énoncés – et, de manière plus générale, les mots – grâce aux accents toniques[15].

Passer (au mieux) des habitudes langagières des uns à celles des autres demande beaucoup de temps, une attitude volontariste, la conscience de ce qu'il en est, ainsi que ténacité et vigilance. C'est, pour le citer de nouveau, ce que dénonçait Éric Hawkins :

> « Nous attendons de nos élèves qu'ils franchissent un gouffre phonologique pour s'extraire d'une catégorie d'habitudes linguistiques et se plonger dans une autre sans qu'ils y soient préparés. »

Pour l'anecdote, citons aussi ce reproche imagé, entendu en pays anglophone, où rythme, intonation et intensité sont en cause : « Vous, les Français, quand vous parlez anglais, vous donnez l'impression de parler comme des mitraillettes ! »
Cette formule s'adressait à des personnes qui, bien que parlant couramment l'anglais, avaient du mal à se faire comprendre par des anglophones.

Alors comment s'efforcer de désamorcer ce reproche, comment ne plus donner cette impression ? En fait, il y a un domaine un peu méconnu mais sur lequel nous avons prise, celui des formes faibles.

---

15. Cf. l'étude comparative entre bébés anglais et français sur les premiers essais de reprise de ce qu'ils entendent in J. MEHLER & É. DUPOUX, *Naître humain*, Odile Jacob, 1990.

3. Les formes faibles en anglais

Paradoxalement, même si les temps forts constituent l'ossature des énoncés, on peut légitimement affirmer que tout le système phonologique de l'anglais repose sur les temps faibles. En effet, un énoncé anglais prononcé à la française, toutes les syllabes étant prononcées comme des temps forts, reste du français (avec des mots puisés dans la langue anglaise) ; les anglophones ont beaucoup de mal à y retrouver leurs « petits ». Au contraire, le locuteur francophone qui sait où et comment placer les temps faibles peut commencer à approcher le rythme balancé de l'anglais.

Savoir maîtriser correctement (et, disons-le, automatiquement, sans y penser) les formes faibles chaque fois qu'elles sont nécessaires, améliore considérablement la qualité de notre expression. Mais, fait plus étonnant encore, la capacité à identifier les éléments de la phrase entendue en est également accrue. Par conséquent, maîtriser les formes faibles est aussi un facteur facilitateur de la compréhension de l'oral.

3.1. Qu'est-ce qu'une forme faible ?

C'est tout simplement une forme pleine affaiblie. Pour la clarté de l'exposé, nous avons choisi de ne parler que de formes faibles (ou affaiblies) qui regroupent tout à la fois des phénomènes de réduction *(I am* → /aiəm/*)* et de disparition *(I am/I'm* → /aim/*)*.

Ce qu'il faut bien comprendre (car cela ne va pas de soi pour un francophone) et que nous signalions dès le début du dossier, c'est qu'en anglais, les phonèmes vocaliques (ou sons-voyelles) ne gardent pas toujours leur « vraie » teneur, c'est-à-dire leur forme pleine :

• Ils peuvent d'abord ne pas apparaître du tout. C'est le cas dans les polysyllabiques à sens plein donnés plus haut en exemple :
comfortable → /ˈkʌmf.təbl/ interesting → /ˈɪnt.ristiŋ/
extraordinary → /ɪksˈtr.ɔːdinəri/

• Ils ont tendance à se réduire non seulement en intensité, mais aussi en longueur, ce qui modifie le son même. Ainsi /uː/ devient /ʊ/ *(you, to)*, /iː/ devient /ɪ/ *(he, she)* ;

• Enfin, et c'est le phénomène le plus intéressant, car permanent, récurrent, jalonnant l'anglais oral : **les phonèmes vocaliques en position inaccentuée** s'altèrent, **s'affaiblissent**, se transforment, **au point d'être neutralisés**. Cela signifie que, quel que soit le son

vocalique de base, ils tendent à s'uniformiser en un son terne[16], /ə/, assez proche du « euh » – mais en plus court –, dont on émaille un discours quand on ne sait pas trop quoi dire.
Ainsi, /æ/, /e/, /ei/, /ʌ/, /u/, /ɔ:/ peuvent tous devenir /ə/.

Cette souplesse extraordinaire de l'anglais oral constitue la clé de voûte de sa prononciation. Elle accentue le balancement temps fort/temps faibles. Il reste donc pour nous, francophones, à savoir nous en servir.

3.2. Où les syllabes en formes faibles se trouvent-elles ?

Les temps faibles se trouvent à deux niveaux :
- Au niveau du mot, ils concernent les syllabes inaccentuées des mots polysyllabiques à sens plein ;
- Au niveau de l'énoncé, ils touchent quantité de petits mots monosyllabiques, dont le son-voyelle se neutralise totalement.

Voyons ceci plus en détail.

Les syllabes faibles des mots polysyllabiques

Simple piqûre de rappel : toutes les syllabes d'un mot polysyllabique qui ne sont pas accentuées (accent principal ou secondaire) sont *ipso facto* faibles et souvent totalement neutralisées. Lorsque le mot qui les contient est placé dans un énoncé, elles ne varient pas[17] :

> ***Monkeys** (love) **bananas** (and) **peanuts**.*
> ● •   • ● •   ● •
>
> *The **scenery** (was) **marvellous, wonderful, magnificent**.*
> ●••   ● • •   ● • •   • ● • •

Les « petits mots » monosyllabiques

Il s'agit de mots souvent appelés à tort « mots-outils » (qui, s'ils sont indispensables tout comme les outils, n'en sont pas pour autant vidés de leur sens propre). Quand ils ne sont pas isolés, c'est-à-dire à chaque fois qu'ils ont une fonction de mot de liaison dans l'énoncé, ces mots ne sont jamais accentués. Ils se prononcent toujours en forme faible, voire totalement neutralisée.

16. « Le son le plus terne de la langue », selon l'expression de Faure, op. cité, p. 97.
17. Pour une présentation plus complète des règles de prononciation des voyelles inaccentuées, se reporter à J.-L. Duchet, *Code de l'anglais oral*, Ophrys, 1991.

Les **prépositions**, les **conjonctions**, lorsqu'elles sont des monosyllabes, entrent dans ce groupe. Mais on y trouve bien d'autres catégories de mots : les **pronoms personnels**, les déterminants (articles, adjectifs possessifs, démonstratifs), l'adverbe ***not***, le verbe ***be*** et les **auxiliaires** *(be, have, can, must…)*. En tout, une soixantaine de mots dont le phonème vocalique de base se transforme régulièrement en ce son terne /ə/. G. Faure en dresse une précieuse liste, à laquelle nous renvoyons le lecteur[18].

Quelques exemples :

> *One or two*
> *Bread and butter*
> *A cup of hot chocolate*
> *Look at me!*
> *Go to the market!*
> *John is away!*
> *I have got your pencil.*

La neutralisation du son vocalique en /ə/ n'est pas automatique. Des formes intermédiaires existent notamment, nous l'avons déjà mentionné, pour les phonèmes /u:/ et /i:/. Mais il faut avoir conscience que la neutralisation complète est extrêmement fréquente. C'est pourquoi il importe d'apprendre à la produire aussi souvent qu'elle est requise.
Y a-t-il des cas où elle est impossible ?

3.3. Les quelques cas où la forme faible est impossible

Nous avons évoqué le caractère fixé une fois pour toutes (sauf cas rares) des syllabes faibles dans les mots à sens plein, polysyllabiques. En revanche, pour les mots de liaison monosyllabiques sur lesquels se portent avec prédilection les formes faibles, il reste à se demander s'il existe des exceptions, des cas où ces mots sont employés nécessairement dans leur forme pleine. En réalité, il n'en existe guère que deux, très claires. La neutralisation est impossible quand :

---

18. Cf. Faure, op. cité, pp.102-106

• La neutralisation qui aurait dû se produire est elle-même neutralisée par la volonté du locuteur. Le mot en question correspond alors à une intention particulière du locuteur (forme emphatique) :

> *Don't drink and drive!*
> /ænd/
> *Don't be silly! I'm not joking! I am working.*
> /æm/

• Le mot en question n'a plus une fonction de liaison dans l'énoncé car il occupe une place spécifique dans la syntaxe : en tout début ou en fin d'énoncé. C'est le cas pour **l'auxiliaire dans les *yes/no questions* et dans les réponses courtes :**

> – *Are they here?* /a:/ — *Yes, they are.* /a:/
> – *Does he speak French?* /dʌz/ — *Yes, he does.* /dʌz/
> – *Can you swim?* /kæn/ — *Of course, I can!* /kæn/

Dans les *WH questions*, c'est aussi le cas des **prépositions** qui accompagnent un verbe et lui donnent son sens ; elles se placent obligatoirement à la fin des *WH questions* :

> – *What are you waiting for?* /fɔ:/ — *Who are you looking at?* /æt/

3.4. Formes faibles et qualité de langue

À ce stade s'impose une précision sur la qualité de la langue. Redisons-le, tout énoncé oral en anglais est une alternance (dans le temps) de syllabes accentuées et de syllabes faibles. **Il faut insister sur le fait que l'utilisation des formes faibles et neutralisées est la manière naturelle de parler, la seule, la vraie en quelque sorte.** Il ne s'agit nullement de relâchement exagéré ou paresseux, voire de négligence coupable et encore moins de mauvais exemple à ne pas suivre auxquels certains anglophones se laisseraient aller. Dans le célèbre ouvrage de référence qu'est le dictionnaire de prononciation de l'anglais de Daniel Jones[19],

19. D. JONES, *English Pronouncing Dictionary*, Introduction, p.XXIII, 14th edition, Cambridge University Press, 1991.

20. Il est impossible de dire si cette phrase figurait déjà dans les premières éditions du dictionnaire (la première date de 1917 !) ou si elle a été introduite par A. C. GIMSON lors de la révision de l'ouvrage qui a donné lieu à une réédition en 1967.

on trouve en introduction[20], à propos de ces formes :

> *« An analysis of their occurrence in connected speech indicates clearly that the weakened form is overwhelmingly the most frequent. »*

(Une analyse de leur occurrence dans un discours suivi indique clairement que la forme faible est de loin la plus fréquente.)

Il s'agissait pourtant là de ce qu'on a appelé la *RP (Received Pronunciation)*, prononciation de qualité qui a servi de modèle à des générations.

Le rythme continu fait de temps forts et de temps faibles de la langue anglaise est si fondamental que, s'il n'est pas respecté, un anglophone peut légitimement affirmer que ce qu'il entend n'est pas de l'anglais (à proprement parler). Réciproquement, pour les non-anglophones, s'approprier cette réalité particulière de la langue anglaise orale conduit à mieux reconnaître, mieux identifier les éléments de base (souvent reliés par des liaisons) des énoncés entendus, donc à segmenter plus facilement et plus sûrement ces énoncés. C'est pourquoi rapidité et fiabilité en compréhension s'en trouvent accrues.

Pour un enseignant, ce n'est donc pas vraiment une question de choix : il doit se mettre en condition d'intégrer le mieux possible, à titre personnel et dans son enseignement, cette dimension extraordinaire de la langue anglaise.

4. Approche didactique des temps faibles

4.1. Nature de l'obstacle

En approche didactique, nous avons choisi de privilégier dans ce dossier les temps faibles, qui, par leur statut même, se trouvent être les grands oubliés de l'enseignement de la prononciation. Apprendre à produire les syllabes accentuées ne constitue pas une énorme difficulté pour un francophone, bien qu'il prenne souvent à tort, l'habitude d'élever la hauteur de la voix en même temps qu'il en accroît l'intensité. Ce qui pose vraiment problème, c'est au contraire de lui apprendre à ne pas accentuer malgré lui ce qui ne doit pas l'être.

Sauf à le laisser tout avaler en un bredouillage inintelligible, on doit enseigner tout de suite à l'élève à prononcer rapidement les syllabes non accentuées dans un mot ou dans un énoncé, et à recourir régulièrement à la forme neutralisée. Et si les formes faibles se mettent en place de manière adéquate, les formes accentuées prennent beaucoup plus facilement la place qui leur revient dans le balancement ainsi créé.

Deux obstacles s'opposent à la bonne appréhension des formes faibles :

- **Leur identification sonore**

En effet, quand on a appris, par exemple, à identifier les prépositions /æt/, /tu:/ ou /frɔm/, il n'est pas naturel de prononcer ces mots en forme faible, soit /ət/, /tə/ et /frəm/, dès qu'ils sont dans un énoncé. Or, c'est bien ce qui est systématiquement fait par les anglophones. C'est donc ce qu'il faut apprendre à faire tout aussi systématiquement.

- **Leur graphie**

Quant à la graphie, c'est, toutes formes confondues, syllabes accentuées ou faibles, un obstacle de taille à une prononciation de qualité, puisqu'il faut réapprendre à lire en anglais et sans cesse veiller à ne pas reprendre les habitudes de lecture, sons et rythme, à la française. Obstacle auquel les enseignants sont confrontés en permanence.

Les « petits mots » monosyllabiques repérés plus hauts, que nous avons appelés mots de liaison, cumulent ces deux difficultés.

Il faudrait passer en revue toutes les catégories de mots monosyllabiques concernés (pronoms personnels, adjectifs possessifs, auxiliaires, etc.), ce qui encore une fois dépasse les limites de ce dossier. Nous ne traiterons que certaines, particulièrement fréquentes dans les énoncés rencontrés à ce stade de l'apprentissage, car leur maîtrise peut permettre une amélioration parfois spectaculaire de la compréhension et de la prononciation des énoncés. Ce sont :
– des prépositions et des conjonctions
– *be* en tant que verbe et auxiliaire
– d'autres auxiliaires (*can, could, have, do*, par exemple)
– l'adverbe de négation *not*.

4.2. Prépositions et conjonctions

C'est bien souvent des prépositions et conjonctions que dépend la justesse du rythme imprimé à la phrase. Il faut donc tout particulièrement veiller à la qualité de la neutralisation du phonème vocalique. **La difficulté de la tâche est accrue pour l'apprenant par le fait que ces mots s'écrivent toujours en forme pleine** (contrairement à la plupart des auxiliaires), **alors qu'ils ont presque toujours une forme orale réduite.**

Cette forme orale réduite s'exerce sur les prépositions suivantes :

at → /ət/ ; *for* → /fə/ et même /fø/ ; *from* → /frəm/ ; *of* → /əv/ ; *to* → /tʊ/ et même /tə/ ; *with* → /wəð/

Elle s'exerce aussi sur les conjonctions :

and → /ənd/ ou même /ən/ ; *but* → /bət/ ; *or* → /ə/ ; *as* → /əz/ ; *that*[21] → /ðət/

Prenons un exemple :

> *Please knock at the door and open it!*
> ● ● • • ● • ●• •

Dans cet énoncé, *at* et *and* se prononcent en forme faible, soit respectivement /ət/ et /ən/ : il y a en effet neutralisation totale des sons /æ/ qui se transforment en /ə/. En outre, il y a disparition du phonème consonantique /d/ pour *and*. À cela s'ajoutent des phénomènes de liaison (comme en français).

Autre exemple :

> *He's on his way to school.*
> ● • • ● • ●

Dans cet énoncé, *on* ne subit pas à proprement parler de neutralisation du son vocalique, mais il est non accentué ; dans *his*, également inaccentué, le /h/ disparaît et une liaison s'effectue entre les deux mots *on his* → /ɒniz/ ; la préposition *to* se neutralise complètement en /tə/.

> **Lorsqu'elles sont placées dans un énoncé, les prépositions et les conjonctions se prononcent en forme faible.**

On serait tenté de se demander pourquoi on n'enseigne pas directement les prépositions et conjonctions sous leur forme faible. Sans doute devrait-on, en tout cas, enseigner leurs deux prononciations[22] dès la première rencontre de ces mots.

4.3. Verbe et auxiliaire be

Avec *be*, c'est très simple : en dehors des cas où il doit être employé en forme pleine, soit parce qu'il y a volonté du locuteur de lui donner une forme emphatique, soit parce qu'il est placé en début ou en fin d'énoncé (nous consacrons quelques lignes plus bas à ce cas), *be* doit

21. Contrairement à *that* démonstratif, toujours en forme orale pleine : /ðæt/.

22. Cf. à ce sujet le travail conduit méthodiquement par M.-A. Ligozat et W. Halff, in *Cahiers Charles V*, n°19, Université Paris 7, p. 202, 1995.

toujours se prononcer en forme faible, quel que soit son statut grammatical (verbe à sens plein ou auxiliaire d'un autre verbe) et quelle que soit l'image orthographique qu'on s'en fait ou qui l'accompagne (avec toutes ses lettres ou sous forme contractée).

> **Les formes faibles de *BE* (auxiliaire-verbe ou auxiliaire) sont les seules formes authentiques dans la plupart des phrases déclaratives.**

Aussi peut-on donner le tableau suivant où il apparaît avec le pronom personnel qui l'accompagne

Graphie	Prononciation
I am / I'm	/aim/
She is / She's	/ʃɪz/
He is / He's	/hɪz/
It is / It's	/ɪts/
We are / We're	/wiə/
You are / You're	/jʊə/
They are / They're	/ðeə/

Remarque importante

Ce tableau ne doit pas laisser croire que *be* reprendrait sa forme pleine quand le sujet de l'énoncé n'est plus un pronom personnel mais un nom. Les mêmes règles de prononciation faible sont de rigueur :

> *John is ready.* /ˈdʒɒnzˈredɪ/
> → /z/
> *His father is working in the garage.* /hizˈfaːðəzˈwəːkiŋ/

Notons que les phénomènes de liaison existent aussi en anglais et qu'ils affectent la prononciation de l'auxiliaire, des prépositions…, tous ces mots-outils qu'on appelle à juste titre mots de liaison.

- Phénomène de liaison :

> *I'm English.* → /aiˈmiŋgliʃ/

- Phénomène d'absorption consonantique du /m/, du /s/ ou du /r/ :

> *I'm Matthew.*
> *He is Spanish.*
> *They're rich.*

En effet, quand deux consonnes très proches du point de vue articulatoire se trouvent en contact, l'une semble « disparaître » dans l'autre. Ce phénomène a tendance à provoquer des erreurs récurrentes à l'écrit :

** I Matthew*
** He Spanish*

4.4. Les cas des autres auxiliaires

Les autres auxiliaires, tout comme *be*, suivent la règle d'affaiblissement du son-voyelle dès qu'ils sont dans un énoncé (sauf, comme pour *be*, en début et en fin d'énoncé). L'auxiliaire est souvent si peu marqué qu'il disparaît presque à l'oral. Seul subsiste un léger battement rythmique qui n'est pas toujours aisément perceptible pour une oreille non entraînée.

What have you got in your pocket?
/wɒtəv/

Where do you live?
/djʊ/

Samantha will be there.
/əl/

The children can play now.
/kən/

Tableau récapitulatif des auxiliaires principaux

Graphie	Forme pleine	Forme faible
have/'ve	/hæv/	/həv/ ou /əv/ ou /v/
has/'s	/hæz/	/həz/ ou /əz/ ou /z/
do	/du:/	/də/ ou /d/
does	/dʌz/	/dəz/
can	/kæn/	/kən/ ou /kn/
could	/kʊd/	/kəd/
must	/mʌst/	/məst/
will/'ll	/wil/	/əl/ ou /l/
would/'d	/wʊd/	/wəd/ ou /əd/ ou /d/

Remarque à propos de /z/ placé en auxiliaire

Les élèves identifient assez vite le son consonantique /z/ qu'ils associent à la troisième personne du singulier de *be*. En revanche, ils pensent rarement à l'associer à l'auxiliaire *have* :

She has got two brothers.
/ʃiz/

Cas où l'auxiliaire reste en forme pleine
Rappelons que les auxiliaires, à l'instar de *be*, sont en forme pleine lorsqu'ils commencent ou terminent un énoncé. En début d'apprentissage il s'agit essentiellement :

- des *yes/no questions* :

Am I coming too?
/æmai/
Can you speak English?
/kæn/
Do they live in France?
/du:/
Has he got a pet?
/hæz/

- des réponses courtes :

Yes, I can.
/kæn/
Yes, they do.
/du:/
Yes, he has.
/hæz/

Lorsque l'auxiliaire est le premier mot ou le dernier mot d'un énoncé, il est en forme pleine.

4.5. L'effet de la négation not

Dans les énoncés négatifs, le son /nɒt/ se réduit à /nt/ et s'accroche à l'auxiliaire qui, lui, reste en forme pleine : l'adjonction de *not* à l'auxiliaire (ou à l'auxiliaire-verbe *be*) a pour conséquence de mettre en relief ce dernier et de lui conférer, à l'oral, une présence qu'il n'a pas à la forme affirmative[23]. En effet, dans les énoncés affirmatifs, nous avons vu que l'auxiliaire s'entend à peine, ou pas du tout, du fait de la neutralisation de la voyelle et des phénomènes de liaison qui peuvent l'accompagner :

Paul is out.
/pɔ:lzaʊt/
He has got a pet.
/hiz/

En revanche, l'auxiliaire s'entend dans les énoncés négatifs, ce qui,

23. Voir l'article de W. Halff, *L'oral et l'erreur grammaticale*, Les Langues Vivantes à l'École Élémentaire, Actes du Colloque INRP, juin 1990.

pour un francophone, est parfaitement paradoxal. Ainsi, on entend *is* /iz/, ou *have* /hæv/, seulement lorsque l'énoncé est négatif :

Paul is not here.
/pɔ:liznt/

I have not got a pet.
/aihævnt/

Sensibiliser les élèves à ce fait phonologique peut leur être d'une aide précieuse pour la compréhension de l'énoncé. On peut dans cette optique accentuer le paradoxe par des formulations qu'ils retiendront plus facilement :

« Quand on entend /iz/, c'est qu'il/elle n'y est pas.
Quand on entend /hæv/, c'est qu'il/elle n'en a pas. »

Quand on entend clairement l'auxiliaire dans un énoncé, il y a de fortes chances que celui-ci soit à la forme négative. Inversement, si on ne l'entend pas, c'est sans doute que l'énoncé est à la forme affirmative.

Pour leur faire bien sentir la différence, on peut aussi scander des paires d'énoncés en tapant dans les mains à chaque syllabe accentuée. Le battement rythmique perceptible lorsque l'auxiliaire est à la forme négative n'existe pas lorsque celui-ci est à la forme affirmative.

Jane is at home.
● ● deux battements rythmiques
*Jane **isn't** at home.*
● ● ● trois battements rythmiques
Ted has got a dog.
● ● ● trois battements rythmiques
*Ted **hasn't** got a dog.*
● ● ● ● quatre battements rythmiques

Cependant, il faut signaler la possibilité de prononcer l'auxiliaire en forme faible et *not* en forme pleine /nɒt/. C'est le cas pour *I am not* qui se prononce /aimnɒt/. C'est aussi le cas chaque fois que l'on veut insister sur la négation.

Exemple :
They are not (here) se prononce /ðeia:nt/ en assertion normale, mais en assertion forte (de type, « je t'assure que...) cela devient /ðeia:nɒt/. Notons que cette deuxième prononciation est beaucoup plus rare.

Quelques applications

	Objectifs visés	Activités de l'élève	Savoirs et savoir-faire mis en lumière	Type d'organisation	Matériel nécessaire
1. Objectif métalinguistique : initiation au système phonologique de l'anglais	**Identification de l'obstacle**	Repérer le nombre de syllabes à l'oral et à l'écrit (activité 1) *Écouter, compter, verbaliser*	« Ça ne se dit pas comme ça s'écrit » : en anglais les relations phonie/graphie ne sont pas les mêmes qu'en français.	Groupe-classe	
	Mise en lumière d'un concept de portée générale **Découverte d'un outil métalinguistique**	Classer les noms selon la prononciation de la voyelle de la syllabe accentuée (activité 2) *Écouter, discriminer, répéter, observer, classer, mémoriser*	***D'une langue à l'autre, les relations entre phonie et graphie sont souvent différentes.***	Groupe-classe	Doc. n° 1 et 1bis
		Associer le symbole phonétique au son de la voyelle accentuée (activité 3) *Écouter, observer, discriminer*	**Les premiers symboles phonétiques**	Groupe-classe	– Étiquettes des symboles phonétiques – *Flashcards* jours – Doc. n° 2, 3 et 4
2. Restitution d'énoncés simples	**Réactivation des références culturelles** **Insertion des jours dans un énoncé** **Introduction de *is***	**Fabriquer une comptine** • Reconnaître les mots épelés (activité 1) *Écouter, reconnaître, lire* • Associer symbole et jour (activité 2) *Associer* • Construire une phrase (activité 3) *Relier, réciter, mémoriser* • Rédiger la comptine (activité 4) *Écrire*	Du groupe nominal à la phrase Découverte du lien entre le sujet de la phrase et ce qu'on en dit : ***is***	Groupe-classe Groupe-classe Groupe-classe Travail individuel	Étiquettes : mots de la comptine Doc. n° 5 Doc. n° 6

Mise en œuvre de la séquence d'enseignement

1. Réflexion métalinguistique portant sur les relations phonie/graphie : initiation au système phonologique de l'anglais

Ce dossier permet aussi d'aborder le système phonologique de l'anglais. En anglais les relations phonie/graphie sont différentes de celles que l'élève connaît en français. C'est pourquoi, dès ce stade de l'apprentissage, il est important d'éveiller la vigilance et de le sensibiliser aux spécificités de l'anglais :

- différence de syllabation entre l'oral et l'écrit
- prononciation de la voyelle accentuée d'un mot
- écarts entre phonie et graphie : la lettre < U > par exemple se prononce /u:/ dans *Tuesday* et /ɜ:/ dans *Thursday*. De même, le son /ʌ/ correspond à un < U > dans *Sunday* et à un < O > dans *Monday*.

C'est l'occasion d'introduire les premiers symboles phonétiques. L'alphabet phonétique constitue en effet une aide précieuse si l'on vise à rendre l'élève plus autonome : il importe qu'il puisse vérifier sa production orale, corriger ses erreurs, retrouver la prononciation d'un mot.

Activité 1 : repérage du nombre de syllabes à l'oral et à l'écrit (différence entre phonie et graphie)

L'enseignant dit un nom de jour en anglais. Les élèves doivent indiquer s'ils **entendent** deux ou trois syllabes en montrant deux ou trois doigts (deux syllabes dans chacun des mots sauf *Saturday*).
L'enseignant refait l'activité mais cette fois en pointant les mots écrits affichés. Pour *Wednesday*, les élèves ne sont pas tous d'accord. Un débat s'engage où les élèves doivent justifier leur réponse : « J'ai entendu deux syllabes », « Regarde, il y a trois syllabes au tableau », « On n'entend pas le *d* », etc. Après discussion, on aboutit à un premier constat que l'enseignant demande aux élèves de formuler explicitement : on entend deux syllabes [wens – dei] mais on en voit trois *(Wed-nes-day)*. Cette conclusion à laquelle les élèves sont conduits doit être verbalisée, compte tenu de son importance :

Ça ne se dit pas comme ça s'écrit.

Activité 2 : relation phonie/graphie. Classement des noms selon la prononciation de la voyelle de la syllabe accentuée

Afin de faciliter la mise en place des sons de l'anglais, il est tout à fait souhaitable de compléter l'entraînement à la prononciation des sons par une prise de conscience de ce que les élèves entendent : attirer leur attention sur la longueur du son vocalique, sur le fait qu'il est unique ou diphtongué, ne peut qu'être bénéfique sur le long terme.

Matériel

Une série d'étiquettes avec les jours de la semaine

Mise en œuvre

On dessine trois ensembles au tableau : l'ensemble intitulé *short vowels* correspond aux mots dont la syllabe accentuée est une voyelle brève, l'ensemble intitulé *long vowels* correspond à ceux dont la syllabe accentuée est une voyelle longue, le dernier ensemble intitulé *diphthongs*[24] correspond aux mots dont la syllabe est diphtonguée.

L'enseignant prononce le nom du premier jour de la semaine, *Sunday*. Un élève place l'étiquette correspondante du mot écrit dans le bon ensemble et prononce le jour à haute voix pour vérifier l'adéquation entre le son de la syllabe accentuée et l'ensemble choisi. La classe et l'enseignant commentent le choix de l'élève.

Document n° 1
Tableau

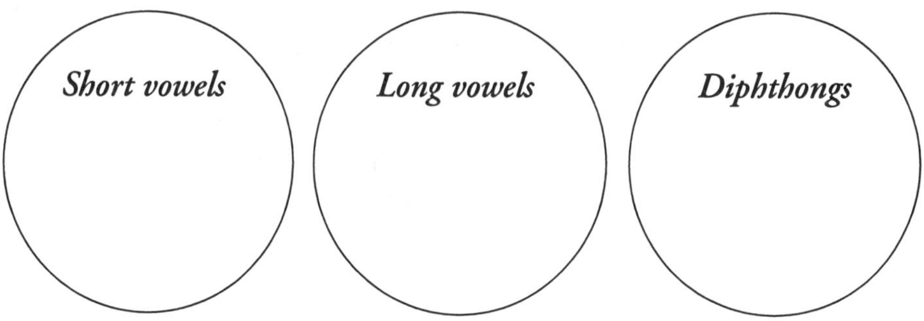

24. *Diphthongs :* voyelle qui change de timbre en cours d'émission, à l'intérieur d'une même syllabe.

Document n° 1 bis
Tableau complété

Les symboles phonétiques présentés ci-dessous sont pour le moment un simple rappel destiné à l'enseignant. Ils n'apparaissent pas dans la correction de cette activité. Ils seront introduits auprès des élèves à partir de l'activité suivante.

Short vowels
Sunday /ʌ/
Monday /ʌ/
Saturday /æ/
Wednesday /e/

Long vowels
Tuesday /u:/
Thursday /ɜ:/

Diphthongs
Friday /ai/

Activité 3 : introduction des premiers symboles phonétiques (suite de l'activité précédente)

Matériel

– Un jeu d'étiquettes avec les symboles phonétiques suivants :
/ʌ/ /u:/ /ɜ:/ /ai/ /e/ /æ/
– Une série d'étiquettes avec les jours de la semaine

Mise en œuvre

L'enseignant prononce les jours de la semaine et montre à chaque fois l'étiquette du son correspondant. Il distribue le document n° 3 (tableau sans les mots). Il montre une étiquette avec le nom d'un jour. Un élève lit à haute voix le mot. Les autres doivent dire à quelle catégorie de voyelles appartient la voyelle accentuée *(short, long, diphthong)*. L'enseignant montre le signe phonétique correspondant (*flashcard* ou tableau) et explique que ce symbole correspond au son de la voyelle accentuée (ex. : *Monday* → /ʌ/). Les élèves écrivent le mot dans leur tableau. L'utilisation du rétroprojecteur est souhaitable pour que les élèves aient sous les yeux le modèle correct à recopier.

À la fin de l'activité, les élèves ont découvert six signes phonétiques :

/ʌ/ /u:/ /e/ /ɜ:/ /ai/ /æ/

Ce tableau pourra progressivement être complété par d'autres mots au fur et à mesure des rencontres, par les mois de l'année par exemple. L'enseignant pourra, à intervalles réguliers, demander à un élève de préparer la lecture à voix haute et bien posée de son tableau. Cet exercice pourra servir d'entraînement et de temps en temps d'évaluation.

Le document n° 4 destiné à l'enseignant (p. 264) comporte toutes les données nécessaires pour transcrire les relations phonie/graphie des mots rencontrés en classe. Ce tableau est un outil, un modèle, que l'enseignant complétera en fonction de ses besoins, pour lui permettre d'intégrer progressivement, de façon organisée, le vocabulaire thématique utilisé en classe. Le tableau n'est pas exhaustif, c'est une illustration possible de ce qu'il peut contenir.

Document n° 2
Une autre manière de visualiser
The vowel sun (le soleil des voyelles)

Le soleil des voyelles (page suivante) est un outil qui peut être exploité pour n'importe quel champ lexical : il permet de visualiser la prononciation des mots rencontrés sous une forme attrayante, ce qui favorise la lecture autonome et la mémorisation. Le soleil peut être agrandi et affiché dans la classe. Sur sa circonférence, coloriée en trois tronçons (arcs) de couleur différente, sont représentées les voyelles brèves, longues et les diphtongues.

Ce soleil sera progressivement rempli au fur et à mesure des rencontres. On peut imaginer différents soleils dans la classe, celui du temps, des animaux, de la nourriture, etc.

L'enseignant pourra, à intervalles réguliers, demander à un élève de préparer la lecture à voix haute et bien posée d'un « soleil ». Cet exercice pourra servir d'entraînement et de temps en temps d'évaluation.

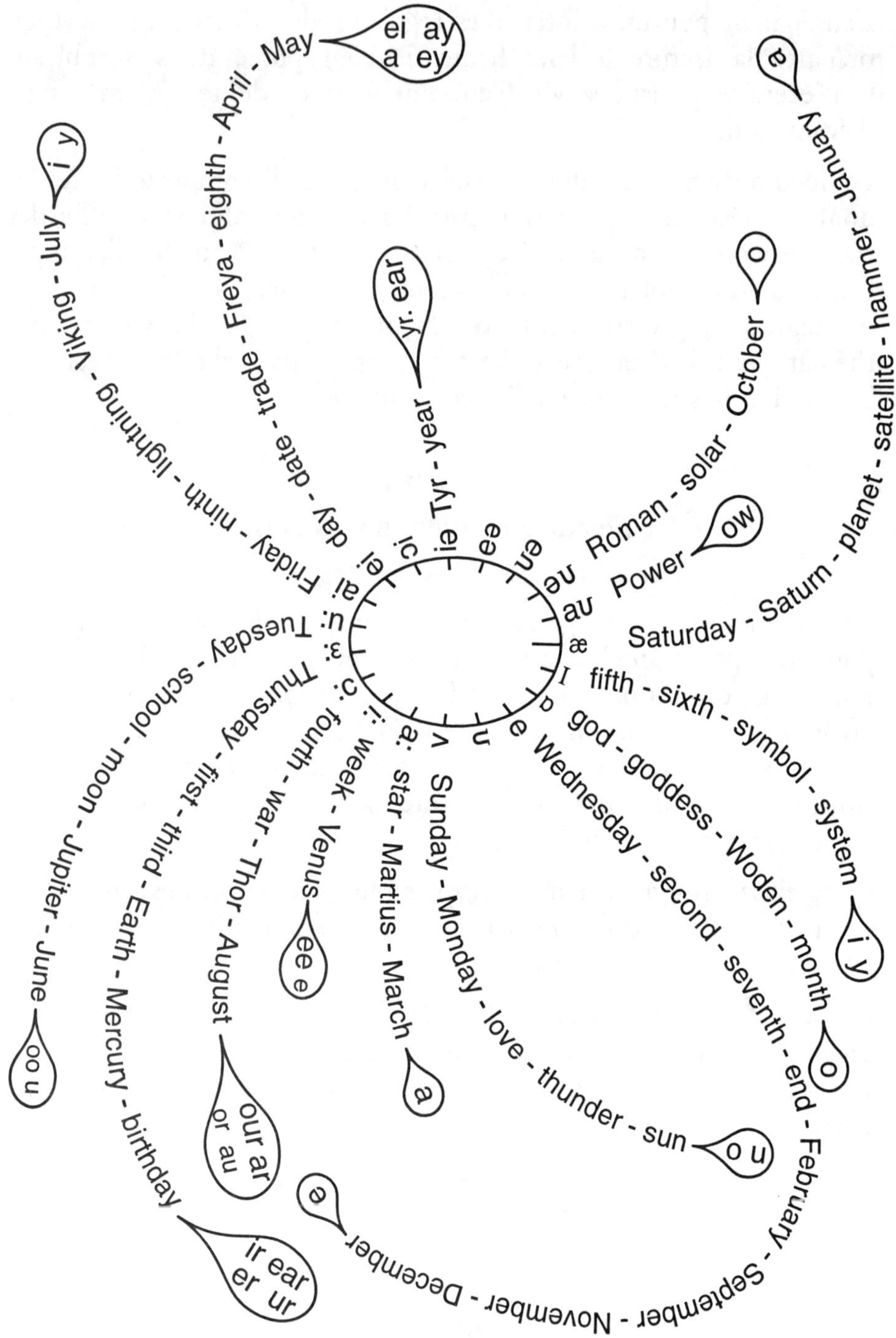
ei ay
a ey
Tyr - year
yr. ear
day - date - trade - Freya - eighth - April - May
Friday - ninth - lightning - Viking - July
i y
Tuesday - school - moon - Jupiter - June
oo u
Thursday - first - third - Earth - Mercury - birthday
ir ear
er ur
fourth - war - Thor - August
our ar
or au
week - Venus
ee e
star - Martius - March
a
Sunday - Monday - love - thunder - sun
o u
Wednesday - second - seventh - end - February - September - November - December
e
god - goddess - Woden - month
o
fifth - sixth - symbol - system
i y
Saturday - Saturn - planet - satellite - hammer - January
a
Power
ow
Roman - solar - October
o
iə eə uə əu aʊ æ ɪ ɒ e ʊ ʌ ɑ: i: ɔ: ɜ: u: aɪ eɪ ɔɪ

Document n° 3 (tableau à distribuer aux élèves) *Sounds, words and letters*

Sounds	The days of the week	The months of the year	Les différentes graphies correspondantes
Short vowels			
/æ/			
/ɪ/			
/e/			
/ɒ/			
/ʌ/			
/ʊ/			
Long vowels			
/a/			
/i:/			
/ɜ:/			
/ɔ:/			
/u:/			
Diphthongs			
/ai/			
/ei/			
/ɔi/			
/iə/			
/eə/			
/ʊə/			
/əʊ/			
/aʊ/			

Document n° 4 (tableau de référence pour l'enseignant) *Sounds, words and letters*

Sounds	The days of the week	The months of the year	Les différentes graphies correspondantes
Short vowels			
/æ/	Saturday - Saturn - planet - satellite - hammer	January	**a**
/ɪ/	fifth - sixth - symbol - system		**i y**
/e/	Wednesday - second - seventh - end	February - September - November December	**e**
/ɒ/	god - goddess - Woden	month	**o**
/ʌ/	Sunday - Monday - love - thunder - sun		**o u**
/ʊ/			
Long vowels			
/a/	star - Martius	March	**a**
/i:/	week - Venus		**ee**
/ɜ:/	Thursday - first - third - Earth - Mercury	birthday	**er ur ir ear**
/ɔ:/	fourth - war - Thor	August	**our ar or au**
/u:/	Tuesday - school - moon - Jupiter	June	**oo u**
Diphthongs			
/ai/	Friday - ninth - lightning - Viking	July	**i**
/ei/	day - date - trade - Freya - eighth	April - May	**ei ay a ey**
/ɔi/			
/iə/	Tyr	year	**yr ear**
/eə/			
/ʊə/			
/əʊ/	Roman - solar	October	**o**
/aʊ/	Power		**ow**

2. Du mot isolé à la combinaison de plusieurs mots : premiers pas vers la construction d'énoncés simples

Objectif

Reconstitution d'une comptine reprenant le lexique et les éléments culturels travaillés précédemment.

Document n° 5
Exemple de comptine visée

Sunday is the day of the Sun
Monday is the day of the Moon
Tuesday is the day of War/Tyr
Wednesday is the day of Power/Woden
Thursday is the day of Thunder/Thor
Friday is the day of Love/Freya
Saturday is the day of Time/Saturn
And that's the end of the week!

Cette activité peut être menée en groupe ou individuellement.

Matériel

Une série d'étiquettes. Au recto est inscrit un mot de la comptine, au verso, lorsque c'est nécessaire, les dessins ou symboles correspondants[25] :

SUNDAY – MONDAY – TUESDAY – THURSDAY – THOR – FRIDAY – TYR – FREYA – SATURDAY – SUNDAY – SATURN – WODEN – WAR – THUNDER – LOVE – POWER – SCHOOL – TIME – the MOON – the SUN – WAR – the KING, etc.

25. L'idéal serait de prévoir autant de mots que d'élèves. On peut cependant doubler certains mots s'il en manque. La traduction en français peut apparaître au verso de certaines étiquettes lorsque l'enseignant le juge utile. Certains mots sont accompagnés de l'article défini car l'élève ne pourra pas l'inventer.

Activité 1 : réactivation du lexique

Si l'alphabet a déjà été travaillé, on peut s'en servir pour faire trouver les mots. L'enseignant épelle un mot très vite. L'élève qui trouve le mot épelé gagne l'étiquette. Chaque élève ne peut recevoir qu'une seule étiquette.

Si l'alphabet n'est pas encore connu ou si l'enseignant veut gagner du temps, il distribue lui-même les étiquettes.

Le détenteur de chaque mot doit être capable, dès qu'il est sollicité, de le dire sans hésitation et sans erreur de prononciation, à voix bien claire, sur un rythme soutenu.

Activité 2 : association du jour de la semaine au(x) mot(s) qui correspond(ent) à leur origine

Tous les élèves ont maintenant une étiquette.
Sept élèves possédant chacun une étiquette porteuse du nom d'un jour de la semaine se mettent en ligne en respectant l'ordre des jours anglais, leur étiquette bien visible. Les autres doivent s'aligner derrière celui qui leur correspond. Par exemple, l'élève qui possède l'étiquette « *love* » se range derrière « *Friday* », celui qui possède « *the Sun* » se range derrière « *Sunday* », etc.

L'enseignant vérifie que les groupes sont correctement formés en demandant à chacun de dire son mot à haute voix. La classe est prête pour l'activité suivante.

Activité 3 : restitution d'énoncés simples

Objectifs

• Introduction de mots grammaticaux (article, préposition) pour construire des groupes nominaux et introduction du verbe *be* pour les relier *(is)*.
• Entraînement à la prononciation des formes faibles et des syllabes accentuées dans un énoncé.

Mise en œuvre

On peut maintenant poursuivre le cheminement en visant tout de suite la construction d'énoncés simples qui reprennent les associations de mots de l'activité précédente.

Il convient en effet, dès les débuts de l'apprentissage, de proposer des outils pour associer les mots entre eux et d'inciter les élèves à s'en servir. Ils apprendront ainsi progressivement à gérer leur souffle, à placer leur voix, à marquer la distinction entre syllabes accentuées et non accentuées, à prendre conscience des formes faibles, en un mot à s'approprier les caractéristiques essentielles de la prosodie anglaise.

Lorsque tous les élèves sont prêts, l'enseignant propose oralement un énoncé modèle à compléter : « *Sunday's the day of the...* ».
Un élève du groupe « *Sunday* » s'avance et dit son mot. L'enseignant fait répéter l'énoncé complet en tapant des mains à chaque syllabe accentuée (trois temps). Peu à peu, par la répétition, les élèves enregistrent le rythme scandé :

Ex. : *Sunday's the day of the Sun.*
● ● ●

L'enseignant demande alors au groupe suivant de continuer sur ce modèle : « *Monday's...* ».

Dans l'optique d'une initiation à la création de comptines, l'enseignant peut proposer à la fin de ce travail un dernier vers qui clôt véritablement le poème et introduit des éléments nouveaux : *And that's the end of the week!*

Sans se perdre dans des explications trop fouillées, on peut faire constater aux élèves la présence du verbe *(is)* :

Sunday is the day of the Sun.

Il faudra alors bien insister sur la prononciation /**z**/ de *'s*.

Certains élèves s'interrogeront peut-être sur la présence ou l'absence de *the*, déterminant, article défini[26]. Autre observation qu'ils feront peut-être : « Ah ! «*The end*» comme à la fin des films ! ». Ces remarques peuvent servir à illustrer les différences d'une langue à l'autre en matière de détermination : un mot en français, « Fin », pour deux en anglais.

26. Difficile à ce stade de se lancer dans des explications longues. On peut se contenter de dire que *the* est là pour indiquer que le soleil, comme la lune, est défini car il est unique : il n'y en a qu'un.

Activité 4 : passage à l'écrit

L'enseignant écrit au tableau la première ligne du poème.
Les élèves doivent rédiger individuellement la suite. Après la correction et les dernières mises au point nécessaires, la classe est prête à créer ses propres comptines.

/ʌ/ /ʌ/
On Sundays I eat nuts...

Les jours de la semaine, un outil pour l'expression personnelle

Au fil de l'année, les jours de la semaine pourront ainsi régulièrement servir à la création de comptines simples (sept vers, plus un dernier qui boucle le poème). Le tableau qui suit (document n° 6) est un exemple d'outil didactique en vue d'organiser le lexique, à la fois d'un point de vue thématique et phonologique. L'enseignant pourra s'en inspirer, le compléter ou l'adapter. Il trouvera ainsi plus facilement les mots dont les élèves auront besoin pour donner à leurs comptines une cohérence thématique, une musicalité et un rythme fondés sur les assonances.

Un exemple : *colours and clothes for next week*

> /ʌ/ *On Sunday… Choose your colour!*
> /ʌ/ *On Monday… Have fun!*
> /u:/ *On Tuesday… Put on your blue boots!*
> /e/ *On Wednesday… Wear a red sweater!*
> /ɜ:/ *On Thursday… a purple shirt,*
> /ai/ *On Friday… a white tie,*
> /æ/ *And on Saturday... a black hat.*

Document n° 6 Word bank for games and short poems

Vowels of the stressed syllable	Days of the week	Colours	Clothes	Foods	Verbs	Adjectives	Animals	Music Instruments
/ʌ/	Sunday Monday	honey butter	glove jumper	muffin/cucumber butter/plum/curry pumpkin/nut	run love colour cut	one funny	dove bug duck	trumpet drum
/u:/	Tuesday	blue	shoes/boots suit	fruit soup	choose lose	two new		flute bassoon
/e/	Wednesday	yellow red	dress sweat	bread/eggs spaghetti/cherry	get	seven ten eleven	hen elephant	cello
/ɜ:/	Thursday	purple burgundy	shirt skirt	burger	work	first third	bird	
/ai/	Friday	white	tie	rice/pie ice-cream/pineapple	write buy fry fight	five nine nice live	spider lion tiger crocodile	violin/pipe
/æ/	Saturday	black	hat cap jacket	apple/carrot salad/snack/sandwich hamburger	have catch	fat	cat bat	saxophone clarinet

Conclusion

Au terme de cet ouvrage et afin de rappeler ce qui est au cœur de l'apprentissage d'une langue, il convient de replacer la démarche proposée dans le contexte plus large de l'apprentissage des langues étrangères à l'école primaire.

L'apprentissage « naturel » de la langue reste l'apanage de l'apprentissage en « immersion ». L'école est soumise à des contraintes qu'il importe de connaître pour améliorer l'efficacité et la qualité de l'apprentissage. Parmi les plus importantes, citons l'insuffisance du temps et de la fréquence d'exposition à la langue étrangère, l'absence de besoin réel de communiquer en langue étrangère, le cadre collectif qui accentue le caractère artificiel de la situation de communication. Ces facteurs institutionnels sont autant de handicaps qui, malgré l'investissement voire l'enthousiasme des enseignants, et malgré le plaisir manifeste des élèves, génèrent des résultats souvent décevants à plus long terme.

Les méthodologies actuellement en usage privilégient avec bonheur les approches communicatives. Tous les constats effectués au fil des ans dans les classes montrent les bienfaits de ce type d'approches, qui munissent l'élève de savoir-faire immédiats appropriés à des situations simples.

Cependant, les évaluations des acquis linguistiques des élèves font apparaître que, tout en s'avérant absolument indispensables, ces savoir-faire permettent rarement à l'élève de comprendre des énoncés nouveaux (même s'il en connaît tous les éléments). Ils ne lui permettent pas non plus d'accéder à l'expression personnelle spontanée. C'est donc que, contrairement à ce qui se passe pour de jeunes enfants plongés dans un environnement linguistique différent, à l'école le développement de cette compétence langagière se heurte, dans certains cas et à certains moments, à des obstacles inattendus et inévitables. Les élèves, confrontés à la langue étrangère sous une forme essentiellement orale, ont du mal à distinguer des mots dans le flux continu de parole. Or, segmenter correctement un énoncé appris globalement, en identifier ses différentes composantes afin de les réutiliser dans des énoncés nouveaux, sont autant d'opérations essentielles pour parler et comprendre « pour de vrai ». Ces obstacles peuvent être dépassés peu à peu en milieu naturel, du fait de la volonté d'apprendre et de l'implication intense de l'apprenant, du fait aussi de l'intensité et de la multiplicité des contacts avec la langue étrangère.

Que peut faire l'école pour faciliter les opérations de segmentation, d'identification et de mémorisation indispensables ? Comment peut-elle agir sur la structuration progressive des connaissances, structuration nécessaire à la maîtrise du nouveau système ?

Il n'existe hélas pas de recette miracle ni de solution toute prête qui marcheraient avec tous les élèves. Ces constats justifient une démarche qui ne néglige aucune des ressources de l'apprenant, en particulier sa capacité à comprendre ce qu'il fait, à s'étonner, à réfléchir sur les phénomènes langagiers propres à la langue étrangère qu'il découvre, et cela à son niveau et quel que soit son âge.

La démarche proposée dans cet ouvrage plaide pour un rapprochement entre des méthodologies qu'on a longtemps jugées exclusives les unes des autres. Elles peuvent non seulement cohabiter mais aussi s'enrichir, se renforcer, à condition de baliser de façon précise les domaines d'intervention de chacune. Seule cette alliance réfléchie, conscientisée, organisée, fondée sur la nécessité de traiter différemment des contenus d'enseignement hétérogènes, peut apporter un sentiment de sécurité chez l'élève placé devant un monde nouveau (la langue étrangère).

La tâche est loin d'être simple pour l'enseignant : c'est à lui de faciliter, par les situations et les activités qu'il propose, la mise en place de repères dans la langue étrangère qui structurent progressivement les savoirs/savoir-faire déjà acquis et ceux à venir. Dans cette perspective, espérons que notre ouvrage aura balisé quelques pistes et permettra à chacun d'en ouvrir de nouvelles.

Bibliographie

Didactique des langues étrangères

AUDIN L., *L'apprentissage d'une langue étrangère à l'école primaire : quel(s) enseignement(s) en tirer ?* in Les Langues Modernes n° 3, 2003.

AUDIN L., LIGOZAT M.-A. et LUC C., *Enseignement des langues vivantes au CM2*, INRP, 1999.

BAILLY D. & LUC C., *Approche d'une langue étrangère à l'école*, Vol. 1 et 2, INRP, 1992.

BLONDIN C., CANDELIER M., EDELENBOS P., JOHNSTONE R., KUBANEK-GERMAN A. et TAESCHNER T., *Les langues étrangères dès l'école primaire ou maternelle : quels résultats, à quelles conditions ?*, De Boeck, 1998.

GÉNELOT S., *L'enseignement des langues à l'école élémentaire, Quels acquis pour quels effets au collège ? Éléments d'évaluation : le cas de l'anglais.* Irédu, CNRS-Université de Bourgogne, 1995.

GIRARD D., A*pprentissage précoce des langues vivantes, critères de succès,* Conseil de la coopération culturelle, Conseil de l'Europe, Strasbourg, atelier de Graz (Autriche), 1996.

GIRARD D., *Enseigner les langues : méthodes et pratiques*, Bordas, 1996.

HALLIWELL S., *Teaching English in the Primary Classroom*, Longman, 1992.

HAWKINS E., *Awareness of language. An introduction*, Cambridge University Press, 1985.

JOSHUA S., DUPIN J.-J., *Introduction à la didactique des Sciences et des mathématiques*, PUF, 1993.

KLEIN W., *L'acquisition de langue étrangère*, Armand Colin, 1989.

LUC C. (éd.), *Les langues vivantes à l'école élémentaire.* Actes de colloque, INRP, 1991.

LUC C., *Première année d'initiation à une langue étrangère au cours élémentaire : constats, analyses, propositions*, INRP, 1996.